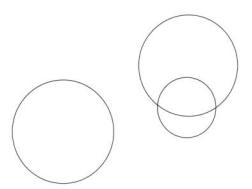

福島大学の支援知をもとにした

テキスト 災害復興支援学

福島大学うつくしまふくしま未来支援センター編

八朔社

口絵1　福島県内各地の空間線量率の推移

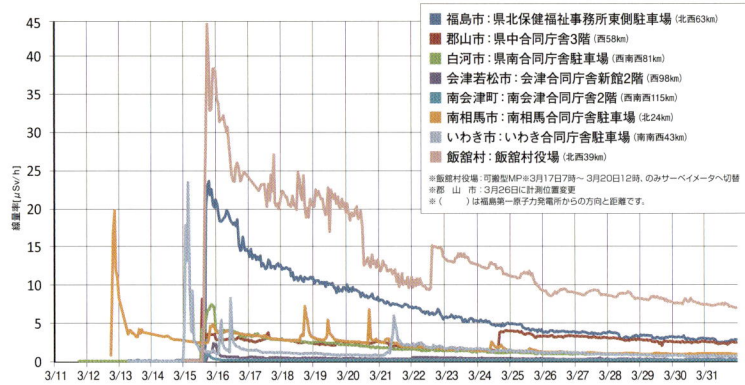

出所：福島県資料

口絵2　航空機モニタリングの結果

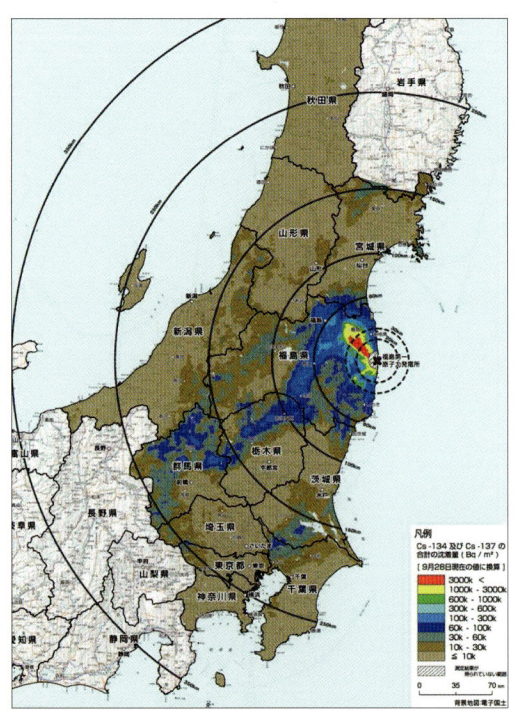

出所：原子力規制委員会資料

はしがき

　2011年3月11日の東日本大震災から3年を迎えました。大震災と大津波の被害が甚大であった岩手，宮城の被災地も沿岸域はほとんどが更地もままで，復興計画にもとづいて，防潮堤建設や高台移転の計画が示されているものの，住民合意の問題を含め，円滑に進捗しているといえる状況にはない。

　福島は，大震災，大津波被害に加えて，福島第一原子力発電所の大事故が発生してしまった。福島を中心に，東日本の広範囲に放射能汚染が広がり甚大な被害をもたらし続けている。原発周辺の地域は放射能汚染がひどく，事故直後から避難を余儀なくされ，3年経過した今も，帰還のめどすら立たない地域が多数ある。

　福島は，大震災，大津波被害，原発事故による放射能汚染被害という「三重苦」に悩まされ続けている。特に，放射能汚染による被曝の恐怖は，人々をどん底に突き落とし，今なお，立ち直れていない。放射能汚染で立ち入り規制をされた地域は，2011年3月11日で「時間が止まった」ままで，3年経っても，建物の倒壊，津波瓦礫が手つかずのままである。

　避難が解除され，放射能汚染物質の除去（除染）が行われた地域でも，原発事故が収束してないこと，原発から近距離にあること，さらに強制避難を余儀なくされたことから，就労，医療・介護，教育などの暮らしの基本が破壊または弱体化していることなどを理由に，帰還が進んでいない地域がみられる。

　さらに，長期的な低線量被曝が健康被害に影響があるのか否かについて，科学的な知見がないことから，被曝への対応が個人の判断に委ねられ，地域間，被災者間，被災家族内での「対立と分断」を生んでいる。改めて，未曾有の放射能汚染被害の罪深さを痛感する。

　さて，本テキスト災害復興支援学は，このような複合的な災害に見舞われている福島の被災者，被災地域の復旧・復興を支援するために，大震災・

原発事故直後に福島大学に設置された「うつくしまふくしま未来支援センター」(Fukushima Future Center for Regional Revitalization 通称FURE)に集まった多彩なスタッフの集成である。

本書は全7章で構成されており，福島復興の方向性（第1章），震災の背景（第2章）から，発災時（第3章）・放射能災害（第4章）への対応，暮らし（第5章）・経済（第6章）の復興，新しい地域づくり（第7章）が取り上げられている。

東日本大震災以降も，様々な大規模災害が起こっている。大災害への備えと発災後の対処，その後の復旧・復興は，重要な今日的課題である。本書は，福島大学の共通教育の総合科目「災害復興学」でのテキストとして作成されたものではあるが，幅広く活用していただければ幸いである。

2014年3月

福島大学
うつくしまふくしま
未来支援センター長
中 井　勝 己

目　次

はしがき

序　章　原災地復興の視点 …………………………………………………… 1
  1　「3.11」は何をもたらしているのか　1
  2　原災は累積的な被害をもたらしている　2
  3　未来支援センターの支援活動　6
  4　今後，何が求められるのか：福島県復興ビジョンの基本理念　10

第1章　福島復興の方向性 …………………………………………………… 13
 Ⅰ　福島原子災害からの復興をめざして　13
  はじめに　13
  1　原子力発電所の「安全神話」の崩壊と学問（科学技術）の信用失墜　14
  2　原発周辺自治体・住民の避難　14
  3　除染による環境改善（放射性物質の除去）　15
  4　避難住民の住まい　17
  5　損害賠償と被災者の「分断」　18
  6　長期低線量被曝の身体への影響　20
  おわりに　21
 Ⅱ　福島県がめざす「復興」のかたち　22
  ―「復興計画」を読む―
  1　福島県の「復興」とは？　22
  2　福島県復興計画の概要　23
  3　復興計画の位置づけ　28
  4　これからの課題　30

第2章　震災と復興支援 ……………………………………………………… 33
 Ⅰ　災害復興支援とは何か　33

1　災害復興支援学とは何か　33
　　2　「復興」とは何か　36
　　3　問題をどう捉えるか　39
　II　災害復興支援に関する国際社会の取り組み　43
　　1　世界の災害　43
　　2　災害に備えた国際的な枠組み　45
　　3　災害時の国際連携　49
　III　江戸時代以降に日本で発生した主な地震とその災害について　52
　　　―首都直下型地震を事例として―
　　はじめに　52
　　1　首都圏直下型地震の種類　54
　　2　元禄関東地震　54
　　3　神奈川地震　55
　　4　安政江戸地震　56
　　5　明治東京地震　56
　　6　大正関東地震　57
　　7　首都圏の地震の歴史年表　58

第3章　福島県での発災初期の対応　63
　I　避難所の運営と市民協働　63
　　　―東日本大震災におけるビッグパレットふくしま避難所の取り組みを中心として―
　　はじめに　63
　　1　社会教育的視点からみた学校避難所　65
　　2　「おだがいさまセンター」の発足と役割　67
　　3　市民団体等との協働の取り組み　69
　　4　災害復興と市民活動　76
　II　東日本大震災による福島県の文化財被災と今後の課題　78
　　1　大規模災害と文化財被害　78
　　2　東日本大震災による福島県の文化財被害　81
　　3　原発事故被災区域内での文化財レスキュー　83
　　まとめ　85

第4章　放射能災害への対応　89
　I　放射線の基礎知識と福島県の現状　89

　　　　　1　放射線の基礎知識　89
　　　　　2　福島県の現状　96
　　II　陸域環境における放射性物質の動態と農業への影響　101
　　　　はじめに　101
　　　　　1　原発事故等で問題となる放射性核種　101
　　　　　2　放射性ヨウ素，セシウム，ストロンチウムの環境動態　102
　　　　　3　事故直後に観測された放射能の動態　105
　　　　　4　放射性セシウムの動態におよぼす土地利用の影響　106
　　　　　5　放射性セシウムの作物への吸収・移行　108
　　　　　6　食品中の放射能と安全基準　110
　　III　大気における放射性物質の輸送と拡散　113
　　　　　1　福島第一原発事故により放出された放射性物質　113
　　　　　2　放射性セシウムの大気中での挙動　115
　　　　　3　大気中放射性物質の沈着過程　117

第5章　暮らしの復興をめざして……………………………………………121
　　I　避難生活から暮らしの復興へ　121
　　　　―福島県飯舘村と富岡町を事例に―
　　　　はじめに　121
　　　　　1　これからの復興を考える前提として――市民社会と多項構造　121
　　　　　2　震災後の被災地に起きていること――飯舘村の状況から　122
　　　　　3　被災地域・被災者の復興に向けた試み　124
　　　　　4　地域と暮らしの復興に向けて　128
　　　　おわりに――集合体としての世論とその影響力　129
　　II　「困り感」に寄り添う子ども支援　132
　　　　　1　福島の子どもたちは今　132
　　　　　2　「困り感」に寄り添う支援　133
　　　　　3　避難を強いられた子どもの「困り感」　136
　　　　　4　「困り感」に寄り添った支援実践　140
　　　　　5　これからの子ども支援　142
　　III　災害復興と若者の自立支援　144
　　　　―キャリア形成の視点から―
　　　　　1　地域の若者の雇用とその状況　144

2　復興支援の危うさ　146
　　　3　復興支援としてのキャリア形成　147
　　　4　被災地の高校での実践　149
　　　5　復興のための将来展望　152

第6章　福島県経済の復興 ……………………………………………………155
　Ⅰ　地域経済の復興・再生の課題　155
　　　はじめに　155
　　　1　地域経済の現状　155
　　　2　地域経済復興・再生の課題　161
　Ⅱ　原子力災害後の食と農の再生　165
　　　はじめに　165
　　　1　原子力災害が農林水産業に与えた影響　165
　　　2　食と農の再生に向けた対策の枠組み　169
　　　3　福島大学における食と農の再生にむけた実践　172
　　　おわりに　174
　Ⅲ　食と農の再生と持続可能な放射能対策　176
　　　　―「食品中の放射能検査」と「生産段階での対策」の相互連動化―
　　　はじめに　176
　　　1　福島県産の農林水産物の汚染状況と放射能対策のあり方　176
　　　2　持続可能な「生産段階での対策」と「食品中の放射能検査」の構
　　　　築に向けて　179
　　　3　各種対策の相互連動的な組織化　186
　　　4　生産段階での放射能対策こそが福島の農業再生に不可欠だ　187
　Ⅳ　震災被害の実態と中小企業復興の課題　190
　　　はじめに　190
　　　1　南相馬市の震災被害　190
　　　2　事業所経営の状況　193
　　　3　今後の課題　197

第7章　新しい地域づくりへ向けて ……………………………………………201
　Ⅰ　災害時のモビリティ確保に求められる視点　201
　　　1　甚大な津波被害を受けた地域のモビリティ（大船渡市）　201
　　　2　原子力災害を受けた地域のモビリティ（南相馬市）　204

3　次の災害に備え「転ばぬ先の杖」をデザインする　211
　　さいごに　214
Ⅱ　住民帰村のための川内村での取り組み　216
　　はじめに　216
　　1　川内村の被災とその後の状況　217
　　2　崩れた地域の枠組み　220
　　おわりに──商業機能回復の取り組みと課題　224
Ⅲ　福島県が主役の地域エネルギー政策　226
　　はじめに　226
　　1　電気事業と再生可能エネルギー　226
　　2　福島県の再生可能エネルギー政策と現状　229
　　3　問題解決に向けた政策展開　233
　　おわりに　234
Ⅳ　地方におけるスマートシティ構想　237
　　はじめに　237
　　1　そもそもスマートシティとは　237
　　2　事例にみる日本におけるスマートシティの展開方向　239
　　3　地方とりわけ被災地"福島"におけるスマートシティ構想の展開
　　　　242
　　むすび　247

序　章　原災地復興の視点

1　「3.11」は何をもたらしているのか

　「3.11」の東日本大震災と原子力災害（以下，原災）は私たちに何を問いかけているのでしょうか。メルトダウンした原子力発電所から放射性物質が大地や海洋に放出され，双葉・相馬地域の人々は豊かな自然や人間共同性から切り離され，福島県内外への避難・仮設生活を3年経った今も余儀なくされています。原災は復旧や復興どころか，故郷への帰還すら困難にしています。さらに原災被災者や国民は，次の言葉が発せられたことによって，政府・学術・東電への不信感を大きくしてしまいました。不信をもたらすことになった言葉とは「想定外」「直ちには（影響しない）」「暫定（基準値）」です。

　「想定外」とはいったい何なのでしょうか。「想定内」とは市場経済においては，例えば事故に対して保険をかけることができるという，リスク管理が可能な範囲を意味しています。そして原災が想定外であるのは，思い込みとしての「あってはならない」ことを前提に，日本のモノづくりが優れているという「過信」に基づいて組み立てられた「安全神話」パラダイムが，崩壊したことを意味しています。

　「直ちには（影響しない）」という言葉は何をもたらしたのでしょうか。その言葉は，空間放射線量の実態や被曝による健康への影響にかかわる十分な科学的根拠なくして，被災者や国民の動揺を大きくさせないという意図的な政治的判断によって発せられています。低線量被曝が子供の健康にどのような影響を与えるのか，安全側に立つICRP（国際放射線防護委員会）のデータによる説明だけでは，先の見えない不安は払拭できません。低線量被曝によるガン発症に対して，健康・生活面でのセイフティーネットをどのように整備するのかが準備されなければなりません。

「暫定」という言葉もその「基準値」が変更されることで，被災者や国民から不信感を持たれました。「暫定基準値」はあくまでも「暫定」であり，それが「暫定」である限り，行政的な不作為が続くことを意味しているわけです。この不作為が風評問題を引き起こしています。

こうした3つの言葉によって，それまではほぼ一体的に表現されていた「安全・安心」は見事に分断され，客観的基準からして「安全」ですと言われても，「安心」として心にすとんと落ちない状況を，私たちにもたらしているのです。この分断をいかに克服し，一体的表現としての「安全・安心」をいかに回復するのか，そして被災者から切り離された豊かな自然や人間の共同性をいかに再生していくのか，それを支援していくのがうつくしまふくしま未来支援センターの課題なのです。

2 原災は累積的な被害をもたらしている

(1) 第1次被害と「除染ありき」

原災は被災者に対して3つの累積的な被害をもたらしています。第1次被害は被災地から避難所への移行の段階で現れます。それは地震や津波においては人的被害や建物被害に現れています。原災においてはそうした目に見える被害だけでなく，目に見えない高線量被曝への恐れがあります。国による警戒区域等が設定され，「強制避難」が指示されましたが，それ以上に「自主避難」が先行していました。

この自主避難はもちろん計画的な避難ではありません。その避難先は偶然的な要因によって決まっていく場合がほとんどでした。そのため約半数の双葉地区住民は5回以上も避難先を転々と変わらざるをえませんでした。この自主避難は避難先を分散させ，避難居住形態も「仮設住宅」という集団型ではなく，民間アパートなど「借上住宅」という分散型となっています。この分散型避難居住は家族や地域社会の絆をずたずたに分断する影響をもたらしています。

家族や地域社会の分断は基本的に放射線被曝のとらえ方の違いからも起きています。放射線被曝に対する感応度は男性よりも女性に高く，しかも子供を

抱えているか否かが違いに大きく反映しています。放射線被曝による子どもへの健康被害を避けたいという母親の思いの強さが，そこには表れています。その回避行動の差は県内に残る夫と県外に避難する母子とに別居として表れています。

　福島県からの県外避難者数ピーク6.3万人は原災直後ではなく，約1年たった2012年1月26日に迎えました。これは原災による避難が反射的な行動だけにとどまらず，熟慮した結果であることを物語っています。そのため県外避難者の帰還への足取りは重く，2013年10月にあってもなお5.1万人が県外避難をしているのです。費用対効果論が議論されるこの頃ですが，帰還を進めるためにはやはり「除染ありき」でなければならないのです。

（2）　第2次被害と「絆をたもつ」

　第2次被害は避難所から仮設住宅への移行の段階で出てきます。避難所や仮設住宅での避難者の生活は，「日常」や「生き甲斐」を強制的に奪われ，しかも狭い居住スペースのなかで行われています。こうした生活は義捐金や補償金そして賠償金といった経済的な支援だけで解決するものではありません。「生き甲斐」なき生活はストレスを高め，刹那的なギャンブルに走るとかアルコールに溺れ，さらには災害関連死をもたらしています。

　このストレスの根源は原災にあるのですが，未だに政府や東京電力がこの原災を公式には「人災」としては認めていないことにあるのです。この「人災」責任を認めないことが，逆に被災者同士の分断を深めています。その典型は原子力賠償の対象になるのかどうかにあり，特定避難勧奨地点では50メートルで差が出ているのです。また心無い人たちからは「働かないでのうのうと」と言われます。生活する場や働く場を奪ったのは誰なのか，それは国であり東京電力なのです。このことはいくら強調しても強調しすぎることはありません。

　家族の分断は新たな段階を迎えています。それは県内外で別居を続けるストレスが，家庭内暴力をもたらしたり，さらには離婚という危機が迫っています。母親は「子供のために」と思って避難したことが，子供から「友達と

は別れたくなかった」といわれ，母子分断の危機も無視することができません。

　福島市民の風評問題はまだ解決していません。原災1年半後に実施された福島市の調査（2012年9月）では，なお市民の約9割が「原発事故による風評被害は深刻だ」「福島県のこどもたちの将来が不安だ」と回答しています。さらに深刻なのは3割の人が「できれば非難したい」と「今も思っている」ことです。風評問題の難しさは物的あるいは経済的実害よりも認識のギャップという「心の問題」があることです。未来支援センターの調査（2012年10月）によれば，実際的に「福島県在住であることで何らかの不利益や不快感を被った」と答えているのは約3割にとどまっています。しかし「福島県民であることで，現在あるいは将来，県外の人と接するうえで不安」については，5割強の人が「ある」と答えているのです。

　第2次被害を乗り越えていくためには何が必要なのでしょうか。それは人は一人では生きられませんので，コミュニケーションを十分に図ることのできるコミュニティをどのように再生していくのかがポイントとなります。家族の絆をどのように回復していくのか，分断された地域社会をどのように修復していくのか，重要なことは金額換算だけでは解決できない人間性やプライドの回復なのです。勤労意欲も目的意識も人間性やプライドなくしては沸いては来ないのです。

（3）　第3次被害と「先の見通し」
　第3次被害は生活の基盤が仮設住宅から復興公営住宅に移行する段階で現れます。仮設住宅生活は復興公営住宅の建設が遅れていることにより，2年から3年に，そして3年から4年に延長されることになっています。しかしこの延長は第2次被害が解決するものではありません。延長すること自体から，第2次被害が増幅されるのです。

　津波被災地では高台移転等で復興公営住宅の整備が進もうとしています。しかし原災地は放射線量に対応させるかたちで，警戒区域，帰還困難区域・居住制限区域が設定され，10年間は戻ることができない地域もあります。故郷に直接帰還できない地域にあっては，「町外コミュニティ」の計画が具体

化されてきています。しかし町外コミュニティの建設形態をめぐっては，避難自治体と受入自治体との間で政策的な違いが残っています。避難自治体はアイデンティティの保持のために「集中型」を望み，受入自治体は「分散型」を望んでいるのです。

　避難者はこれから帰還するのか，町外コミュニティに移行するのか，あるいは帰還しないのか，いずれかを選択しなければならなくなります。帰還にあたっての問題は，故郷が放射能によって「空白化」させられたことから，除染だけでは帰還できる環境にはならないのです。また避難者は避難先との対比で故郷に戻るための生活環境の状況を見つめなおしています。それは電気・ガス・水道・ガソリン・食糧といったライフラインだけでなく，医療・福祉・教育・買物・文化・雇用などの環境整備がどうなのかを見ています。

　避難者がどのような居住地選択を行うにしても，国は人間らしく暮らすことができる条件を整えなければなりません。その1つの焦点が「二重住民票」です。それは仮設住宅であっても復興公営住宅であっても，最終的に「自宅」確保を目標とする限り，それは一時的な住まいであることにはかわりません。いつでもどこに住んでも国民としてまた市民としての暮らす権利が保障されなければなりません。

　新たな風評問題は「放射能汚染物質の中間貯蔵施設」の設置から生まれてきます。この中間貯蔵施設や放射性廃棄物最終処分場が未だに決まっていないなかで建設されることは，「暫定」的な最終処分場となる恐れが強いのです。2011年7月に福島県復興ビジョン検討委員会で「原子力に依存しない，安全・安心で持続的に発展可能な社会づくり」を議論していた隣では，当時の環境省事務次官が県知事に対して「最終処分地」としての打診をしていたのです。

　政府が脱原発をかかげた菅・野田民主党内閣から安倍自民党内閣にかわることにより，原発は重要な電源として再定義されました。たとえ原発が新設されないとしても既設原発からは使用済核燃料や高濃度の放射性廃棄物が出つづけるのです。

　中間貯蔵施設の安易な受入は電源三法交付金制度に依存して「幻の発展」

を遂げた原発立地自治体の歪んだ特性を再現させるものに他なりません。また除染を徹底するにあたっても，仮置き場の設置が中間貯蔵施設の建設を前提としています。中間貯蔵施設の建設は新たな風評問題を双葉地域や福島県にもたらすことになります。第3次被害として，そしてその被害を恒久化させることになります。私たちは「それでも原発を選択しつづけるのですか」と問われているのです。

3　未来支援センターの支援活動

（1）　センター設立の目的と方針

　福島大学うつくしまふくしま未来支援センターは，2011年4月13日に設立の構想が作られ，同7月5日に学内措置として立ち上げが決まり，翌年の1月4日に文部科学省から予算措置（当面，5年間）がなされました。この設立の目的は「東日本大震災及び東京電力福島第一原子力発電所事故に伴う被害に関し，生起している事実を科学的に調査研究することともに，その事実に基づき，復旧・復興を支援する」ことにおいています。基本方針としては「被災地域に関する調査及び資料収集にとどまらず，復旧・復興にかかわる自治体等各種機関からの相談，方策づくりの支援，業務受託，講演・広報活動をおこなう」としています。

　未来支援センターの支援事業は，2012年度以降，いくつかの担当を置き，プロジェクトを進めています。このプロジェクトを実施するにあたって対象地域を「調査フィールド」ではなく「支援フィールド」として位置づけるよう，各担当マネージャ（学類兼任教員）や専任スタッフ（特任教員等）には強く要請させています。専任スタッフは，いずれも福島の復旧・復興には並ではない強い意志のもとに支援活動を続けています。

　それぞれの担当の詳細な活動については，以下の各章で詳述されます。ここではそれらの担当の各支援事業がどのような関連性をもっていますのかを説明します。関連性の視点とは，どのようなステップで帰還・復旧・復興の支援をしていこうとしているのかということです。

（2） 第1ステップ：放射能測定

　帰還の前提条件としての「除染ありき」に担当チームはどのように接近しているのでしょうか。まずは放射線対策チームです。放射線対策チームはあのSPEEDIの情報が公開される前に，浜通りと中通り地域の空間放射線量を測定しマップとして公表しました。担当者が放射線被曝を覚悟して調査する努力には本当に頭が下がります。避難者が帰還するためにはどれだけの線量がどこにあるのかといったピンポイントでの測定が必要となります。生活圏については被災住民や基礎自治体による測定がすすみ，「どこの側溝が高い」のかがわかってきています。その後，各省庁から各種の汚染マップ等が公表されるようになりましたので，当チームの重点は土壌の核種別分析へと移行しています。

　もう一つは生業・雇用としての農業の再生に向けた取り組みです。これには産業復興支援担当がかかわっています。その成果は農産物風評問題を収束させる取り組みです。農産物の風評問題を収束させるためには，ユビキタス的に農産物の放射線量測定が可能である態勢を確立することです。農地のおける詳細な汚染マップの作成，生産段階における汚染状況と移行係数とを勘案した農作物選択，出荷段階における全数あるいはモニタリング調査，購買段階における消費者チェックの保証などを提起しています。これらについては日本学術会議福島復興支援分科会（委員長：山川）から緊急提言が出されており，政策現場で採用されることになります。

　しかし除染の困難は，里山から奥山に至るすべてのところにおいて除染が進まないと，農地や生活圏での放射線量も下がらないという事実にあります。また水や有機質を通じた放射性物質の移行という日本農業の特殊性もここには反映しています。

（3） 第2ステップ：生活インフラの整備

　除染が進めば生活ができるのかと問われれば，それだけでは「否」という回答が返ってきます。それは帰村宣言をいち早く行った川内村においてもみることができます。まず必要なのはライフラインとしての電力・水・ガス・

ガソリンの確保です。特に東日本大震災＆原災で改めて認識されたのはガソリンの重要性でした。分散的な居住形態にある被災地域では自動車とガソリンなくしては生活が成り立たないのです。それが放射能汚染で立ち入りが制限された地域ではっきりとわかったのです。

未来支援センターでは生活インフラ全般に関する支援をおこなっているわけではありません。未来支援センターはいち早く「帰村宣言」をした川内村にサテライトを設置し，特に買物環境の整備を福島県と連携しながら進めています。今回の震災＆原災でわかったことは，コンビニエンスストアが地域社会におけるインフラ的役割を果たしていたことです。コンビニエンスストアの業態は日進月歩であり，そこでは食品や日常雑貨の販売のみならず，ATMなど金融機能をも有しています。川内村に帰還している人たちの多くは高齢者であり，年金をどこで引き出すのかが生活の円滑化においても重要なのです。

（4）第3ステップ：きずな回復

帰還者の生活は物的なものだけではありません。コミュニティの再構築は必須です。未来支援センターはこの再構築に向けて「双葉8町村アンケート」（2011年9～10月）を全世帯対象で行い，5割弱から回答をもらっています。この全世帯調査の結果は国や県からも貴重な情報として受け入れられ，その後の復興計画策定等の基礎的な資料として活用されています。その後，復興庁や各市町村は独自の調査を行っていますが，この調査は避難所から仮設住宅に避難者が移行する時にどのような状況にあるのかを調べた点で，重要性を持っています。その結果の多くは現在においても活用できる内容を持っています。

調査の第2弾は野村証券とのタイアップで行われました。ここでは前項2でもふれたように，風評問題にかかわる福島県民の意識状況が解明されています。コミュニケーション戦略，ライフステージに対応した政策再編，モノの風評対策から人への風評対策への移行，教育環境の充実と心のケアなどについても提言しています。この提言は福島県総合計画（改訂版）の策定にも影響を与えました。

本センターは調査活動だけでなく，より具体的な支援活動も進めています。そのうちの１つが富岡町の「おだがいさまセンター」への人材派遣（センター長として）です。そこでは「生き甲斐と居場所づくり」ために人材センター事業や工房事業，畑＆レストラン事業などを展開しています。さらに分散避難の借上住宅居住者がタブレット端末を活用するための支援活動も行っています。2012年３月にはその支援ソフトの開発が終わり，実践段階に入っています。富岡町だけでなく避難町村すべてで活用してもらうために，このソフトはフリーソフトにしています。

　きずなの回復は分断されているすべての人たちに必要なことです。特に避難で県外に出た人たちは「逃げた」といわれ，それが心理的な重みとなって帰還を難しくしています。こども支援担当は県外に「出た」人たちと県内に「留まった」人たちとの交流を図るべく「同窓会」事業を展開しています。この同窓会事業を通じて出た人も留まった人も同じ悩みをもっていることがわかり，特に出た人たちの心の重みを軽減するきっかけを提供できました。こども同士のわだかまりもいっしょに遊んだり体を動かしたりすることで氷解することができました。この取り組みは，国や企業からも高い評価を受け，2013年度ではさらに回数を増やして取り組んでいます。

（5）　第４ステップ：人材育成と計画づくり

　帰還から地域の復旧や復興を進めていくためには，人材育成と雇用創出を欠かすことができません。本センターは人材育成としては，高校生を対象とするキャリア教育の支援活動を進めています。これまでは１回だけの講演とかワークショップが高大連携として行われていました。本センターは二本松市に避難していた浪江高校（現在は本宮市）とタイアップし，どのように生きるべきかを入り口とし，復旧復興の人材としての活躍を出口として，１学期間の授業１コマを活用してのキャリア教育を行っています。避難している高校では受験生が激減しているなか，少ないながらも一定の受験生を確保できたという成果が出ています。

　福島大学においては2012年度後期から総合科目「災害復興支援学」を開講

しています。この授業には未来支援センター特任教員等が中心となり，15コマを受け持っています。緊急的な開講にもかかわらず，多くの学生が受講しており，彼らの今後の活躍が期待されます。またボランティア担当が関わる学生ボランティアセンターには約270名の学生が登録しており，彼らは毎週，仮設住宅を訪問したり調査活動に従事したりするなど積極性をもつ学生が育ってきています。

　残念ながら雇用創出する事業には，未来支援センターは直接的にはかかわってはいません。その代わりに，雇用創出や新産業育成にかかわる復興計画づくりに，未来支援センターの専任及び兼任スタッフが関わっています。特に双葉8町村については，専任スタッフを各2名ずつ配置し，8町村等からの要望に応えています。私自身も福島県復興ビジョン検討委員会には座長代理として，南相馬市・伊達市・須賀川市・白河市の復興計画策定には委員長として，また川内村・須賀川市・白河市の総合計画策定にも委員長としてかかわりました。

　新産業の一つとして期待されているのは再生可能エネルギーですが，その計画づくりについては地域エネルギー担当が貢献をしてきています。原子力エネルギーを代替することが期待される再生可能エネルギーの導入は，それが小規模分散性という特性をもつことから地域づくりと一体的に進めることが必要です。また太陽光・風力・小水力・バイオマスなど多様なエネルギーの組み合わせで安定性を確保しなければなりませんし，エネルギーの地産地消が重要となります。エネルギー選択は地域のあり方を選択することであり，また人間性のあり方を選択することでもあります。

4　今後，何が求められるのか：福島県復興ビジョンの基本理念

　最後に未来支援センターがなすべきことは何のかを考えてみたいと思います。その第1は被災地域の復元力を確保することであり，そのためには被災住民等の多様な意見をどのように受けとめることができるかにかかっています。自治体等の復興計画は，アンケート調査に基づいて策定されますが，問題はアンケート調査の回答者に属性的な偏りがあることです。特に世帯主を

対象とするアンケート調査の回答者は中高年の男性に偏ります。そのため女性や若者の意見が復興計画に反映されにくいことが生じます。またアンケート調査からでは，いわゆる「本音」を引き出すことが困難であることが指摘されています。富岡町で実践しているように，タウンミーティングを繰り返すことで，その障害を一定克服することができるようです。

　復旧・復興の議論でよく出てくるのが，「スピード感」です。しかし多様な意見を尊重し，熟議することなくして，トップダウン型の「リーダーシップ」を強行すると，合意形成に無用な混乱を引き起こします。まずは時間がかかっても熟議することが必要です。熟議したうえで結論に達することができれば，真の意味で「スピード感」をもって，復旧・復興事業の具体化が進んでいきます。福島県復興ビジョンの基本理念の2番目に掲げられている「ふくしまを愛し，心を寄せるすべての人々の力を結集した復興」が求められるのです。ここでは支援活動における人文・社会科学分野の専門家の出番が期待されます。

　福島県復興ビジョンの基本理念には「誇りあるふるさと再生の実現」が3つ目の柱として掲げられています。人が生きていくためには人間としての「誇り」を欠かすことはできません。この誇りを確固としたものにするためには，地域アイデンティティの再構築が必要です。地域アイデンティティの再構築には，伝統文化の役割を欠かすことはできません。それは盆踊りであっても，三匹獅子舞であっても，野馬追い行事であっても良いのです。伝統文化がもつ復元力は無視することができません。なぜならば，それらが歴史的に受け継がれてきたのかの理由を考えればわかるからです。

　本章は「未来支援センター長1年8カ月を振り返って」（『福島大学うつくしまふくしま未来支援センター平成24年度年報』2013年3月25日）を一部修正したものであり，拙著『原災地復興の経済地理学』（桜井書店，2013年10月21日）第13章に所収されたものであるが，編者のご好意により，本書にも掲載させていただくことになった。

（山川充夫）

第1章　福島復興の方向性

I　福島原子災害からの復興をめざして

はじめに

　2011年3月11日の東日本大震災と東京電力福島第一原子力発電所事故は，福島県に今なお未曾有の被害をもたらしている。地震と沿岸域の津波被害も大きいが，それ以上に，放射性物質による環境汚染が福島県民を大きく苦しめている。特に原子力発電所の近くに居住していて強制避難を強いられた住民たちは，家族の離散，農林水産業，工業，サービス業をはじめあらゆる産業が停止や廃止に追い込まれ，医療体制が大きく弱体化し，教育機関も休止や規模縮小に直面している。

　このような被災地の状況のなかで，原子力災害に関わる重要な項目のいくつかを取り上げ，福島の復興を考えていきたい。

1　原子力発電所の「安全神話」の崩壊と学問（科学技術）の信用失墜

　東日本大震災と福島原発事故の惨状は，第2次世界大戦後の空爆にあった焼け野原と重なるものがある。筆者は，直接その空爆光景を体験していないが，2011年4月の訪れた宮城県女川町，5月の宮城県南三陸町，6月の岩手県陸前高田市，大船渡市，そして大震災・原発事故から2年が過ぎた2013年4月に訪問した福島県浪江町の請戸地区，そのいずれの地域もが，空爆の被害にあったのかの如く，ほとんどすべての建物が破壊され跡形もなく，ところどころ漂流物が残っている光景であった。

　福島県の第一原発に近い沿岸域や市街地は，3月11日で「時間が止まった

まま」で2年以上が経っている。「時間が止まったまま」で何もできない人間の無力さを感じてしまう。それは，裏を返せば，原発事故で噴出した高レベルの放射能の前では何も手出しができない人間の無力さとでも言うべき光景である。

「原発には五重の安全性が施されたており，絶対に大事故はおきない」という「安全神話」を多くの国民は大ない小なり信じてきた。その「安全神話」は，「神（天皇）の国は戦いに負けない」という第二次世界大戦の日本と重なるところがあり，そして，そのいずれもの崩壊がまた空爆後の風景と重なり合うことになる。

また，原発の「安全神話の崩壊」は，第二次大戦後に築かれてきた学問（科学技術）の信頼をも大きく傷つけることになる。大震災と原発事故の発生とその後の対応に，政治・行政・メディアに対してと同じように，学問（科学技術）は何をしているのかと多くの非難が浴びせられる。さらに，放射能の環境汚染が人体に与える影響，とりわけ，長期間にわたって浴びる低線量被曝の人体への影響について，科学的知見がないことに対して，人々の間に分断と対立を巻き起こしている。このことでも，科学（学問）は非難され続けているのである。

総じて，福島原発事故を契機に，わが国の政治・行政・メディア，さらに科学（学問）も信用できないということは，ある意味，「社会不安」とでもいうべき状況をきたしている。

2　原発周辺自治体・住民の避難

深刻な原発事故が発生した時に，周辺住民がどのように避難をするべきかについて，今回の避難はどうであったのだろうか。

福島第一原発の事故が過酷さを増す中で，半径5キロ，10キロ，20キロと避難指示が拡大されていった。ただ，実際には，住民を避難させる交通手段は不十分で，マイカーの長蛇の渋滞や避難先もわからないまま，ただただ第一原発から遠くへ避難した住民も多い。避難先を何か所も変え，転々と避難してした住民も多い。

浪江町は，国や県からの避難指示が届かず，第一原発から遠い浪江町の津島地区に町民を避難させた。ところが，その津島地区の外部放射線量が一番高かったことが後に判明する。放射線プルームの動きを予測するスピーディーが活用されず，浪江町民は事故直後，適切な避難指示が出されず，放射線被曝を受ける。

　飯舘村は，原発事故発生後，南相馬市の避難者らを受け入れていた。ところが，その後，飯舘村の外部線量が高いことが判明し，2011年4月22日に村全体が「計画的避難指示区域」に指定され，5月から避難が始まった。事故発生から2ヶ月近く経ってからの避難であったため，家財道具の持ち出しや，避難先について対応できた面はあるが，その反面，他の市町村より避難が遅れた分，受け入れ先が限られたといった問題もあった。

　また，事故後，福島第一原発から半径20キロが「警戒区域」，半径20から30キロまでが「計画的避難区域」，「緊急時避難準備区域」に指定されたが，「緊急時避難準備区域」は2011年9月30日に解除され，「警戒区域」と「計画的避難区域」の2種類になった。その後，2012年4月1日以降，順次，該当市町村ごとに，年間積算量を基準に，「避難指示解除準備区域」（年間積算量20ミリシーベルト以下の地域），「居住制限区域」（年間積算量20リシーベルトを超えるおそれがある地域），「帰還困難区域」（年間積算量50ミリシーベルトを超えるおそれがある地域）の3種類になった。そして，2013年8月8日に川俣町山木屋地区の了承をもって新しい3種類の再編がすべて完了した。

　今回の再編で，行政区域の既存居住人口の90%以上が「帰還困難区域」に指定されたのが大熊町と双葉町である。大熊町は会津若松市，双葉町はいわき市（2013年6月までは埼玉県加須市）に役場機能を移し，全町避難を余儀なくされており，「町外コミュニティ」の建設や帰還の道筋をどのように立てていくのかが，大きな課題となってくるであろう。

3　除染による環境改善（放射性物質の除去）

　福島県の大地が放射性物質の沈着によって汚染された直後から，放射線防護の一環として，土地と建物の除染をどのように進めていくのかが大きな課

題であった。

　放射性物質は塵の粒子のようなもので，それが沈着した場合には，建物やコンクリート・アスファルトの道路の場合は洗い流したり吸い取ったりし，地面は表土を剥ぎ取ることになる。樹木は葉や枝の伐採が必要であるし，落ち葉や腐葉土の除去を行わなければならない。

　強制避難しなかったけれど比較的空間線量が高い福島県中通り地方の伊達市，福島市，二本松市，郡山市などで，いち早く小中学校などの除染が開始された。ところが，表土の剥ぎ取りで出た汚染土壌を保管する「仮置き場」をどこに設置するかで，周辺住民との紛争が，いたるところで発生し，「仮置き場」が決まらず，除染が開始できないという膠着状態が続いてきた。比較的早く「仮置き場」が決められた伊達市は除染が早くスタートしたが，福島市は「仮置き場」の設置が容易でなく，個人の住宅については，その敷地内に「仮置き場」を確保することで除染作業を進めた。

　「仮置き場」で保管した除染（放射性）廃棄物の搬入先に，「中間貯蔵施設」が予定されている。この「中間貯蔵施設」の建設も，ようやく，複数の建設候補地（大熊町，双葉町，楢葉町）の一部で環境調査が始まったばかりで，建設地が決まり，施設が完成し，除染（放射性）廃棄物が搬入されるのに，どれだけの年月がかかるのか，まだ見通しがつかない。さらに，搬入が始まったとして，県内すべての膨大な除染（放射性）廃棄物の運搬が完了するのに20年以上かかるという試算もある。除染が進めば進むほど，増え続ける除染（放射性）廃棄物を「中間貯蔵施設」へ搬入するという気が遠くなる作業が待っている。

　また，この間，一度除染してもまた空間線量が高くなるという問題も明らかになってきた。これは，雨水などが集中し，滞留するところに放射性物質が再集積し，空間線量が高くなるというものである。再除染が必要な場所を把握して，定期的な観測と再除染を行っていかなければならない。

　農地や山林の除染は，市街地や住宅の除染以上に困難な課題がある。農地は，放射性物質が付着した表土を剥ぐことは容易なことではない。表土部分に肥沃な土があることと，剥いだ表土の量が莫大すぎて，とても「中間貯蔵

施設」で対応できるものではない。山林についても，住宅から20メートルの山林を除染するという基準としてきたが，基準の見直しの動きもあるが，いずれにしても広大な山林を大規模に除染することは不可能に近い。

　このように，当初は，除染をして安心して暮らせる生活環境が取り戻せると思ったが，実際には，除染方法の難しさと除染（放射性）廃棄物の処理の困難さが明らかになってきた。

4　避難住民の住まい

　住まいは人が生活を送るうえで，もっとも基本的事柄です。住まいが定まらない，劣悪な住まいは，日本国憲法第13条「幸福追求権」，第22条「居住権」の侵害に関わる問題である。

　強制避難を余儀なくされた多くの住民たちは，震災・原発事故から約6か月のうちに，避難所から応急仮設住宅・民間借り上げ住宅（「みなし仮設住宅」）へ移った。「みなし仮設」住宅の手法は，今回の東日本大震災で大きな役割を果たした。本来，応急仮設住宅については，都府県知事が災害救助法を適用させて，災害発生時から2週間以内に着工し，貸与期間は完成から2年以内と定められている。もちろん，これまでも大災害のため2年で復旧・復興が進まない場合には，貸与期間の延長がされてきている。

　今回の東日本大震災で民間借り上げ住宅が「みなし仮設住宅」として大きな役割を果たした。岩手県，宮城県の地震津波の被災者数，福島県の地震津波・原発事故避難者数の膨大さからして，とても応急仮設住宅の建設で対応できるものではなく，発災後の早い時期に，一定の条件を満たした民間借り上げ住宅を「みなし仮設住宅」（福島県の場合家賃6万円まで，5人以上の世帯は9万円まで補助）としたことは賢明な判断であったといえる。今後も広域的な大規模災害が発生し，多数の被災者が発生した場合には，「みなし仮設住宅」は有用な手法である。

　避難者数が膨大であったために，応急仮設住宅と民間借り上げ住宅とで入居者の傾向の違いが窺える。応急仮設住宅は，比較的高齢の世帯や単身者の入居が多く，民間借り上げ住宅は子育てや教育問題を抱えた比較的若い世帯

が多い。応急仮設住宅は，市町村ごとに建設されているので同じ地域の住民が入居しているが，民間借り上げ住宅は各自で入居先を探してくることになるのでバラバラにならざるを得ない。被災自治体も，住民の状況把握に当たっては，応急仮設住宅では一軒一軒訪問しながらの状況把握はある程度可能であるが，点在する民間借り上げ住宅の住民を把握することは容易でない。さらに，県外に避難し民間借り上げ住宅に入居している住民の把握は，さらに難しい。

　原発事故から3年目に入り，復旧・復興の見通しが立たないなかでも，不動産などの財物賠償が始まり，それと並行して，新しい土地に住宅を構える被災者も出てきている。これまで旧・警戒区域に住宅があった被災者に「一時帰宅」が認められてきた。防護服に身を包み，自宅の無事な姿と貴重品などの荷物を持ち出しに行くためのものであったが，荒れ果てた自宅とその周辺の様子を見て，かえって「もう自宅には帰れない」と決心（踏ん切り）をつけた住民もあると聞く。国，県，地元市町村は「帰還困難」としか言わないが，被災住民の中には「帰還困難」地区にある自宅を諦め，新しいところでの新生活のスタートを切った，あるいは，新生活を切ろうとしているという話も聞こえてくる。

　但し，住民票は被災市町村のままである場合が多い。これは，賠償問題があるからで，賠償の判断基準は，原発事故発生時の住民票がもとになっており，事故後も住民票がどこにあるかが賠償継続の判断材料となっているからである。

　賠償問題が完全に決着すれば，新しいところに住民票も移してしまうのか，否，将来，被災地に帰還することを考え住民票はそのままなのかは，被災者それぞれの思いや事情によって異なってくるだろう。

5　損害賠償と被災者の「分断」

　福島県だけで15万人を超える県内外の避難者，放射能汚染で莫大な損害を被った第一次・二次・第三次産業の事業者に対して，損害賠償がどのように支払われるべきなのかという課題である。ここでは，被災者個人に支払われ

る賠償に限定して論じたい。

　福島県の被災者への賠償は，財物賠償よりも，精神的苦痛（慰謝料）に対する賠償が先行して行われてきた。警戒区域で強制避難を余儀なくされた個人1人に月額10万円，警戒区域以外で一定以上の放射線量がある地域の個人1人に8万円（但し，子どもと妊婦は40万円）の慰謝料が支払われてきた。

　故郷や自宅を追われ，生業も奪われた被災者が，東京電力からしかるべき賠償を受けることは当然の権利である。避難が長期化し，生活の見通しも立たない中で，賠償金が生活の基盤的資金になっている人も多い。また，避難を余儀なくされた自宅の住宅ローンがあり，住めない自宅にローンだけを払い続けなければならない被災者もいる。その意味で，賠償金の支給はなくてはならないものである。

　しかし，一方で，この賠償金が被災者の「分断」のもとともなっている。たとえば，いわき市で，仮設住宅に入居している被災者で，いわき沿岸の津波で住宅を流された被災者は「義援金」の支給はあったが，原発被災者のような月々の「賠償金」の支給はない。賠償金をもらえる被災者ともらえない被災者との軋轢が生まれている。また，2011年6月に外部被曝線量の積算が年間20ミリシーベルトを超える箇所が「特定避難勧奨地点」に指定され，福島県伊達市，南相馬市等で指定がされてきた。そうなると，同じ地区で，「特定避難勧奨地点」に指定された世帯には，1人月額10万円が支給され，高い線量なのに年間積算が20ミリを超えない世帯は8万円支給だけである。賠償金の多いか少ないかで，また被災者が「分断」させられてしまうことになる。

　また，賠償金の支給は，帰還にも影響を与えている。緊急時避難準備区域が解除され，役場が帰還して1年以上経つ広野町や川内村でも，住民の帰還は順調ではない。原発事故の未収束，除染の未完了，上下水道復旧の遅れ，就労の場が確保できない，医療機関・教育機関・小売店の不十分さ等が，帰還遅れの主要な理由であるが，あわせて，賠償問題があるとも言われている。民間借り上げ住宅の家賃補助も，同種の問題を有している。家賃補助が続く限り，無理に帰還しなくてもよいという避難者もいるという声が聞こえてく

る。行政が無理に住民を帰らせようとしているという「帰還圧力」という言葉が生み出されてきているが，一律に帰還できない避難住民の個々の事情もあり，帰還の難しさを物語っている。

また，「住民は帰還するもの」という考え方にも批判的な意見がある。あたかも「帰還しない住民には支援しない」ともとられる行政の施策も一部見受けられ，すぐには帰還できない住民，帰還するかまだ判断がつかない住民たちの気持ちに寄り添う行政の姿勢が求められている。

6　長期低線量被曝の身体への影響

福島県民を悩ませている最大の問題は長期低線量被曝の身体への影響の問題であり，この問題は県民の避難や帰還を妨げている最大の問題である。また，福島県の第一次から三次産業の生産品が受けているダメージも，低線量被曝の身体への影響の有無が大きな要因である。食品の放射性物質の含有量が，当初，暫定基準で500ベクレル/Kgでスタートしたが，2012年4月に100ベクレル/Kgに引き上げられた。福島県産の生産品は，検査体制が徹底しているが，それでも，市場・流通において，厳しい状況に置かれている。

年間積算被曝量が100ミリシーベルト以下の発がんリスクは5％であり，それ以下の，例えば年間20ミリシーベルトの被曝量については，「閾値」がないとされてきた。このことが，福島県内で年間被曝積算量が10ミリ～2ミリシーベルトの地域で生活することが，中長期的に身体（特に乳児，小中学生）への影響があるのか否かで住民の「分断」「軋轢」を生んできている。低線量被曝地から自主避難をするか否かで，家族内・親族，学校内，地域住民内で見解が分かれ，対立の原因となっている。

そのことの背景には，原発事故に対する科学の信用失墜があり，さらに専門的科学者の見解の相違が住民の認識の違いに大きな影響を与えている。長期低線量被曝は身体に悪影響が出るという見解と長期低線量被曝は影響がないという見解の対立であり，いずれが正しいのかは，科学的知見がないということである。そのため，どちらの見解を信じるか否かの「宗教」的な色彩を帯びた論争になってしまっている。現時点で，長期的低線量被曝の人体への

影響について結論が出ない以上は，双方の見解を尊重する姿勢が大切である。

　放射線防護の考えの理解を広めつつ，外部被曝と内部被曝への対策が重要である。ホールボディーカウンター等による定期健診で内部被曝を監視し，中長期的な健康管理体制を確立することが必要である。

おわりに

　以上，6つの項目について論じてきたが，いずれの項目も発災後2年以上が過ぎても解決が見通せない課題である。放射能汚染の危険性を認識しつつ，他方で，国の「強制避難」がもたらす罪深さ，すなわち，「強制避難」による生業の喪失，家族の離散，地域コミュニティの崩壊等は計り知れないものがある。

　日本国憲法が保障する幸福追求権（13条）は，何か際立った「幸福」ではなく，ごく普通に今まで通り平凡に暮らす権利の保障である。被災者が，「原発事故以前にあったままの生活に戻してほしい」という要求は，まさにこの基本的人権の保障を求めることである。

　原子力災害という未曾有の複合災害に対して，どのような復興支援を進めていくかが問われている。

（中井勝己）

〔参考文献〕
山下祐介・開沼博編著（2012）『原発避難論』明石書店
清水修二（2012）『原発とは結局なんだったのか』東京新聞

II　福島県がめざす「復興」のかたち
──「復興計画」を読む──

1　福島県の「復興」とは？

　東日本大震災および東京電力福島第一原子力発電所事故の発生から3年目を迎えたが，地震，津波，原発事故，風評の「四重の被害」を受けた福島県の「復興」への道のりは長く険しい。福島県の被害の特異性は原発事故による放射能汚染の長期かつ広範囲に及ぶ影響にある。自主避難を含め約15万人の県民が県内外での避難生活を余儀なくされており，故郷への帰還の見通しがたっていない。震災後の人口減少率は福島県が全国で最も高く，県人口は1978年以来33年ぶりに200万人を割り込んだ。

　また，放射性物質により大気，水，大地が汚染され，農林水産業だけではなく，製造業や観光業も含めた産業全体が大きな打撃を受けている。そして，福島県は，復興計画の中でこれまで大きく依存してきた原発からの脱却を掲げたことから，新たな産業の創出や仕事づくりが大きな課題になっているのである。

　こうした状況の中で，福島県はどのような「復興」[1]を目指しているのだろうか。震災前，災害対策基本法には，「復興」という言葉はわずか2か条の努力規定があるだけで，その定義も明らかではなかった。2013年6月，大規模災害からの復興に関する法律（平成25年法律55号）が成立して，復興の枠組みが定められたが，その意味は確定していない。

　本稿では，福島県の復興計画とそれに合わせて見直しが行われた総合計画[2]の策定のプロセスと内容から，福島県の復興の理念とかたちを読み解き，復興に向けての課題を探っていきたい。

2　福島県復興計画の概要

（1）　復興計画とは

「（災害・震災）復興計画」とは，被災した地方自治体が目指す復興の姿を示した計画をいい，その名称，期間，内容・施策はさまざまである。復興計画の策定は法律上必須ではなく，実際に復興計画を策定するかどうかは，被害の状況等に応じて各自治体の判断に委ねられている。[3]

これまでわが国では，関東大震災後の「帝都復興計画」をはじめ数々の復興計画が策定されてきたが，歴史的には，「物理的復興」を目指すものから，「経済発展」，さらに「生活再建」に主眼を置くものへと変化してきた。[4]

しかし，阪神・淡路大震災の際の復興計画は，国の予算編成に合わせるため，住民合意も不十分なまま極めて短期間に策定された。「創造的復興」の名のもとに，被災者の生活再建よりもインフラ整備を優先した大ハコモノ計画であり，多数の孤独死を生み出す一方で，新長田地区や神戸空港のような負の遺産を遺し，「復興災害」をもたらしたと批判されている。[5]

（2）　策定過程

福島県では，復興ビジョン⇒復興計画という2段階で復興計画が策定された。震災から2カ月が過ぎた5月13日，12名（うち県外3名）の委員からなる福島県復興ビジョン検討委員会（委員長：鈴木浩福島大学名誉教授）の初会合が開かれた。委員会は，いわきと相双での現地視察を含め7月2日までに計6回開催され，市町村との意見交換や県議会からの意見・要請を受け，7月8日，県知事に対して復興ビジョン（案）を提言した。そして，パブリックコメント（7月15日〜8月3日）を経て，8月11日，福島県東日本大震災復旧・復興本部[6]は「福島県復興ビジョン」を決定した。

次いで，9月11日，第1回福島県復興計画委員会が開催され，復興計画の策定に着手した。委員会は23名（うち6名はビジョン委員会委員，ほかに特別委員7名）からなり，11月25日までに計3回開催され（このほかに3つの分科会が各2回開催），11月30日，県知事に復興計画案を提出した。パブリックコ

メント（12月1日～16日），9カ所の地域懇談会，関係市町村との意見交換を行い，県議会からの意見・要請も踏まえて，12月28日，復旧・復興本部は，「福島県復興計画（第1次）」を決定した。2012年6月，「福島県復興計画（第1次）進捗状況」が公表され，さらに，福島県復興計画評価・検討委員会の検討を経て，2012年12月28日，「福島県復興計画（第2次）」が策定された。

（3）概　要

　復興ビジョンは，「復興」の意味について，「今回の災害の教訓を踏まえた新たな視点に立って，本県をこれまで以上に良い状態にしていくこと」としている。復興ビジョンは，3つの基本理念と7つの主要施策からなり，復興計画のたたき台になっている。新潟・福島豪雨，台風15号の被害からの復旧・復興も含まれているため，中通りや会津を含む県内全域が対象である。復興を目指す期間は10年（2011～2020年度）だが，時期区分はない。

　基本理念の第一は，「原子力に依存しない，安全・安心で持続的に発展可能な社会づくり」である。「脱原発」という考え方のもと，原子力に依存しない社会を目指す。そのためには，再生可能エネルギーを飛躍的に推進し，何よりも人の命を大切にし，安全・安心して子育てができ，全国にも誇れるような健康長寿の県づくりを進めていく。

　第二は，「ふくしまを愛し，心を寄せるすべての人々の力を結集した復興」である。今回の災害は被害が甚大かつ広範囲に及んでいることから，県民，企業，民間団体，市町村，県など県内のあらゆる主体と国内外の力を結集して復興を進める。また，国策として原発を推進し原子力災害に全面的な責任をもつべき国には，財源確保，特区の創設など，法的バックアップを求めていく。

　第三は，「誇りあるふるさと再生の実現」である。本県に脈々として息づく地域のきずな（地域コミュニティ）は，ふくしまの宝であると共に世界に通ずる価値であり，これを守り，育て，世界に発信する。そして，ふくしまの未来を担う子ども・若者たちが誇りを持つことができるふくしまの再生を図る。

主要施策は，①緊急的対応（応急的復旧・生活再建支援，市町村の復興支援），②未来を担う子ども・若者の育成，③地域のきずなの再生・発展，④新たな時代をリードする産業の創出，⑤災害に強く，未来を拓く社会づくり，⑥再生可能エネルギーの飛躍的推進による新たな社会づくり，⑦原子力災害対応，の7つであり，②〜⑥は「ふくしまの未来を見据えた対応」として括られている。

一方，復興計画は，復興ビジョンを踏まえて，7つの主要施策のもとに，38の具体的取り組み，729の主要事業，地域別の取り組みを定めている。とくに重要な事業が12の重点プロジェクトとして抽出され，3つの観点から整理されている。

「安心して住み，暮らす」には，①環境回復（除染の推進，食品の安全確保，汚染廃棄物の処理，拠点の整備），②生活再建支援（安定した生活の確保，住環境の再建支援，雇用の維持・確保），③県民の心身の健康を守る（県民の健康の保持・増進，地域医療の再構築，最先端医療体制の整備，被災者等の心のケア），④未来を担う子ども・若者育成（日本一安心して子どもを育てられる環境づくり，生き抜く力を育む人づくり，ふくしまの将来の産業を担う人づくり）が含まれている。

「ふるさとで働く」には，⑤農林水産業再生（安全・安心を提供する取り組み，農業の再生，森林林業の再生，水産業の再生），⑥中小企業等復興（県内中小企業の振興，企業誘致の促進等）のほかに，新たな産業である，⑦再生可能エネルギー推進（再生可能エネルギー導入拡大，研究開発拠点の整備，関連産業集積・育成，再生可能エネルギーの地産地消）と⑧医療関連産業集積（医療福祉機器産業の集積，ふくしま医療産業振興拠点（創薬）の整備）が入っている。

「まちをつくり，人とつながる」は，⑨ふくしま・きずなづくり（福島県内におけるきずなづくり，県外避難者やふくしまを応援している人とのきずなづくり，情報の発信），⑩ふくしまの観光交流（観光復興キャンペーンの実施，観光振興と多様な交流の推進），⑪津波被災地復興まちづくり（「多重防御」による地域の総合防災力の向上，防災意識の高い人づくり・地域づくり，市・町とともに取り組むまちづくり），⑫県土連携軸・交流ネットワーク基盤強化（浜通りを始め本県の復興の基盤となる道路等の整備，港湾・空港等の機能強化，JR常磐線・只見線の早期復

旧，情報通信基盤の強化）で構成されている。

　地域別の取り組みは，相馬，双葉，いわき，中通り，会津の5エリアごとに定められた。通常，県の計画等は7つの生活圏（相双，いわき，県北，県中，県南，会津，南会津）単位で策定されるが，今回は，原発事故の被害が甚大な浜通りを3つに区分し，中通りと会津を一つのエリアにまとめ策定したものである。

　なお，復興計画（第2次）では，避難指示区域の見直しなどを受けて，避難の長期化に伴う支援強化や新たな生活拠点の整備，帰還を加速する取り組みなど，被災者それぞれの状況に応じた新たな取り組みが追加されている。

（4）　特色——岩手県・宮城県の復興計画との比較から

　被災自治体が策定する復興計画の性格は，被災状況の内容や規模・程度，住民などの世論の動向，首長の政治姿勢と議会の勢力分布，事務局を構成する官僚機構の体質，計画策定メンバーの構成などによって左右される。

　岩手県では，2011年4月11日，「東日本大震災津波からの復興に向けた基本方針」が出され，これを踏まえて，オール岩手の各界代表16名からなる岩手県東日本大震災津波復興委員会（委員長：藤井克己岩手大学学長）が，「岩手県東日本大震災津波復興ビジョン（案）」と「岩手県東日本大震災津波復興計画（案）」を策定して，8月11日，県議会で復興計画は可決成立した。

　復興計画は，計画期間は8年間（2011～2018年度，うち基盤復興期間3年，本格復興期間3年，更なる展開への連絡期間2年）で，復興に向けて目指す姿や原則，具体的な取り組みの内容等を示す「復興基本計画」と施策や事業，工程表等を示す「復興実施計画」から構成されている。復興の姿は，基本計画の副題「いのちを守り　海と大地と共に生きる　ふるさと岩手・三陸の創造」として表現されており，①安全の確保，②暮らしの再建，③なりわいの再生の3つの原則が掲げられている。多重防災型まちづくりを進め，「減災」の考えにより安全の確保を図るとして，被災類型・状況に応じた3つの復興パターンがまちづくりのグランドデザインのモデルとして提示された。そして，10分野の取り組みと，リーディング・プロジェクトである三陸創造プロジェ

クトが定められた。

　宮城県でも，4月11日，「宮城県震災復興基本方針」が出され，宮城県震災復興会議が，「宮城県震災復興計画～宮城・東北・日本の絆・再生からさらなる発展へ～（案）」を策定し，10月18日，県議会で復興計画は可決成立したが，その内容や策定過程は，岩手県とは大きく異なっている。会議のメンバー12名（議長：小宮山宏三菱総合研究所理事長）は，財界系研究所の出身者が多く，県外者が10名を占めている。基本方針の内容がほぼ復興計画に反映されており，県が強いリーダーシップを発揮したことがうかがわれる。

　計画期間は10年間（2011～2020年度，復旧期3年，再生期4年，発展期3年）で，基本理念は，①災害に強く安心して暮らせるまちづくり，②県民一人ひとりが復興の主体，③単なる「復旧」ではなく「再構築」，④現代社会の課題に対応した先進的な地域づくり，⑤壊滅的な被害からの復興モデルの構築，の5つである。総合計画「宮城の将来ビジョン」（2007～2016年度）に掲げた将来像（「県民一人ひとりが，美しく安全な県土にはぐくまれ，産業経済の安定的な成長により，幸福を実感し，安心して暮らせる宮城」「宮城県に生まれ育った人や住んでいる人が活躍できる機会にあふれ国内からも国外からも人を引きつける元気な宮城」）を目指すとしている。復興計画には，11の緊急重点項目，抜本的な再構築を行い先進的な地域づくりを行うための10の復興のポイント，7つの分野別の復興の方向性が盛り込まれた。沿岸被災市町の復興の方向性については，原形復旧による復興は極めて困難だとして，三陸地域は「高台移転と職住分離」，仙台湾南部地域は「多重防御」，石巻・松島地域は両者を組み合わせるものとした。なお，復興計画と総合計画の進行管理を行うため，両者の中期的な実施計画として，2012年3月，「宮城県の将来ビジョン・震災復興実施計画」（2011～2013年度）が策定された。

　岩手県の復興計画が，津波対策がメインの「オーソドックス型」であるのに対して，宮城県の復興計画は，「抜本的な再構築」「先進的な地域づくり」を目指した「提案型」[7]であるが，福島県の場合はどうだろうか。

　策定のプロセスは，計画の着手・決定は大きく遅れたが，復興ビジョンも復興計画も，多数の有識者・関係者が参加して議論を重ね（女性の参加が少な

いという問題はあるが），パブリックコメントや地域懇談会を実施しながら幅広い層の意見を取り入れ，可能な限りの合意形成を目指したことは評価に値する。

　つぎに，各県とも10年程度を復興の目標としているが，福島県の場合は，原発事故が収束していないことから時期区分も実施計画もない。一方，復興計画は，「今後の原子力発電所事故の収束状況，避難区域の変更や進行管理の結果等を踏まえ，県民の意向に細やかに対応しながら，復興に向けて必要な取り組みが行われるよう，適時，柔軟に見直しを行う」とされ，すでに改定が行われた。

　さらに，復旧・復興の対象としている災害が多様かつ広範囲に及ぶことも特色である（そのため，名称は「震災復興計画」でも「津波復興計画」でもなく，たんに「復興計画」とされている）。岩手県と宮城県が主として沿岸部の津波被害を対象としているのに対して，福島県は，地震，津波，放射能汚染，風評被害，さらには，台風・豪雨などの一連の災害からの全県的な復旧・復興を目指しており，福島県が復興計画の策定に合わせて総合計画の見直しを行った一つの要因になっている。

　とはいえ，未曾有の原子力災害への対応が最大の課題であることは言うまでもない。「原子力に依存しない，安全・安心で持続的に発展可能な社会づくり」という理念は他県とは一線を画しており，具体的取り組みと主要事業，重点プロジェクトのいずれにも，脱原発，除染，環境の回復，健康の保持・増進，産業創出，賠償・補償に向けた取り組み，帰還支援，県外避難者支援等々の原子力災害への緊急的対応・克服が盛り込まれており，「危機管理型」の復興計画と言えよう。

3　復興計画の位置づけ

（1）　総合計画の見直し

　福島県は，2009年，30年後を展望した福島県総合計画「いきいき　ふくしま創造プラン」（2010〜2014年度）を策定していたが，震災により福島県を取り巻く社会経済情勢が大きく変化したことから，2012年，総合計画審議会

および見直し部会によって，総合計画の見直しが行われた。新総合計画は，「ふくしま新生プラン―夢・希望・笑顔に満ちた"新生ふくしま"」と名付けられ，復興計画の終期と合わせて，2013〜2020年度の8年計画とされた。

　見直し点の第一は，人口と経済の展望である。人口は，緩やかな人口減少（シナリオA，2040年時点で約156万人）と急激な人口減少（シナリオB，同約125万人）の二つの見通しを示し，経済についても人口の試算と同様に，順調な経済成長（シナリオa）と緩やかな経済成長（シナリオb）を示した。

　「人と地域」を礎としながら「活力」「安全と安心」「思いやり」の三本柱で構成するという前計画の基本構造を踏襲しながら，22の視点を計画の政策分野とした。また，政策分野別の主要施策，指標，地域別の主要施策なども変更が行われた。さらに，復興計画との整合性を図るために，復興計画の12の重点プロジェクトに人口減少・高齢化対策を加えた13のプロジェクトが総合計画の重点プロジェクトとして位置づけられた。2013年度からは，総合計画審議会が両計画の進行管理を一体的に行う予定である。

（2）　市町村の復興計画

　福島県内では，浜通りおよび中通りの市町村を中心として，全59市町村中34市町村で，復興ビジョンおよび／または復興計画が策定されている。復興ビジョンのみの策定が4市町村，復興計画のみの策定が19市町村，両方の策定が11市町村だが，その多くは県のビジョンや計画よりも後に策定されている。

　福島県議会は，2011年10月20日，福島県内の東京電力第一・第二の全原発10基を廃炉にするよう求める請願を全会一致で採択し，県知事は，政府・東電に対して廃炉の申入れを再三行ってきた。廃炉を求める動きは県内の市町村に広がり，「脱原発」を掲げる復興計画も数多くあり，県の復興計画が指針としての役割を果たしている。

（3）　国の法政策

　2011年4月14日，内閣府に東日本大震災復興構想会議が設置され，岩手県，

宮城県および福島県の知事も参加して議論が進められ，6月25日，「復興への提言～悲惨の中の希望～」がまとめられた。また，6月24日には，東日本大震災復興基本法（平成23年法律76号）が成立し，復興の基本理念，資金確保，復興債発行，復興特区整備，復興庁設置などが定められた。7月29日には，「東日本大震災からの復興の基本方針」が閣議決定され，復興施策（①災害に強い地域づくり，②地域における暮らしの再生，③地域経済活動の再生，④大震災の教訓を踏まえた国づくり），原子力災害からの復興などが定められ，福島県における環境修復技術の研究拠点形成，医療産業や再生可能エネルギー産業の集積も盛り込まれた。

　2011年8月には，県と国との協議機関として，「原子力災害からの福島復興再生協議会」が設置された。特殊な諸事情に置かれた福島の復興・再生には特措法の制定が不可欠であるという県の提言を受けて，同協議会で議論が進められ，2012年3月30日，福島復興再生特別措置法（平成24年法律25号）が成立し，7月13日，福島復興再生基本方針が閣議決定された。「福島の再生なくして日本の再生なし」との考えのもと，国は，原子力に依存しない社会づくりを目指す福島県の理念を尊重して，①安全で安心して暮らすことができる生活環境の実現，②地域経済の再生，③地域社会の再生という目標の実現に取り組むことになった。基本方針に即して，「再生復興再生計画」（県が作成・国が認定），「重点推進計画」（県が作成・国が認定），「避難解除等区域復興再生計画」（県の申出により国が策定）が作成され，復興・再生に関する施策の推進のために必要な措置がとられることになっている。

4　これからの課題

　福島県の復興計画は，県内外に対して，「脱原発」という3.11後の新しい社会のメッセージを発信し，市町村の復興計画の策定の指針となり，国の法政策にも反映されている。もちろん，計画策定は復旧・復興に向けての第一歩であり，その着実かつスピーディな実現が求められる。だが，現在の復興計画の進捗状況は，「復興の一丁目一番地」と呼ばれる「除染」ひとつとっても作業は大きく遅れ，当初想定したような成果が上がっていない。

計画では，復興の実現に向けては，①民間団体や県民等との連携，②市町村との連携，③国への要請，④復興に係る各種制度の活用，⑤実効性の確保が必要としている。被害が広範かつ甚大であり県外避難者が多数いることからすれば，福島県の復旧・復興は，県だけでなく，国，市町村，民間団体，企業，県民等の多様な主体が連携・協働しながら推進していかなければならない。

しかし，本稿では県の主導的役割を強調しておきたい。「復興」を担う行政主体は，「住民に最も身近で，地域の特性を理解している市町村が基本」であり，「県は，被災地域の復興に当たって，広域的な施策を実施するとともに，市町村の実態を踏まえ，市町村に関する連絡調整や市町村の行政機能の補完等の役割を担う」とされている（東日本大震災からの復興の基本方針）。だが，地方分権改革と平成の大合併で行政機能が弱体化していた市町村は，大震災・原発事故で大打撃を受けている。除染，賠償・補償，町外コミュニティ（仮の町）のどれをとっても市町村が単独で解決できる問題ではない。「道州制」導入の是非が議論されているなか，県が主導的役割を果たしていくことが期待される。

いまひとつは，復興計画の進行管理を着実に行い適宜見直していくことである。収束の見通しがたたない原発事故は日々新たな被害や課題を生み出しており，計画策定・改定時点の状況と現状とでは大きく異なっている。また，政府・東電の廃炉工程表によっても廃炉には30〜40年かかるとされており，福島の環境が回復されて，安全・安心して暮らすことができるまでには，（超）長期を要することは明らかである。「原状復旧」自体が困難な福島県では，将来の新しい社会づくりやふるさとの再生を展望しながらも，被災者一人ひとりの生活をいまいる場で再建することが最優先の課題である。事業やプロジェクトが予定通り進んでいるかをチェックするだけではなく，真に「人間の復興」につながっているかどうか，不断に検証し計画を見直していく必要があるだろう。

（塩谷弘康）

〔注〕
（1） 一般的には，「復旧」が災害前の状態に戻す意味合いで使われるのに対して，「復興」は新たな社会的課題に取り組むより積極的な意味合いで使われる。東日本大震災復興基本法第2条1項は，「被害を受けた施設を原形に復旧すること等の単なる災害復旧にとどまらない活力ある日本の再生を視野に入れた抜本的な対策及び一人一人の人間が災害を乗り越えて豊かな人生を送ることができるようにすることを旨として行われる復興」と述べている。
（2） 地方自治体のすべての計画の基本であり行政運営の総合的な指針となる計画で，「基本構想＝基本計画＝実施計画」の三層構造をとることが多い。市町村には「基本構想」の策定が義務づけられていたが，2011年地方自治法改正により撤廃された。
（3） 県レベルでは青森県，岩手県，宮城県，福島県の東北4県で，市町村レベルでは茨城県，千葉県を含む6県の80市町村で，復興ビジョン・方針・計画が策定されている。なお，大規模災害復興法により，市町村は，国の復興基本方針と都道府県復興方針に即して，計画区域，目標，人口の現状・将来の見通し，土地利用方針，復興整備事業，計画期間などを定めた「復興計画」を作成できることになった。
（4） 牧紀男（2013）『復興の防災計画―巨大災害に向けて』鹿島出版社，101-108頁。
（5） 広原盛明（2001）「阪神・淡路大震災における震災復興都市計画の検証」原田純孝編『日本の都市法Ⅱ　諸相と動態』東京大学出版会，塩崎賢明・西川榮一・出口俊一・兵庫県震災復興研究センター編（2010）『大震災15年と復興の備え』クリエイツかもがわ，などを参照。
（6） 2011年5月20日設置。福島県は，岩手県や宮城県と異なり，復興計画は県議会の議決によらず，県庁内の協議・調整を行う復旧・復興本部が決定する。総合計画・復興計画の改定，特措法の改正などに対応するため，2013年3月11日，「新生ふくしま復興推進本部」に改称された。
（7） たとえば，宮城県は，新たな水産業の創造のため，水産業集積地域や漁業拠点を集積し，協業化等の促進や民間資本の活用など新たな経営組織の導入を推進するとして，漁協の反対を押し切って，漁業権を民間企業に開放する「水産業復興特区」を復興庁に申請し，2013年4月23日，認定を受けた。

第2章　震災と復興支援

I　災害復興支援とは何か

1　災害復興支援学とは何か

　本書は「災害復興支援学」の教科書であり，農業のこと，地震のこと，エネルギー政策のことなど，災害に関して向き合わなければならない様々なテーマについて解説がなされている。

　しかし，そもそも「災害復興支援学」とは何だろうか。

　例えば大学に「災害復興支援学類（部）」があったり，「政治学者」や「物理学者」のように「災害復興支援学者」がいたりするのかというとそうではない。明確に「災害復興支援学」なる学問分野が独立してあって，それを専業としている研究者がいるというわけではない。

　だが，一方で，東日本大震災以降，福島大学に設置された「うつくしまふくしま未来支援センター」や「災害復興支援学」の講義のように，被災地周辺に「災害」や「復興」「支援」を掲げた部局や講義が生まれてもいる。あるいは，1995年の阪神淡路大震災からの継続的な研究活動の強い影響を受けて「日本災害復興学会」という学会が2008年にできていた例などもある。広い意味での「災害復興支援学的なるもの」が生まれていく中で，この「学」がいかなるものなのか，私たちはどう捉えるべきなのだろうか。

　例えば，学問分野に以下のように2つの方向性を見ることができるだろう。その独自性を，①どちらかというとそれ固有の「理論」体系に求めるのか，②それが論じる「対象」に求めるのか。

前者としては，経済学や社会学，心理学などをあげられよう。それらは様々な対象をそれぞれの学問分野が培ってきた理論体系をもって切ってみせる。例えば，AKB48が流行する背景には何があるのか。それを経済学なら経済現象として，社会学なら社会現象として，心理学なら個人の心理の側面から既に用意されている理論体系の中で分析していくことになるだろう。理論体系を適用出来るのならば，ある程度幅のある対象を扱える。

　後者としては，教育学や歴史学などをあげられる。「教育」という特異な対象に関して探求する教育学は，対象が「教育」であるという前提のもと「教育心理学」とか「教育行政学」とか「教育社会学」とか，他の学問分野のもつ理論体系を活用したり，あるいは「英語科教育」や「社会科教育」のようなさらに個別の対象の細部を明らかにしたりしようとする。歴史学が，たとえ限りなく現代的なことを論じることがあろうとも，あくまで歴史的な事象をおさえた上で為されるのと同様，論じる対象に学問分野の独自性を求める。

　無論，実際は両方の線引は明確ではなく「理論によるのか，対象によるのか」という二項対立として学問分野を切り分けることはできないが，この2つの方向性を意識しながら「そもそも，○○学とは何か」を考えることの意義は小さくない。

　そう考えた時，「災害復興支援学」とは，どちらかというより後者の，「対象に独自性を求めるもの」と考えることができるだろう。法学，経済学，地理学，農学，化学，物理学などの個別の専門を既に持つ者やその学問分野での蓄積が「災害復興支援」という対象に活かされているからだ。

　しかし，だとすれば，その「学」の対象たる「災害復興支援」とは何か明確にする必要もあるだろう。例えば，農学なら「農業」を，医学なら「医療」を，その「学」の対象として多くの人がわかりやすいイメージとともに思い浮かべることができるわけだが，「災害復興支援」として多くの人がすぐに思い浮かべるような何か一つの対象はあるだろうか。もしかしたらその一つとして，「災害復興ボランティア」を思い浮かべる人もいるだろうし，「海や山の除染活動」や「津波防災」を思い浮かべる人もいるだろう。あるいは，2012年度「政府の復興予算が被災地とは全く関係ない所に様々な形で

流用されている」という復興予算流用問題がマスメディアによって取り沙汰されたこともあったが，そのような被災地とも震災ともほとんど関係ないものの，少しばかり「地震や津波，エネルギー問題と関係有りそうな所」も含めて「東日本大震災に関する災害復興支援」の一環だと言い張ることもできるかもしれない。そうだとしても，その全てを完全に「災害復興支援ではない」と否定し切ることも難しいだろう。むしろ，「災害復興支援」とは何かということが曖昧な中では，「これは災害復興支援とは直接関係ないではないか」という批判をもって「災害復興支援」の枠を狭めていこうとすると，「災害復興支援」の対象とするところは極めて狭く，偏ったものとなりかねないのではないか。「災害復興支援」として曖昧なものも含めて「災害復興支援」を捉えていく必要がある。

　もう少し，語の意味に立ち返って「災害復興支援」とは何かについて考えてみようか。「災害」「復興」「支援」の3つの語の中でもっともわかりやすいイメージとともに思い浮かべられるのは「災害」かもしれない。地震・津波・水害などがその具体的な姿だ。そして，来るべき災害の危害が起こらなうように対処する「防災」，災害の被害が減るようにする「減災」，災害があった時に十分な対応を取れるように備える「備災」などといった様々な言葉をもってそこに向き合う方法が模索されている。
　次は「支援」だろうか。困っている人を支え，応援する。素晴らしいことに見えるし，実際非常に重要なことだ。しかし，「支援」には単純にそれが世に溢れるだけで「良き社会の構築」に直結するとは言い切れない側面もあることは踏まえておかなければならない。例えば，「支援をする者」の対には「支援をされる者」がいる。この支援者-被支援者の関係は，少なくとも現時点では無くてはならないものであったとしても，将来においてその関係が持続し続けることが必ずしもいい場合ばかりだとは限らない。ずっと，ある「支援-被支援」関係が固定化することは，場合によっては，そこから本来は抜け出すべきなのにそうはしない「悪しき依存関係」ともなりかねないからだ。勿論，社会的弱者を救うための支援は常に必要とされているし，そ

れを確保していくべきだ。しかし，その上で，可能な限り「支援−被支援」の関係を，被支援者の長期的な生活の質の工場のための「自立」に向けて常に変えていく必要がある。（それ故，様々な社会的弱者救済の策の中では単純な「支援」ではなく「自立支援」という言葉もしばしば用いられる。）

　「災害」や「支援」といった語の意味，それが対象とするものはそのようなところだ。しかし，「復興」とは何か。人によってその定義は異なるだろうし，その曖昧さは放置されているようにも見える。

　あるとしても，例えば，「復旧なのか復興なのか」などと言葉の小さな差に恣意的にこだわるのみで，本来重要な「何がなされるか」という内実が検討されないことがある。あるいは，被災者や支援者の中で復興支援に積極的に関わっているような人の中には，しばしば「私は『復興』っていう言葉は使いたくないんです。違和感があるんです」とその言葉自体を忌避する者もいる。それは，議論がされないままにあたかも「復興＝絶対善」であるかのように扱われ，「復興」という語や価値観が「災害」や「支援」の現場で暴力的に働く場面をそこで地に足をつけて活動をしている人からは見えやすいからかもしれない。

　いずれにせよ，「復興」とは何か，明確にしないことには「災害復興支援」とは何か明らかになることはない。「復興」をマジックワードにしてはならない。つまり「復興」という"パッケージ"に，それぞれが勝手に，自分の思い描く理想的な，輝かしい未来を見ていても仕方ない。その"パッケージ"の中にいかなる"商品"（内実）が入っているのかを見ないのに，それが良い品物なのか否かなど議論できないのだから。

　「災害復興支援」を対象とし，既存の学問分野の様々な理論体系や蓄積を用いながら進められる「学」としての「災害復興支援学」が何たるか考えるには「復興」とは何かをもう少し吟味する必要がある。

2　「復興」とは何か

　ガレキが片付けられ雑草が生え始めた地域を車で走りながら撮影した映像

や，仮設住宅に住む人のインタビューを流した上に被せられる「いつまでたっても進まぬ復興」などというコメント。

　2013年3月11日前後には震災から2年経った被災地の状況を扱うテレビ番組をはじめ，様々な報道がなされた。それ自体は悪いことではない。「震災ネタ」自体，震災から1年目に比べたらマンネリ・陳腐化し報道の回数が減ってきている。こうして1年に一度でも集中的に扱われることで被災地・被災者の状況に，普段関心がない人の目を向ける動きは歓迎すべきことだろう。

　ただ，その「被災地を描くフレーム」が抱える問題は指摘し続ける必要がある。「いつまでたっても進まぬ復興」とか「復興が遅れている」「忘却が進んでいる」とは言うが，それは端的に言って間違っている。

　正解は「復興が進んでいる部分もあるし，遅れている部分もある」「忘却が進んでいる部分もあるし，そうではない部分もある」ということだ。例えば，2013年に福島大学で授業に出席している学生に「自分が被災者であるという意識を持っているか」聞くと半数以上が「そのような意識を持っていない」と答える。

　県外から来ている学生が一定割合いることを踏まえても，これは震災直後であればありえなかったことだろう。水も出ない，電気ガスも場所によっては使えない，壊れている建物もある，放射性物質は飛んでくる。「自分が被災者ではない」という意識を持っている方が圧倒的少数者であっただろう。この「被災意識の薄れ」の傾向は，津波被害があった沿岸部や原発からより近い浜通りの地域に行っても変わらないように私は感じている。

　ただし，それは必ずしも「忘却が進むばかりだ」ということを意味するわけでもない。今も地元紙・地元テレビ局のニュースを見れば，震災関連の話題がない日はない。様々な復興関連の行事やイベントも行われ続けている。勿論，時間の経過とともにそれらは減ってはいるのだろうが，今も新しい話題が常に出続けている。

　にも関わらず，その実態の詳細を見ることなく「復興が遅れている」「忘却が進んでいる」といった「深刻な顔をしながら発せられる遺憾の意」的なメッセージが繰り返される。その背景には様々な要因があるだろうが，少な

くとも言えるのは，本来は個別的である「復興」を時間や文字数が限られているメディアで取り上げようとするとどうしても大雑把に全体像を掴まざるをえない状況があること，その際には災害や人の生き死にに関わる問題である以上「被災者やそれを慮る人の誰からも批判を受けないような作り」をせざるを得ないことなどがあるだろう。

それはそれで悪いことではない。枠が限られた中でも少しでも被災地・被災者を取り上げたい。今も残るわかりやすい被害を見せることで，もはや関心を失っている人の目を引きつけたい。そのような思いがあるのならばそれは真っ当な話だし，一定の意味がある。

しかし，そのような中で「被災地・福島の人々は」などと大雑把に，限られた一側面だけ捉えられながら一括りにされた結果，例えば，すでに「自分が被災者であるという意識」を失っている少なからぬ福島の人々は「メディアで描かれる福島」「復興の対象である福島」からはこぼれ落ちることになる。こぼれ落ちた結果，「メディアで描かれる福島」「復興の対象である福島」は，実際にそこに暮らす人々の実感・現実とはズレたバーチャルなものになり，その詳細が検討されることはないままになり，それが誰のためのものなのかも不明確になる。そして，もしかしたら，来年の3月11日も，再来年の3月11日も，その次の年の3月11日も，深刻な顔をしながら「今も復興が遅れている」「少しずつ忘却が進んでいる」と「遺憾の意」が，何かのきっかけでたまに押入の奥から引っ張りだされてくるオルゴールがいつでも同じメロディを繰り返しているように，再生産されていくのかもしれない。

今必要なのは，「復興」という言葉を「何か明るい未来を感じさせてくれるけれど未だ完成しない何か」から解き放つことだ。「復興」を曖昧にしておくことは，「遺憾の意」の再生産のループを回し続ける上では必要だが，それだけでは十分ではない。「復興」のどこが遅れており，どこが進んでいるのか。何が「復興」の対象であり，何が「復興」の対象でないのか。両者の区別をし，課題の残る部分を改善していく議論が必要だ。そのために曖昧にされたままの「復興」という概念の"パッケージ"を破り，その"商品"（内実）を常に，事実に基づきながら分析する視点が必要になる。

そのためにこそ,様々な学問分野の知見を用いながら,個別の事象の実態を把握していく「災害復興支援学」があるべきだろう。大雑把な把握を元に実態から離れた福島像を語ったり,怒り・哀しみを無責任に垂れ流しセンチメンタルなところにとどまるものではなく。現在既にある様々な「災害復興支援学」の取り組みが十分にその目的を達成できているとは言えないかもしれない。しかし,継続的にその目的の達成に近づくための道を作り続ける上で,「災害復興支援」を主たる対象として位置づけながら営み続ける学をただ長期的に継続していくということ自体が,有効であることもまた確かだ。

3　問題をどう捉えるか

では,"個別の事象の実態を把握していく「災害復興支援学」"とは何か,より具体的に考えていこう。

本書には,様々な専門を持つ研究者がそれぞれの仕方で「個別の事象の実態把握」をし,その成果を書いている。まずは,それら福島に寄り添い,変化し続ける事実に根ざしながらが出された成果が重要な事例となるだろう。

その上で,現在ある様々な問題をいかなる分類の中で考えるべきか整理してみよう。

いま,目の前に山積し,複雑に絡まり合っている福島にとっての問題は5つに分けられる。

1つ目の問題は,「必ずしも震災由来ではない問題」だ。

何か問題があった時に「その問題が震災由来の問題か否か」という観点での区別をまずする必要がある。

例えば,「震災・原発事故・放射線物質による汚染のせいで福島は人口流出が止まらない」と思っている人がいる。しかし,その前提は間違っている。確かに人口は転出が超過状態だ。だが復興庁による統計を見れば福島県からの県外への避難者数は2012年3月をピークに減少傾向にあることは明らかだ。また,県発表の人口転出入数の割合をみれば2012年末にはそれはすでに震災前と同水準になっていることが分かる。だとすれば,もう「人口流出が止ま

らない」のは必ずしも震災由来とは言えない。つまり、それは「震災以前からあった問題」なのだ。

　これは他に問題についても言える。地域における少子高齢化、産業の衰退、家族・コミュニティや医療福祉の崩壊等々をメディアや識者は「震災由来の問題」として描くことも多い。しかし本当にそうなのか、立ち止まって考えてみて欲しい。それらの問題は福島にだけある問題か、震災後に急に持ち上がった問題か。そうではない。震災以前から日本中そこかしこにあった問題だ。確かに「原発のせいで」「国や東電の対応の遅さで」と言えば、なんでもそのせいにできてしまうが、それは思考停止にほかならない。震災以前からそこには重い課題が横たわっており、それが震災によってたまたま顕在化した。私たちは、震災前に解決しようにもできていなかった問題を、「いますぐに解け」と迫られている。震災のせいにして目を背けることなくこの問題を直視しないと解決しない。まずはそのことに意識的である必要がある。

　一方、「明らかに震災・原発事故由来の問題」もある。これが残りの4つの問題だ。
　1つ目が、「科学で解決可能な問題」だ。例えば、「一次産業」がわかりやすい。震災直後、基準値を超える線量が県内作物から出たことで、福島の一次産業はもはや成立しないのではないかという感覚を多くの人に与えた。実際に、それを悲観したが故の自殺者も出た。しかし、2回四季を繰り返した現在、例えば、米の全量全袋検査において99.9％が基準値以下の放射線量であることなど、必ずしも悲観すべきではない状況が見え始めている。それは科学的な対応を様々な形で徹底し始めたからこその結果だ。
　無論、これは「だから安全」などと手放しに言うべき問題ではない。震災以前には必要とされていなかったような科学的な対応をしたが故に解決に向けた展望がひらけてきたのであり、今後もさらにその努力を続けるべきことだ。[1]
　2つ目が「必ずしも科学で解決可能とは言えない問題」だ。私は福島から西日本に避難する方にインタビュー調査を続けているが、彼ら・彼女らの消

費行動や帰還への意識について話を聞くと気付かされることが多い。こんなエピソードを聞いた。牛丼を買おうと牛丼屋に入った。店頭には原料の生産地が書いてある。牛肉＝オーストラリア産，玉ねぎ＝中国産，米＝関東産。それをみて「牛丼の上だけ買って帰る」という。「関東産には放射能があるから」と。例えば，「科学的なリスクへの不安」を語るならば，豪産牛肉にはBSEのリスクが，中国産野菜には過剰な農薬のリスクが，社会問題として指摘されてきたことがあった。そういったものをとらないように，より安全な食べ物を求めようとする消費者の運動もあった。しかし，そのような中で取り立てて福島第一原発事故由来の放射性物質のリスクへの感受性が強い人がいる。その傾向は避難をするという行動と何らかの結びつきを持っているらしいと見受けられる。ただ，その価値観を否定するつもりは全くない。この事実を前に，「非科学的」だ，「愚かな判断である」と断罪することは容易だ。しかし，それは事態を何も解決はしない。

　先述の通り，検査をくぐり抜け市場に流通する福島産品の安全性に対して，それが取り立てて高い科学的リスクを持っていると言い続けるのは難しい状況ができている。ただ，だからと言って，福島産品を忌避する心性を「科学的知見」から見下したり，社会から排除したりしても，安心は生まれない。では，いかに対応すべきかという点については分量の関係上稿を改めるが，一言で言えば，科学では解決し得ない部分を制度や支援体制をつくる中で社会的に解決するしかない。「必ずしも科学で解決可能とは言えない問題」とは「社会的に解決すべき問題」だ。

　3つ目と4つ目は時間軸の取り方の上で対になっている。すなわち，時間軸の上に「点」をとるか，時間軸の「線」を意識するか。これはイメージの問題と歴史の問題と換言できる。

　前者は例えば，いわゆる「風評被害」の問題だ。一次産業や観光業のような，現実的に線量がどうとか，復興がどうとかとは関係がないところで，それ自体を忌避する動き。これは時間とともに変化はするが，「待てば解決する」とは限らないし，現時点で（時間軸のうちのいまの点において）ただ待つだけではなく何らかの対応をする必要がある。

後者は,「震災・原発事故」についていかに過去の歴史の中で学んだり位置づけたりしながら考えていくか,あるいは私たちが後世に歴史として残していくかという観点だ。震災・原発事故が,歴史に小さからぬ意味をもつことは間違いない。この問題は一見,形がなく具体的な制度・政策や産業に影響がないように見えるし,普段意識されることもない。しかし,先述した学生の被災者としての当事者意識の例が顕著に示す通り,多くの人が「震災・原発事故」から既に他者になりつつある中で,他者から何を学び,他者に何を残していくのかを意識することは極めて本質的な問題だ。

 目の前にある問題が以上の5つのどこに位置するのか考えることで,災害復興支援とはなにか,あるいは何を目指すべきなのかがより明瞭になるだろう。私がこのような整理をするのは,災害復興支援の現状をわかりやすく伝え理解してもらうためというのと,バラバラにあるようにも見える研究を体系づけて整理することで,災害復興支援に対する研究をより生産的にするためだ。近年頻発する国内外の大災害の中で福島を拠点に実践される「災害復興支援学」の意義が高まっていることは間違いない。さらなる研究の蓄積が求められる。

(開沼 博)

〔注〕
(1) 現にそのような動きは様々な形で出ており,例えば,これまで航空機モニタリングなどで大雑把にしか把握されていなかった放射線量の状況を田畑一枚一枚を測り,把握し直すことで食の安全性や信頼の再獲得を目指した「土壌スクリーニングプロジェクト」がその一例だ。JA新ふくしまや福島県生活協同組合連合会などとともに福島大学うつくしまふくしま未来支援センターが取り組んでいる。
(2) 集英社インターナショナル『kotoba』第12号内の拙稿「遠方自主避難者の現在」に詳細を書いた。
(3) 例えば,ゲンロン『チェルノブイリ・ダークツーリズム・ガイド 思想地図β vol.4-1』内の拙稿「チェルノブイリから「フクシマ」へ」などがその課題に触れている。

II 災害復興支援に関する国際社会の取り組み

1 世界の災害

(1) 災害とは何か

我が国の災害対策基本法では，災害を「暴風，豪雨，豪雪，洪水，高潮，地震，津波，噴火その他の異常な自然現象又は大規模な火事若しくは爆発その他その及ぼす被害の程度においてこれらに類する政令で定める原因により生ずる被害」と定義している。言い換えれば，暴風雨や地震，津波といった自然現象や人為的な事故のように「人に危害を及ぼす潜在的な脅威（ハザード）」が，人命や経済，環境など人間社会に具体的な被害を与えた時，「災害」が発生したとされる。

災害による被害の大きさは，自然現象の規模や事故によるハザードの大きさだけでなく，それを受ける社会の強さ・弱さにも大きく影響される。例えば日本と開発途上国で同じ規模の地震が発生しても，建物の耐震性が高い日本では途上国ほどの被害にはならない。このように，災害の大きさは自然現象や事故などの「外力」と，人間社会の「抵抗力・対応力」のバランスによって決定する。

(2) 世界の災害発生件数

図2-1に示す通り，近年，自然災害の発生は世界的に増加傾向にある。

2000年以降2012年3月までに，国連によれば世界で110万人が自然災害で亡くなり，約27億人が被災し，約1.3兆ドルの被害が発生している。死者が10万人を超える巨大災害だけでも，2004年のインド洋津波，2008年のミャンマーでのサイクロン災害，2010年のハイチ地震と3回発生している。その背景には，気候変動などによる台風の頻発や大型化，降雨パターンの変化といった地球規模の変動とともに，人口の増加と都市への過度の集中による人

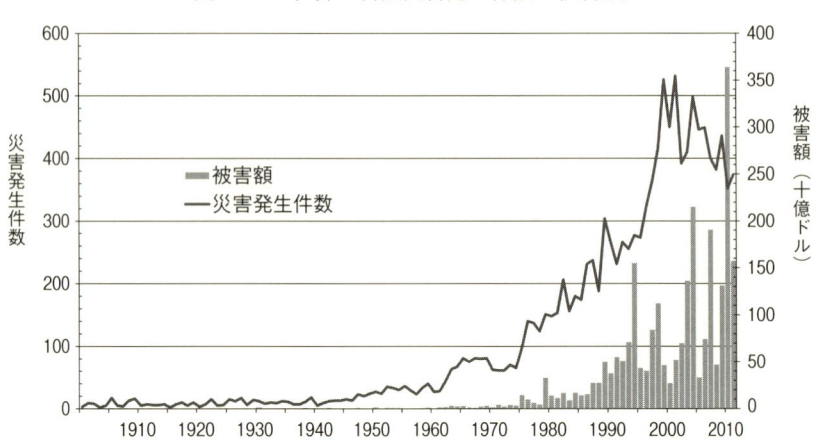

図2-1　世界の自然災害発生件数と被害額

間社会自体の脆弱性の増大が強く働いている。世界の人口は1950年と比較して倍増しており，人々が住む場所は河川沿いの低地や傾斜地のような災害に弱い地域にまで広がっている。また，このようなリスクの高い土地に住むのは貧困層が多く，特に人口増加の著しい開発途上国では顕著であるが，先進国においても，2005年にアメリカのニューオーリンズで発生した洪水でも見られるように，低地でリスクの高い土地に住む貧困層の被害がより大きい。先進国，途上国を問わず，災害の被害をより多く受けるのはこのような貧困層や，発災時に避難が困難な老人，子どもや女性といった災害弱者である。

（3）　災害は一国だけの問題ではない

大規模な災害が発生すると，開発途上国だけでなく先進国であっても自力での救援活動や復旧・復興が困難となることがあり，多くの人命にかかわる事態となるため，国際的な支援の手が差し伸べられる。一方で近年，経済のグローバル化に伴い，ある国で起こった災害による経済活動の麻痺が国際的な生産活動に及ぼす影響が大きくなっている。2011年の東日本大震災やタイの洪水被害の例を見ても，サプライチェーンへの影響により各国の生産活動が停滞し国際市場を混乱させた。このように，これまで主として人道的な見

地から行われてきた国際的な災害復興支援について，経済的な観点からもその必要性が高まっているといえる。

また，世界中で人々の往来がある中では，外国人が被災するケースも多い。2011年2月にニュージーランドで発生したクライストチャーチの地震では，ビルの崩壊で犠牲となった人の多くは，日本や中国などからの外国人留学生であった。このため災害の規模としては先進国であるニュージーランドが独力で対応可能なレベルとも考えられたが，同国政府はオーストラリア，日本，中国など海外からの支援を受け入れた上で，「この災害はニュージーランドだけの災害ではない」と対外的に発信している。

このように大規模な災害は，一国の国内問題にとどまらず，国際的な連携のもとに取り組むべき課題であり，そのための枠組みやルールが必要とされている。

2　災害に備えた国際的な枠組み

(1)　国際防災の10年と国連国際防災戦略

1987年の第42回国連総会において，20世紀最後の10年間（1990～1999年）を「国際防災の10年」と定めることが日本とモロッコから提案されて全会一致で採択された。国際社会において災害が重要な共通の課題であると認識されたのはこれが最初である。その後も世界で大規模災害が繰り返し発生し，また気候変動や持続可能な開発の議論が進む中で，地球規模の課題としての災害・防災の重要性が増している。これまでの災害に関する国際社会の歩みを表2-1にまとめる。

「国際防災の10年」の中間年にあたる1994年には横浜で第1回国連防災世界会議が開催され，ここで防災のための原則や行動計画を示した「横浜戦略」が採択されている。

「国際防災の10年」の世界的な取り組みをそれ以後も継続するため，2000年には国連組織の中に国際防災戦略（International Strategy for Disaster Reduction-UNISDR）が設置された。UNISDRは，災害に関する国際協力の枠組み作りと調整，各国の防災政策の実施を支援している。

表2-1　災害に関する国際社会の取り組み

1990年－1999年	国際防災の10年
1994年	第1回国連防災世界会議「横浜戦略」
1995年	(阪神淡路大震災)
2000年	国連国際防災戦略（UNISDR）設立 国連ミレニアム・サミット 「ミレニアム開発目標」
2002年	持続可能な開発に関する世界首脳会議
2004年	(インド洋津波)
2005年	第2回国連防災世界会議　「兵庫行動枠組」 (アメリカ・ハリケーン・カトリーナ)
2008年	(ミャンマー・サイクロン・ナルギス)（中国・四川大地震）
2010年	(ハイチ地震)
2011年	(東日本大震災)（タイ洪水）
2012年	国連持続可能な開発会議
2015年	第3回国連防災世界会議

　2002年に南アフリカ・ヨハネスブルクで開催された持続可能な開発に関する世界首脳会議では，史上初めて世界各国の首脳が自然災害を人類の脅威と認識し，防災を推進することを強調する首脳宣言を出した。このようにして，災害に対する世界の認識は21世紀に入って一層高まっていった。

（2）　兵庫行動枠組
　世界的にも未曽有の大災害となった2004年12月のインド洋津波の直後，2005年1月に神戸で開催された第2回国連防災世界会議には，168か国の政府代表団が参加し，防災に関する国際的な協力の必要性が強く訴えられた。この会議では災害に強い世界を目指す行動指針として「兵庫行動枠組2005－2015（Hyogo Framework for Action-HFA）」が取りまとめられた。HFAは2015年までの防災に関する基本的で包括的な方針を明示したもので，政府－地方自治体－コミュニティまでの各階層において，災害への対応能力を高めるための目標と優先的に取り組むべき課題を次のように定めている。

［戦略目標］
a．全てのレベルにおいて，持続可能な開発のための政策，計画策定に災害リスクの視点をより効果的に統合し，災害の予防，軽減，備え，脆弱性軽減について特に重点を置く。
b．災害対応力を体系的に高めるために，全てのレベル，特にコミュニティ・レベルで，制度，仕組み，及び能力を開発・強化する。
c．被災したコミュニティの復興に際し，リスク軽減アプローチを緊急時の備え，応急対応，復興プログラムの設計，実施に計画的に取り入れる。

［優先行動］
1．災害リスクの軽減は，実施へ向けた強力な組織的基盤を備えた国家・地方における優先事項であることを保証する。
2．リスクの特定，評価，監視と早期警戒を強化する。
3．全レベルにおいて安全の文化と災害に対する抵抗力を培うために，知識，技術革新，教育を利用する。
4．潜在的なリスク要素を軽減する。
5．全てのレベルにおける効果的な対応のための災害への備えを強化する。

（3）　2015年に向けた国際社会の取り組み

　HFAに基づく災害に強い国づくり，コミュニティづくりの取り組みは世界中で実施されているが，それにもかかわらず，アメリカのハリケーンカトリーナ，中国の四川大地震，ハイチ地震や東日本大震災のように，開発途上国か先進国かを問わず世界中で大規模な災害が続いている。こうした状況も踏まえて，国際社会では2015年を目標年としたHFAを引き継ぐ，ポスト兵庫行動枠組（Post-2015 Framework on Disaster Risk Reduction-HFA2）の議論が始まっている。

　HFA2は2015年に日本（宮城県）での開催が予定されている第3回国連防災世界会議での採択を目指してUNISDRを中心に検討が進められている。これまで見てきたとおり，災害に関する国際社会での取り組みについて我が

国は主導的な役割を果たしており，東日本大震災の経験と教訓も踏まえて，HFA2や防災世界会議に対する貢献が世界から期待されている。

　2015年は同時に，2000年の国連ミレニアム・サミットで採択された，開発分野における国際社会共通の目標である「ミレニアム開発目標（Millennium Development Goals-MDGs）」の目標年でもある。2012年にブラジル・リオデジャネイロで開催された国連持続可能な開発会議では，MDGsに代わる「持続可能な開発目標（Sustainable Development Goals-SDGs）」の策定方針が決議され，2015年以降に向けた議論が活発化している。

　これらに加えて，気候変動に関する国連枠組条約の京都議定書に代わる新たな国際的な取り決めについても議論が進められており，2015年は災害と持続可能な開発に関する国際社会の新たな枠組み作りが行われる重要な年となる。

（4）事後対応から防災，事前復興へ

　かつて災害への対応は，発生した後の救助と復旧に重点が置かれてきた。いつ発生するかわからない自然災害に備えた防災施設の整備にコストをかけることは無駄だと思われてきたからである。しかし近年，大規模災害の頻発により，万が一の災害に備えて予防措置をとることは，災害が発生した後に復旧を図るよりも合理的である，という考え方が広く取り入れられるようになった。開発途上国については，災害に対する事前の防災投資1ドルは7ドルの被害を予防するとも言われている（国連開発計画「人間開発報告書2007/08」）。

　地震や台風などの災害は同じ場所で繰り返し発生するリスクが高いので，災害を受けた後に復旧・復興事業を行う場合，次の災害に備えた強靭な街づくりと，コミュニティや住民によるソフト的な災害対応能力も高める努力が求められる。このような，より災害に強い形での再建（Build Back Better）の必要性は近年特に強調されている。

　しかし一方で国際社会から被災国への支援は緊急救援が中心であり，特に開発途上国では貧困層を中心とする被災者が災害により一層の貧困状態に陥

り，さらに災害に対して脆弱な状態となる「負のスパイラル」の危険が高いことから，復興期の国際支援を拡充することが引き続き求められている。また，災害が発生した時の緊急対応の準備にとどまらず，災害発生を想定し被害を最小化するまちづくりを平時から推進する「事前復興」の普及を世界的に進めることが，HFA2やSDGsの検討においても重視されている。

3 災害時の国際連携

（1） 国際災害救援の調整と標準化

国際的な災害救援には，各国政府，国際機関，国際赤十字・赤新月社，NGOや民間企業など多様な主体が参加する。このように多くの主体が，被災し混乱する現地で活動を行うため，受け入れ国政府と支援主体の間，あるいは支援主体間でトラブルが発生し，支援が迅速に被災者に届かないなどの問題もこれまで発生してきた。このため国連を中心に被災国の果たすべき責任や国際社会からの救援のあり方についての原則がまとめられた。この原則は主として，災害救援の一義的な責任は被災国政府にあること，および国際社会からの支援は被災国の努力を補うものであり被災国との合意のもとに行うこと，の2点からなっている。

上述の通り災害の現場での活動については被災国が一義的な責任を負うが，被災国の補佐役として国連人道問題調整事務所（OCHA）が，緊急救援に関わる組織の活動調整に重要な役割を果たしている。また，現場での捜索救助活動が各国バラバラの基準で行われることは混乱をきたすため，国際捜索救助諮問グループ（INSARAG）では，捜索救助のプロセスを標準化するためのガイドラインを設けており，日本をはじめ各国の緊急援助チームがガイドラインに基づく検定を受験して認定を受けている。

（2） 東日本大震災の教訓

日本での大災害に際して海外から支援が寄せられたのは，1923年の関東大震災が初めてで，この時我が国は世界約40か国から支援を受けた。近年では，1995年の阪神・淡路大震災にあたり，44か国・地域から，捜索・救助，医療

および物資の支援を受け入れている。しかしこの時，政府は海外からの支援を積極的に受ける方針を決めたものの，それまで海外からの支援を想定していなかったために必要な調整ができず，支援の申し入れを断るなどスムーズな受け入れができなかったことが課題として残った。

東日本大震災では，海外24か国・地域から捜索・救助や医療など人的支援を受けるとともに，126の国・地域・機関から物資や寄付金を受け入れた。大規模なものとしてはのべ2万人以上が投入された在日米軍による支援活動「トモダチ作戦」が注目を集めたが，一方でアジアやアフリカなどの開発途上国からも多くの義捐金や物資の提供が行われた。さらに，単に人的，金銭的な支援というだけでなく，世界が東北の被災地のことを想っている，という精神的なサポートも，被災者の心のケアに大きな役割を果たしている。

阪神・淡路大震災時と比較すると，東日本大震災では海外からの支援の受入は比較的スムーズであった。16年の間に大規模災害時の経験が国内外で積み重ねられた結果，東日本大震災では緊急救援の現場でも日本の救助隊と海外の救援チームの調整が図られ，また援助する各国の間でも協調が図られるなど，多くの進歩があった。しかし，海外からの援助の申し入れと国内自治体とのマッチング，特に災害発生から時間がたつにつれて刻々と変化するニーズへの対応など，国際支援を効率的，効果的に実施するには課題も多く残された。このような課題や教訓について，これまで災害分野で世界をリードしてきた日本は，国際社会と共有し災害に強い世界を作るために貢献していくことが求められている。

（三村　悟）

〔参考文献〕

沖田陽介（2006）「国際緊急援助におけるUNOCHAの援助調整と日本の取り組み－自然災害発災直後の緊急期対応を例に」『国際協力研究』22－1，22－31頁

沖田陽介（2011）「ニュージーランド南島地震・国際緊急援助隊救助チーム：円滑な活動を可能にした国際捜索救助のネットワーク」『日本ニュージーランド学会誌』18, 87－90頁

片山裕（2013）「東日本大震災時の国際緊急支援受入れと外務省」『国際協力論集』

20-2・3, 45-73頁
西川智 (1996)「阪神・淡路大震災にみられた国際救援活動のミスマッチ」『地域安全学会論文報告集』6, 261-268頁
The World Bank, Global Facility for Disaster Risk Reduction (2012) "The Sendai Report-Managing Disaster Risk for a Resilient Future," The World Bank
「大災害と国際協力」研究会 (2013) 柳沢香枝 (編)「大災害に立ち向かう世界と日本　災害と国際協力」佐伯印刷
内閣府 (2013)「平成25年度版防災白書」

III 江戸時代以降に日本で発生した主な地震とその災害について
　　　——首都圏直下型地震を事例として——

はじめに

　2011年3月11日に発生した東北地方太平洋沖地震は，Mw9.0[1]と有史以来にわが国で発生した最大規模の地震である。東北地方太平洋沖地震と同じくマグニチュード9クラスの地震であるスマトラ沖地震は，2004年12月26日に発生した本震（Mw9.1）以降，10年弱の間にマグニチュード7～8クラスの余震・誘発地震が10回以上発生している（図2-2）。

　2011年東北地方太平洋沖地震と2004年スマトラ沖地震は，プレート境界で発生した低角逆断層型の地震でメカニズムが非常によく似ている。実際に，

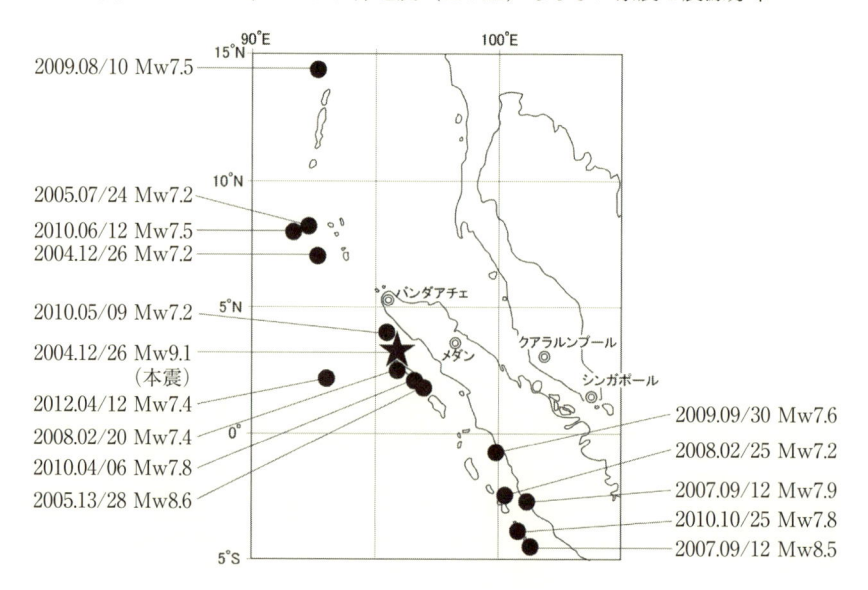

図2-2　2004年スマトラ沖地震（Mw9.1）ならびに余震の震源分布

2009.08/10 Mw7.5
2005.07/24 Mw7.2
2010.06/12 Mw7.5
2004.12/26 Mw7.2
2010.05/09 Mw7.2
2004.12/26 Mw9.1（本震）
2012.04/12 Mw7.4
2008.02/20 Mw7.4
2010.04/06 Mw7.8
2005.13/28 Mw8.6
2009.09/30 Mw7.6
2008.02/25 Mw7.2
2007.09/12 Mw7.9
2010.10/25 Mw7.8
2007.09/12 Mw8.5

注：アメリカ地質調査所（USGS）の震源データなどを基にして作成。

第2章　震災と復興支援　53

　東北地方太平洋沖地震においても2011年3月11日の本震発生以降余震ならびに誘発地震が頻発し，現在もなお地震活動が活発である（図2-3）。したがって，東北地方太平洋沖地震もスマトラ沖地震と同様に長期間に渡って余震・誘発地震が発生すると考えられる。

　東日本大震災から既に2年以上経過していることもあって，東北地方太平洋沖地震ならびに地震に伴う津波については，概要や被害についてすでに様々な文献で紹介されており，紙面の関係もあるのでここでは詳しくは紹介しない。一方で，今後首都圏直下型地震や南海トラフ地震などの今後発生が想定される地震の対策を行っていくためには，過去に日本で発生した地震を取り上げ，その概要や被害の特徴について学習する必要がある。特に，首都圏直下型地震に関しては，既に活動期に達している可能性があるという指摘が複数の専門家からなされている。しかしながら，首都圏では1923年に発生

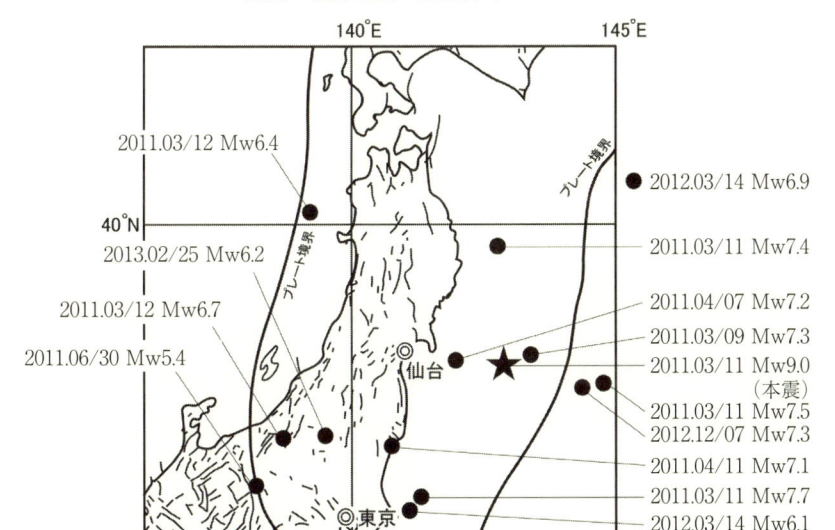

図2-3　2011年東北地方太平洋沖地震（Mw9.0）ならびに
　　　　余震・誘発地震の震源分布

- 2011.03/12 Mw6.4
- 2013.02/25 Mw6.2
- 2011.03/12 Mw6.7
- 2011.06/30 Mw5.4
- 2012.03/14 Mw6.9
- 2011.03/11 Mw7.4
- 2011.04/07 Mw7.2
- 2011.03/09 Mw7.3
- 2011.03/11 Mw9.0（本震）
- 2011.03/11 Mw7.5
- 2012.12/07 Mw7.3
- 2011.04/11 Mw7.1
- 2011.03/11 Mw7.7
- 2012.03/14 Mw6.1
- 2011.03/15 Mw6.4

注：気象庁の推定深度分布図などを基にして作成。
　　陸上の線は活断層の分布（活断層研究会，1991）を示す。

した大正関東地震（M7.9）以降は東北地方太平洋沖地震の発生まで大きな被害を受ける地震が発生しなかったことから，一般の方々が首都圏直下型地震の具体的な被害をイメージすることは難しい。いうまでもなく東京は日本の首都であり，東京が地震で破壊されることは日本の心臓が破壊されるのと同義である。したがって，東日本大震災から復興しつつある現在，首都圏直下地震への対策は日本全体における喫緊の課題であると言える。そこで，本節では江戸時代以降に首都圏で発生した被害地震（年代順に元禄関東地震，神奈川地震，安政江戸地震，明治東京地震，大正関東地震）についての解説を行う。

1　首都圏直下型地震の種類

首都圏直下型地震は，大きく以下の3種類に区分することができる。
1．M7クラスまでの南関東直下型地震
2．M8クラスの関東地震
3．活断層が起こす内陸直下型地震

1のタイプの地震はプレート境界ややや深いプレート内で起きる地震で，安政江戸地震（M6.9）や明治東京地震（M7.0）などがこのタイプに該当する。2のタイプの地震は相模トラフで起こる海溝型地震で，元禄関東地震（M8.2）や大正関東地震（M7.9）がその代表である。3は立川断層，三浦半島断層群，深谷断層などの内陸活断層が引き起こすタイプの地震である。

2　元禄関東地震

元禄関東地震は，1703（元禄16）年11月23日午前2時頃に房総半島南東沖の相模トラフ沿いで発生したM8.2のプレート境界型地震である。関東地方の南部を中心に強い地震動が生じ，建物の被害状況から関東地方の南部の広い範囲で震度6相当，相模湾沿岸地域や房総半島の南端では震度7相当の揺れであったと推定されている。また，福島から滋賀にかけての広い範囲で震度4以上の揺れであったと推定されている（宇佐美，2003）。震源から近い当時の小田原領内で被害が大きく，小田原城下は全滅した（領内の死者は約2300名）。さらに，房総半島や相模湾の沿岸部を中心に津波が襲い，特に房総半

島では6500名以上の死者が生じたと推定される。全体として，地震動や津波などにより死者1万名以上の被害が生じた（地震調査研究推進本部，2009）。

　この地震によって津波が発生し，東京湾周辺（犬吠埼から下田の沿岸）を津波が襲った記録が残されている。東京では津波が隅田川へ遡上し，本所・両国・深川の津波高は1.5m，品川や浦安における津波高は2m程度と推定されている。（羽鳥，2006）。東京湾の湾口の浦賀では町内や田畑に浸水し，津波高は4.5m と推定されている（神奈川県防災消防課，1984）。間口（三浦市）では津波が町内へ200〜400m遡上しており，津波高は6〜8mと推定されている（羽鳥，1975）。南房総の津波高はこれらの値をさらに上回り，上総湊〜館山間では5〜10mに達したと推定されている（羽鳥，1975，1976）。なお，今後仮に元禄地震と同レベルのプレート境界型地震が発生した場合，東京での津波高が2mを超える可能性は低いと考えられている（羽鳥，2006）。

　元禄地震のこの地震に伴って，房総半島から相模湾沿岸にかけての地域で地面が最大約5m隆起したと考えられている。隆起量は，相模湾沿岸地域よりも房総半島の方が大きかったと推定される。房総半島には，この地震に伴う海岸の隆起によって作られたと考えられる海岸段丘がある。この段丘を含めて，海岸段丘は約6000年間に4段作られていることから，過去にも元禄地震と同様に海岸を隆起させるような地震があったと考えられている（松田ほか，1974）。また，地震に伴う隆起で，房総半島先端の野島岬崎は沖合の小島から地続きの岬に変化した（貝塚ほか，2000）。

3　神奈川地震

　神奈川地震（M6.8〜7.0）は，文化9（1812）年12月7日に横浜市付近を震源として発生した内陸直下型地震である。現在の横浜市を中心として，川崎市，品川区，大田区などに大きな被害をもたらし，最大震度は6強と推定されている。都司（2008）は，建物の被害状況から本地震の震度分布を見積もっており，それによると，震度4の範囲は半径65km程度（甲府から勝浦まで）である。また，震度5の範囲は半径35km，震度6の範囲は15km程度であると推定されている。本地震の震度5ならびに震度6の分布範囲より，本

地震のマグニチュードはM6.8～M7.0であると見積もられている。

江戸市中の震度は概ね5程度と推定され，大名屋敷，社寺などにも被害があった。江戸幕府の公式記録では，川崎から保土ヶ谷宿までの各宿で，本陣を含む旅館に被害が大きかった。そのほかに被害が大きかったのは，世多谷（現世田ヶ谷区），稲毛（現川崎市），多摩川河口の六郷村（現大田区）などであり，六郷村の東端の集落では液状化がみられた（都司，2008）。

4　安政江戸地震

安政2（1855）年に発生した安政江戸地震（M6.9）は東京湾北部を震源とした地震であり，首都圏で今後発生が想定されるM7クラスの直下型地震として最もタイプが近いと考えられている。地震の被害は東京湾沿岸から現埼玉県東部，千葉県北西部に及び，東京低地では深川・浅草・日本橋・上野などにおける被害が大きい。江戸町方の被害だけでも建物の全半壊及び焼失は1万4000余，死者は4000余とされる。また，地震後30カ所余から出火した火災によって2.2km^{2}が焼失した（宇佐美，2003）。詳細な位置が特定されている地点は少ないものの，現在の葛飾区，墨田区などの震央に近い地域では，噴砂，噴泥が報告されている（若松，2007）。また，横浜，浦安，埼玉県荒川沿岸などでも噴砂の記録がある（宇佐美，1983）。

安政江戸地震の震源断層は墨田区の直下から南南東に延びる，長さ20～25km程度の断層であると考えられている（中村ほか，2002）。震源の深さについては研究者によって見解の相違があり，以前は比較的浅い震源の可能性が指摘されていたが，最近の研究（遠田ほか，2006）では深度40～60kmの深さで発生したやや震源の深い地震であると推定されている。地盤が比較的固い山の手台地地域では震度5であったのに対し，浅草，深川などの低地地域では震度6弱もしくは震度6強であったと推定され，地盤による震度の差が認められる（宇佐美，2003）。

5　明治東京地震

明治27（1894）年に発生した明治東京地震（M7.0）は，軟らかい地層が厚く

たまっている東京低地の直下が震源となった地震である。震度分布は，東京東部，神奈川県東部，埼玉県南東部で震度5（一部が6相当）と考えられている。神田・深川では全半壊した建物が多く，構造別に見た家屋破損の百分率は石造3.5%，煉瓦造10.2%，土蔵造8.5%，木造0.5%であった（宇佐美，2003）。

被害は東京府全体で死者24名，負傷者157名，全壊家屋22棟，半壊家屋68棟，破損家屋4922棟であった。本地震の規模（マグニチュード）は安政江戸地震とほぼ同等であるが，本地震の震源の深さは約80kmと安政江戸地震に比べて深い。故に，安政江戸地震と比較して被害が少なかったものと考えられる。液状化は東京低地の隅田川や荒川の沿岸で発生したほか，震央から40km程離れた埼玉県の元荒川沿岸でも報告されている（若松，1991）。なお，液状化の発生地点は震度5以上の地域に集中している（若松，2007）。

6　大正関東地震

1923（大正12）年9月1日午前11時38分頃に発生した大正関東地震（M7.9）は，相模トラフ沿いを震源域として発生したプレート境界型地震である。神奈川県を始め関東地方の南部を中心に強い揺れが広範囲に生じ，関東地方の南部の広い範囲で震度6が観測された。また，家屋の倒壊状況などから相模湾沿岸地域や房総半島南端では，現在の震度7相当の揺れであったと推定されている（諸井・武村，2002）。この地震に伴って小田原付近から房総半島先端にかけての地域では，地面が最大約2m隆起し，南東方向へ2～3m移動したことが観測された。一方で，それより内陸の東京都南西部から神奈川県北部にかけては，地面が数10cm沈降した。

地盤の液状化は関東5府県（東京都，埼玉県，神奈川県，千葉県，茨城県）と山梨県甲府盆地の極めて広範囲にわたっており，液状化が発生したと推定される地点の総数は800カ所にのぼっている。液状化が高密度に発生した地域は震度6以上の沖積低地であるが，震度5の地域でも散発的に発生している（若松，2007）。

この地震による死者・行方不明者は10万5000名，全壊全焼家屋は29万3000棟に及び，そのほかにも土砂災害，津波，液状化等の被害をもたらした。住

宅被害数は，神奈川県が震源地に近いこともあり全壊，半壊数が東京府より多くなっている。一方で，地震発生が昼食準備の時間帯で地震直後に発生した火災が被害を大きくし，特に東京府の死者数は6万6000人にのぼっている（諸井・武村，2004）。津波の高さは静岡県の熱海で12m，房総半島の相浜で9.3mが観測されたほか，さらに東北地方や九州地方にかけての太平洋沿岸域でも津波が観測された。一方で，東京湾岸は干潮時ということもあり，品川で波高1.3m，川崎で1.5m，東京湾北部の深川で0.8m，浦安で0.6mと波高は比較的小さく，大きな被害は免れた（羽鳥，2006）。

なお，この地震は本震直後にM7クラスの余震が続けて発生したほか，本震の翌日の9月2日には勝浦沖を震源とするM7.3の最大余震が発生した。勝浦での揺れは本震より強く，瓦の落下などの被害があった。また，この地震によって千葉県州崎で30cmの高さの津波を観測したが，被害はなかった。さらに，翌年の1月15日に神奈川県西部で発生した地震（丹沢地震，M7.3）も関東地震の余震のひとつであると考えられている。丹沢地震では神奈川県南部を中心として死者19名，負傷者638名を数え，全壊家屋は1000棟を超えた（地震調査研究推進本部，2009）。

7　首都圏の地震の歴史年表

図2-4は1600年以降に首都圏で発生した規模な大きな地震の年表である。これを見ると，首都圏ではM8クラスの関東地震の数10年前からM7クラスの地震が頻発し，その後に関東地震が発生していることが読み取れる。元禄関東地震の後の静穏期は100年程度であったことと，東北地方太平洋沖地震の発生で首都圏の地盤にも強い力が加わっていることを考慮すると，首都圏は地震の活動期に入りつつあることは充分に想定される。仮に首都圏で直下型地震が発生した場合，M7クラスならば安政江戸地震のような揺れが，M8クラスならば大正関東地震のような揺れが予想される。しかしながら，江戸時代や大正時代と比較して，現在の首都圏には建物と人口が密集し，かつ東京湾には埋立地が広範囲に分布するので被害はさらに大きくなると考えられる。

図2-4　首都圏で発生した地震のサイクル

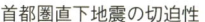

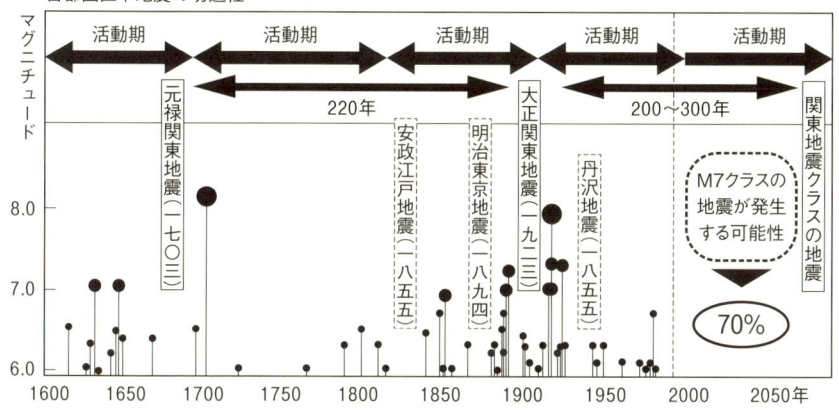

出所：内閣府防災白書（平成24年度版）

　地震の歴史も含めて地震や津波に対する正しい知識を持つだけで，防災に関する意識は格段に変わる。水や非常用の食料などを日頃から準備しておくことも重要。また「いつ地震が来てもおかしくない」という認識を持って行動することが大事。少なくても，3.11東北太平洋沖地震の余震・誘発地震は最低でも10年間は続くと予想され，首都圏直下型地震や南海トラフ地震なども切迫していると考えられる。

〔注〕
（1）　東北地方太平洋沖地震は日本の気象庁マグニチュードでは計測できない規模であったため，モーメントマグニチュード（Mw）と呼ばれる，断層面の面積と断層の変位の平均量，ならびに断層付近の地殻の剛性から算出されたマグニチュードで表示されている
（2）　海溝からさらに海寄りにかけて存在する，海洋プレートが地形的に隆起した領域（アウターライズ）で発生する地震のこと。アウターライズ地震は，プレート境界型地震によって断層が破壊された影響で引き起こされることが多い。

アウターライズ地震は陸地からは離れた場所で発生するため，陸地での揺れは比較的小さいことが多いが，地震の規模が大きいために津波は大規模なものになりやすいという特徴がある。

（中村洋介）

〔参考文献〕
アメリカ地質調査所ホームページ http://earthquake.usgs.gov/
宇佐美竜夫（1983）『東京地震地図』新潮社
宇佐美竜夫（2003）『最新版日本被害地震総覧416-2001』東京大学出版会，605頁
貝塚爽平・小池一之・遠藤邦彦・山崎晴雄・鈴木毅彦（編）（2002）『関東・伊豆小笠原―日本の地形4―』東京大学出版会，349頁
神奈川県防災消防課（1984）「神奈川県地震被害想定調査会」『津波水害分科会報告』238頁
気象庁ホームページ，推定深度分布図　http://www.seisvol.kishou.go.jp/eq/suikei/eventlist.html
地震調査研究推進本部地震調査委員会（2009）『日本の地震活動―被害地震から見た地域別の特徴―』（第2版）496頁
都司嘉宣（2008）「文化九年十一月四日（1812年12月7日）神奈川地震の震度分布」『東京大学地震研究所彙報』84，291-198
遠田晋次・中村亮一・宍倉正展・William H. Bakun・Ross S. Stein（2006）「関東のプレート構造と安政江戸地震の震源」『歴史地震』21，63
遠田晋次（2009）「首都直下に潜むプレートの断片と地震発生における重要性」『科学』79，257-260頁
内閣府ホームページ（2012）「内閣府防災白書」　http://www.bousai.go.jp/kaigirep/hakusho/h24/index.htm
中村　操・茅野一郎・唐鎌郁夫・松浦律子・西山昭仁（2002）「安政江戸地震（1855/11/11）の江戸市中の被害」『歴史地震』18，77-96頁
羽鳥徳太郎（1975）「元禄・大正関東地震津波の各地の石碑・言い伝え」『地震研究所彙報』50，385-395頁
羽鳥徳太郎（1976）「南房総における元禄16年（1703年）津波の供養碑」『地震研究所彙報』51，53-81頁
羽鳥徳太郎（2006）「東京湾・浦賀水道沿岸の元禄関東（1703），安政東海（1854）津波とその他の津波の遡上状況」『歴史地震』21, 37-45頁
松田時彦・太田陽子・安藤雅孝・米倉伸之（1974）「元禄関東地震（1703年）の地学的研究『関東地方の地震と地殻変動』』『ラティス』175-192頁
諸井孝文・武村雅之（2002）「関東地震（1923年9月1日）による木造住家被害デー

タの整理と震度分布の推定」『日本地震工学会論文集』2-3，35-71頁
諸井孝文・武村雅之（2004）「関東地震（1923年9月1日）による被害要因別死者数の推定」『日本地震工学会論文集』4-4，21-45頁
若松加寿江（1991）『日本の地盤液状化履歴図』東海大学出版会
若松加寿江（2007）「首都直下地震による液状化の発生と被害」『地学雑誌』116，480-489頁

第3章　福島県での発災初期の対応

I　避難所の運営と市民協働
――東日本大震災におけるビッグパレットふくしま避難所の取り組みを中心として――

はじめに

　東日本大震災における福島県の状況は，震災から2年5ヶ月が経過した現在でも，多くの避難住民を抱え，生活の再建についても，未だ先が見えない不透明さを抱えている。加えて，原子力災害によって地域コミュニティを維持することなくバラバラで避難せざるを得なかったために，住民同士が結ばれることで築いてきた，いわば地域社会の基礎をなすコミュニティの仕組みを喪失するという状況も生んでいる。

　また，現在の避難の枠組みとして，今までの災害には見られなかった「応急仮設住宅」「みなし仮設住宅」「県外避難」と三つのパターンに大きく分かれている。こうした状況がより混沌とした事態を生んでいると言わざるを得ない。

　本稿では，そうしたコミュニティの基礎機能を喪失した長期避難中の被災住民の内，富岡町，川内村の住民が，発災時から約5ヶ月強過ごした福島県郡山市に位置し，大規模避難所となった「ビッグパレットふくしま」避難所の運営において，NPO等の市民団体が果たした役割を現場での取り組み事例をとおして明らかにすることで，市民協働の可能性と重要性について検証することとしたい。

　避難所設置の根拠　　災害時における避難所を設置する上での法的な根拠について，述べておきたい。2013年6月に災害対策基本法が改正公布された。そこには，避難所の定義や役割等について記載されている。避難所の定義に

ついては，避難所は何かについて，その定義も含めて第49条の7に次のとおり規定されている。「市町村長は，想定される災害の状況，人口の状況その他の状況を勘案し，災害が発生した場合における適切な避難所（避難のための立退きを行つた居住者，滞在者その他の者（以下「居住者等」という。）を避難のために必要な間滞在させ，又は自ら居住の場所を確保することが困難な被災した住民（以下『被災住民』という。）その他の被災者を一時的に滞在させる施設をいう。以下同じ。）の確保を図るため，政令で定める基準に適合する公共施設その他の施設を指定避難所として指定しなければならない。」

　さらに，避難所における生活環境の整備等については同法第86条の6に，避難所以外の場所に滞在する被災者について配慮については同法第86条の7に，それぞれ規定された。災害時の避難所における被災者ややむを得ず避難所以外の場所に避難せざるを得ない被災者保護を，具体的に明確に規定したことは，東日本大震災における教訓が一定程度反映されたものとして評価できる。災害に対応する法としては，災害救助法（昭和22年）もある。具体的には，同法の4条および災害救助法施行令第2条に，救助の種類として次のように定められている。

① 収容施設（応急仮設住宅を含む。）の供与
② 炊出しその他による食品の給与及び飲料水の供給
③ 被服，寝具その他生活必需品の給与又は貸与
④ 医療及び助産
⑤ 災害にかかつた者の救出
⑥ 災害にかかつた住宅の応急修理
⑦ 生業に必要な資金，器具又は資料の給与又は貸与
⑧ 学用品の給与
⑨ 埋葬
⑩ 死体の捜索及び処理
⑪ 住居又はその周辺に運ばれた土石，竹木等で，日常生活に著しい支障を及ぼしているものの除去

（＊傍線は筆者）

また，災害対策基本法において，内閣府に中央防災会議の設置が定められ，「防災基本計画」を作成することとされている。この防災基本計画（同法第34条）を上位計画として，都道府県は「都道府県地域防災計画」を作成し，市町村は「市町村地域防災計画」を作成することとされている。（同法第40条，第42条）避難所についての設置基準などの具体的な事項については，主として「市町村地域防災計画」に定められている。[1]

1　社会教育的視点からみた学校避難所

　発災当時県職員であった筆者は，東日本大震災発災の4日後，福島県相馬市のある小学校体育館に設けられた避難所の支援に入った。沿岸部の壊滅的な被害状況を目にした時，我が目を疑った。筆者自身に戦争経験はないが，以前教科書などで見たことのある，戦争で焼け野原になった光景を彷彿とさせるようなそんなありさまに見えた。
　その光景を目の当たりにして思い出したのが，公民館の生みの親とも言われている「寺中作雄」の一文だった。1946年当時，文部省公民教育課長だった寺中作雄は，その著書『公民館の建設』の中で次のように記している。[2]

　　「この有様を荒涼と言ふのであろうか．この心持を索漠と言ふのであろうか．目に映る情景は，赤黒く焼けただれた一面の焦土，胸を吹き過ぎる思ひはかぜの如くはかない一瞥の回想。焼けトタン小屋の向ふに白雲の峰が湧き，崩れ壁のくぼみに夏草の花が戦いている。これが三千年の伝統に輝く日本の国土の姿であろうか。（後略）」

　まさに，混沌とした被災地，福島県相馬市の状況は，それをまざまざと想起させるものであった。
　その小学校は，海岸から2kmほど内陸にあり，150人ほどが避難していた。この地区は，震災前から日常的に住民と小学校との教育交流が進んでいて，学校と地域が協働で地域の教育力を形成しようとしていた。その効果は，大災害の避難所運営にも強く反映されていて，避難者と地区住民とが良好な関係を構

築しながら運営がなされていた。その一方で，避難先の地区住民と避難者の関係が必ずしも良好ではなく運営に支障を来した避難所も，各地に見られた。

良好な運営をしている学校では，学校目標に「地域に開かれた学校」と掲げているだけでなく，実践を伴って地域に開かれた学校であったか否かが，避難所運営にも色濃く反映していると考えられる。

そもそも，学校は地域コミュニティの中核施設として位置づけられてはいるが，地域住民と学校との協働の実践が活発になされていた学校では，避難所としても住民の安心と安全を守り，コミュニティの結束をより強める場として大きな力を発揮していたように見えた。それは生涯学習の視点から始まった，学校開放などの諸施策によって学校側の意識が高またことが前提としてあり，そうした施策が功を奏したといえるだろう。

以下に学校が避難所としてなぜ適しているのかという理由を列記する。

①ハード上の優位性（学校施設）
　・スペースの広さ
　・トイレの数
　・視聴覚室や家庭科室など，避難生活に欠かせない生活機能を有する特別教室の存在
　・応急的医療的措置を行える保健室
　・暖房等空調設備の完備

②ソフト上の優位性（災害時の教員の役割）
　・運営側の教職員は組織的な動きが可能であること（良い意味でのヒエラルキー集団）
　・非常時における日常的な訓練を定期的に行っていること
　・日常的に地域から教育活動にボランティア等を受け入れていること
　・教員自身が各学習分野の専門家であること
　・自治的組織作りは教育活動と不可分であること
　　（義務教育諸学校等における学級活動等）
　・情報提供活動も日常的に行っていること
　　（学校通信発行や情報の掲示，校内放送など）

・体操やレクリエーション活動は通常の教育活動で行っていること。

　以上のように学校は，ハード面からもソフト面からも，もともと災害時の避難所として適した特性を有している。ただし実際に避難所となった場合に良好な運営ができるかどうかは，学校及び教職員が，非常時にそういう役割を果たすという使命感をもっていることが前提であるのは言うまでもない。

　繰り返しになるが今回の災害で避難所となった学校で，運営が成功したところと，そうではなかったところと明確に分かれた。筆者が支援に入った避難所では，地域住民と良好な関係を持って運営されていたことから，日常的に災害時における学校の役割を明確にしていくことが，教育行政と地域の両方に求められているといえるだろう。

2　「おだがいさまセンター」の発足と役割

（1）　大規模避難所「ビッグパレットふくしま」の実態

　筆者は「ビッグパレットふくしま」に開設された大規模避難所に，2011年4月11日から県庁常駐チームの責任者として配属された。通常，避難所の運営主体でない県が，避難所に職員チームを派遣して常駐させることはない。それにも関わらず今回例外的に職員を配置したのは，富岡町と川内村という複数の自治体の住民と役所が同居して全体的な統制がとれていなかったことに加え，2500名もの被災者が震災の爪痕が色濃く残る施設内に秩序と管理が不十分な状態でひしめき合っていたため衛生状態も悪く，被災者の中から30数名ものノロウイルス患者が発生して隔離されるという状況を抱えていた。また，被災者間の風紀上の問題もいくつか発生していた。そうした混沌とした中で，緊急に支援が必要な状態にあるとの，県災害対策本部の判断からの県庁チームの配置であった。

　まず取り組まれたのが被災者の保護である。具体的には施設の避難経路図の作成，避難所における避難者名簿を精査した上での再作成であった。並行して，避難者支援体制の構築が進められた（2つ自治体をつなぐ連絡体制と支援体制の整理と組織図の作成）。その後，無秩序に家族単位で占拠されていた

区画の再整理に着手し，避難者の身体状況や出身，家族構成などに応じて生活スペースを再編した。以上の取り組みが少しずつ功を奏し，被災者も支援者も，一定の落ち着きができていった。緊急避難とはいえ，ある程度の期間，人々の暮らす空間としての不可欠な秩序と生命を守る基礎が構築できたことで，次の段階である被災者の自治活動に徐々に移行していった。

（2） 避難所運営の基本コンセプト

応急仮設住宅で多数の「孤独死」をうんだ阪神・淡路大震災の教訓から，避難所においても孤独にさせないということと，社会参画意識の醸成が必要であると考え，「交流の場の提供」と「自治活動の促進」が次なる課題となった。しかし，大規模避難所における自治の形成はどうあればよいのか，その手法について手がかりが見いだせずにいた。2000名を超える避難者を，いくつかのグループに分けて自治組織を形成する方法も検討されたが，それはあくまで管理的手法であって，被災者自らが問題に気づき，主体的に解決へ向けて自発的に行動する本来の「自治」とは大きな乖離があると考えた。

なかなか方向性が見えない状況の中で，新潟県中越地震の際には，サロン（喫茶）活動と足湯（傾聴ボランティア）の活動が有効だったとの情報を得るのと同時に，中越の支援者から，時宜を得た支援の申し出があったことから，それらの取り組みを開始した。別項で詳しくふれるが，こうした活動を展開していく中で，交流の場を設けることで，自らがその役割に気づき参画していく。この過程こそが自治形成の過程であると運営支援側も気づき，学んでいくことができた。避難所の閉所を迎えるまでに，サロンは1店舗目が開設されるとまもなく，次々と開設され，最終的には3店舗できた。サロンは被災者の大切な交流の場になるとともに，住民の手による自主運営が，現在もなお，仮設住宅等の集会所などで足湯の活動とともに継続されている。

（3） おだがいさまセンターの発足と仕組み

こうしたサロン活動の経験を経て交流の場を提供したり，自治活動を促進したりするような仕組みを組織的，体系的，継続的につくり出すことが必要

図3-1　発足当時の「おだがいさまセンター」の仕組み

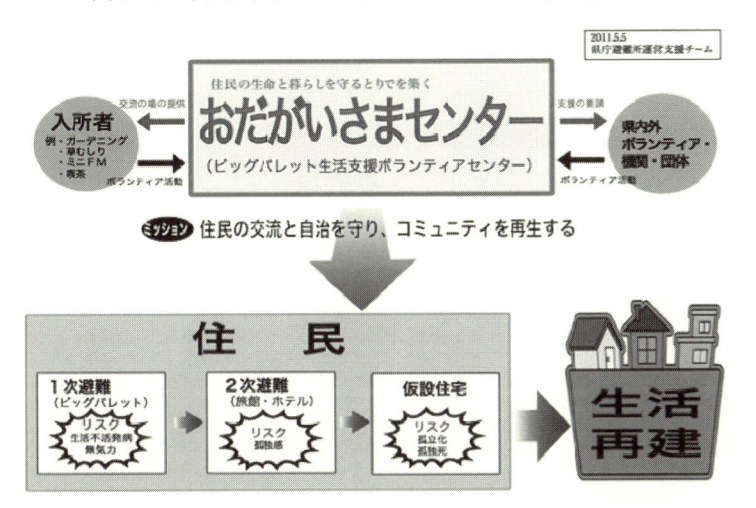

注：筆者作成。

だということから，2011年5月1日に避難所内に開設されたのが生活支援の拠点である「おだがいさま（おたがいさまのこと。福島の方言）センター」であった。「おだがいさまセンター」が，災害ボランティアセンターと一線を画すのは，外部に支援を要請して団体や機関，個人がボランティアで被災者にサービスを提供するというだけでなく，内部，つまり避難者に向けても活動を働きかけ，交流の場を提供するところに特徴がある。例えば「喫茶を一緒に運営してみませんか」とか，おだがいさまFMという避難所内のラジオ局の「パーソナリティやってみませんか」とか，「花をみんなで植えましょう」など，避難者が他の避難者にサービスを提供しあうというものであった（図3-1）。

3　市民団体等との協働の取り組み

（1）　避難所と専門機関や市民団体との協働

避難が長期化すればするほど，避難所内部だけの力では問題の解決を図ることが難しくなってくる。

そこで大事になってくるのが，外部の専門機関や市民団体等との協働であ

る。協働するためには，日常的に地域におけるネットワークをどう築いているかが問われてくる。ビッグパレットふくしま避難所において，具体的にどういう協働がなされたのか，「足湯」「女性の専用スペース」「サロン」の3つの取り組みをとおしてみていきたい。

（2） 足湯活動の取り組み

「足湯」の活動は，1995年に発生した阪神・淡路大震災の際に始まり，新潟県中越地震，能登半島地震の際にも住民の心を癒し，避難生活におけるニーズ把握，さらに，コミュニティ形成支援などの様々な効果があるとされている。

また，能登半島地震では，学生を中心とした中越KOBE足湯隊が結成された。東日本大震災時にも，「足湯」のノウハウを持ったボランティアが多数「ビッグパレットふくしま避難所」を訪れた。

そもそもこの「足湯」とは，お湯をはったタライに足を浸けながら，主にスキンシップとしてのハンドマッサージを行いながら，そこで被災者から語られる会話を聴くという傾聴活動である（写真3-1）。

写真3-1　足湯隊の活動

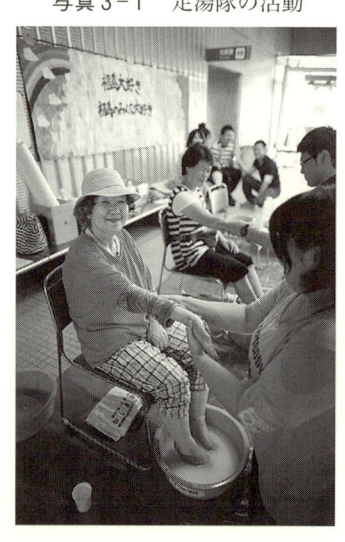

「足湯」は4月後半から「ビッグパレットふくしま避難所」においても，前述したように活動を続けていたが，県外からの足湯ボランティア中心ということで活動は単発にならざるを得なかった。県内の中にもそうした活動を根付かせたいねらいを持っていた，県庁運営支援チーム及びおだがいさまセンターが中心となって働きかけを行い，「FUKUSHIMA足湯隊」が結成された。その時の模様を，後に「FUKUSHIMA足湯隊」のコーディネーターとして活動する福島大学1年生の本間美雪は，自らの活動を次のようにまとめている。

「今後も長期的に足湯活動を継続し，避難生活に寄り添い続けるためにも，地元福島の学生が足湯隊を引き継いでいくことが望ましいとし，5月3日，ビッグパレットふくしま生活支援ボランティアセンターである「おだがいさまセンター」の方から福島大学生が足湯隊の引き継ぎの提案を受けました。そして5月15日，地元学生が足湯ボランティアに参加し，足湯は「話を引き出し，元気も引き出す」効果的なツールであり，学生も気軽に参加できるということから，福島大学生，郡山の学生を中心とし，県内各地の大学・専門学校生で「FUKUSHIMA足湯隊」を結成することが決定しました。「FUKUSHIMA足湯隊」は形式のあるものではなく，福島県内での足湯活動に参加する人々ということで，ゆるく定義づけています。

　当初の活動は，ビッグパレットふくしまを拠点に福島大学，国際メディカルテクノロジー専門学校，ポラリス保健看護学院，郡山女子大学の学生によって毎週末行われ，毎回約15名前後の学生が参加していました。そして，結成から1カ月半後の7月2日，福島市の学生が県北地区のあづま総合運動公園の避難所で活動を開始し，自分の担当の地区で足湯を行うという体制に移っていきました。その後，仮設住宅への居住が進むにつれて活動範囲を仮設住宅へと拡大していき，傾聴活動，またコミュニティ形成支援活動として動き続けています。」[3]

　避難所運営における最優先の課題は，避難者の「生命を守る」ことであった。そのためには，交流の場の提供が必要であり，その交流の場の一つが「足湯」であった。この「FUKUSHIMA足湯隊」が精力的に展開した「足湯」をとおして，避難者と「足湯隊」のボランティアとの交流や避難者同士の交流が生まれ，避難者が表情を取り戻し，笑顔で語り合える日常につながる大きなきっかけをつくっていった。

（3）　女性の専用スペースの設置と運営
　「ビッグパレットふくしま避難所」には，最も多い時で約2500名超える被

写真3-2　女性のための専用スペース

災住民が避難をしていた。しかし「ビッグパレットふくしま」も被災していたため、避難者の居住スペースも限られ、環境としては劣悪な状況にあった。そのため、通路やトイレの前でさえも人で溢れかえっていた。こうした中で、数人の女性の被災者から、「着替える場所がない」「男性の目が気になって怖い」、という切実な声が、県庁避難所運営支援チームに届いた。これは「人権問題」であるとの認識から、女性のための専用スペースが必要であるとの判断がなされ、避難所内に部屋を確保した。しかし、女性のためのスペースということで、運営には専門的な知識や技能が必要とされたため、「福島県男女共生センター」にその運営支援の要請を行った。「福島県男女共生センター」がもつ市民団体等とのネットワークを活用した運営は、避難所閉所を迎えるまで、休むことなく続けられた（写真3-2）。その時の模様を、当時の女性のための専用スペースの運営コーディネーターだった「福島県男女共生センター」職員の長沢涼子氏は、次のとおりまとめている。

「避難所内『女性専用スペース』の取り組み
　発災から約1ヶ月後の2011年4月、福島県内で最大規模の避難所『ビッグパレットふくしま』（郡山市）に、『女性専用スペース』が設置され、福島県男女共生センターはその運営支援を行いました。県庁避難所運営支援チームから、女性の人権を守るための専門的なノウハウを生かした運営をしてほしいという依頼があり、筆者が勤務する福島県男女共生センターは即座に運営協力の要請を受け入れ、その役割を筆者が担当することになりました。5月からは避難所のある郡山市内の3団体（郡山市婦人団体協議会、女性の自立を応援する会、しんぐるまざあず・ふぉーら

む・福島）と連携・協働して様々な支援活動を行いました。編み物や手芸をしながら家族に言えない悩みをうち明けたり，夜道が怖い・ブラジャーがないという声から，防犯ブザーや下着を配付したり，久しぶりに料理がしたいという要望に応えて料理会を開催したり，引きこもりがちな人のために生きがいづくりとして内職を紹介したりしました。中にはDV被害者もいましたし，家族に聞いてもらえない話をじっくり聞いてもらえてよかったと涙する女性もいました。

　女性専用スペースは，女性たち自らが声をあげ，それを受けて行動する支援者がいたからこそ生まれた活動でした。
この経験によって得た最大の成果は，被災した女性のエンパワーメントはもとより，運営に関わった全てのスタッフに自信と継続して活動する意欲をもたらしたことです。また，当センターは，平常時であれば同じ場で活動することはなかったであろう複数の女性団体や組織間をつなぐという役割を果たすことができました[4]」

　この女性専用スペースの運営は，女性をめぐる日常的に抱える課題が，災害時であるがゆえに浮き彫りになり，このスペースに持ち込まれることも多々あった。その解決には専門機関や女性問題の解決を団体の目標に掲げる市民団体等のノウハウが必要とされたのである。

（4）サロンの果たした役割

　「足湯」と並んで，交流の場と位置づけられたのが「サロン（喫茶）」である。この活動では，きっかけは支援者側がつくったものの，サロン運営への住民参画を促す働きかけを行ってきたことによって，避難者自身が被災者支援を行うという，つまり共助活動に展開していった。
　当時の様子を，筆者が代表を務める「ビッグパレットふくしま避難所記刊行委員会」が出版した「生きている　生きてゆく[5]」から要約して以下抜粋する。

　「避難所の空いたスペースにテーブルと椅子をおいて，そこをサロンと

写真3-3　ビッグパレットふくしま避難所におけるサロン（3号店「つくし」）

しました。しかし，物資にあったのはレギュラーコーヒーと銀色の口の細い専用の薬缶でした。スタッフが『どうやって使うのかな』とためらっていると，中年の避難者の方が寄ってきて，黙ってコーヒーを煎れ始めたのです。すると，コーヒーの香りにつられて，『コーヒー，ご馳走してくれんのがい』と周りの避難者がやってきました。その後，無言でコーヒーをいれた方は，みんなから『マスター』と呼ばれていきました。サロンは『みんなの喫茶・さくら』と命名され，『お花の名前の喫茶だから，お花があったらいい』と花を買ってもってきてくる方がでてきたり，『マスター』の手伝いをする『仮マスター』や，汚れた床を掃除する方々，紙コップだけじゃ味気ないと陶器のカップを買ってきて差し入れてくれた方など，自分ができることをそれぞれが出し合ってサロンを運営していく姿はまさに自治が形成されていく過程そのものでした」（写真3-3）。

また，当時，被災者支援で「ビッグパレットふくしま避難所」に入っていた，「中越防災安全推進機構」の北村育美氏は，自ら設置運営に関わった「サロン」活動について次のようにまとめている。

「避難生活が始まり一ヵ月が経過しても，通路には人があふれ，ダンボールの高い壁，ダンボールの家が立ち並んでいた。同じ町村とはいえ知り合いが少なく，ノロウイルス感染も広がり，ほとんどの人がマスクをしており，隣や周りの人はほとんどわからない状況であった。この頃の食事はおにぎりとパン，ペットボトルの水であり，温かいものはたま

にある炊き出しだけであった。

このようなことから，気軽に集まって話すことができ，温かいものを飲むことができる場所が必要ではないかという考えから，喫茶コーナーが外部支援者によって避難所内に設置された。

喫茶コーナーは，人が集まりやすい喫煙所と大型テレビの近くに設置された。以前の暮らしに近づけるため，急須でお茶が湯飲みに注がれると『温かいお茶を飲むのは地震以来』『ほっとするね』と自然と会話も生まれていた。ドリップ式のコーヒーは避難者男性が無言で入れ始め，その男性はそれから毎日コーヒーを入れに来た。のちに男性はマスターと呼ばれるようになり，喫茶の開店前からコーヒーを待つ人も多く，頼りにされるようになっていった。男性は自分の役割や居場所を見つけたといえる。喫茶の運営は外部支援者がお茶を出し常駐していたが，徐々にマスターやそれを支える人たちが増え，避難者が主体的に運営を担う形へ変化した。

これまでの災害でも避難所や仮設住宅の集会所において喫茶は行われてきた。例えば，阪神・淡路大震災の仮設住宅では，コミュニティ形成と閉じこもり防止のため，仮設住宅内の集会所に喫茶コーナーを設けている。ここでは看護師などの支援者が中心となり喫茶を運営した。また2007年に発生した新潟県中越沖地震では外部支援者が地元ボランティア団体と協力し，避難所で移動茶の間を展開した。しかしこれまでの災害において，避難者自身が主体的に喫茶コーナーを運営した事例はない。原発事故により自宅から離れ，慣れない土地での避難所生活，地縁コミュニティが分散したために知り合いの少ない状況，混乱していた避難所内部，以前の生活リズムが取り戻せず，避難生活における明確な時間の過ごし方が定まらない中で，喫茶コーナーという『場』ができたことから，避難者の居場所や役割に広がりが生まれたと考える。

喫茶をよくしていこう，生活をよくしていこうと，喫茶が居場所となり，喫茶に自分の役割を見出す人が多かった。お湯の用意，喫茶の準備片付け，カップやお菓子の提供など，喫茶をきっかけに自分ができる範囲で

自発的かつ主体的に喫茶に関わる人が増えていった。喫茶コーナーは，喫茶という「場」があることで，避難者が自発的に動くきっかけを作り，そこで顔見知りになることで，避難所での支えあいも生まれていた。
　こうした住民自身で避難所生活をよくしていこうという動き，以前の暮らしに近づけるような役割作りを支援者が後押ししたことによって，自発的に動く人がさらに増えていったといえる。」[6]

　まさに，「サロン」という交流の場を提供することで，避難者の運営への参画が保障され，そこに避難者間での役割分担ができていった過程がよくわかる。こうした取り組みをとおして，自治の兆しが見え始め，サロンという交流の場の運営によって，住民自身の意識もこれまでの支援を受けるだけの側から自らも主体的に関わっていくという変化がでてきた。

4　災害復興と市民活動

　こうして避難所の運営の実際を見てみると，行政の動きだけでは，さまざまに生じる問題に対してすべての解決を図ることは困難で，課題解決のためには市民との協働が不可欠であることがわかる。

　そもそも市民団体等の活動は，1995年の阪神淡路大震災でのボランティア活動でその高まりをみせ，1998年には，「特定非営利活動促進法」が，多くの市民の運動もあり議員立法によって成立している。

　地域の中で地域課題に対応することを目的として，その目的に賛同する者同士が集まり課題解決に向かうという新たな時代を迎えて久しい。その意味においては，NPOをはじめとする市民運動の高まりは，その地域の「地域力」を形成していく際の大きな原動力といえる。災害発生時には，それまでその地域が抱えていた課題が大きく顕在化する。併せて災害時には，日常からの災害に対する備え以上のことはできないと指摘されている。それらは，平常時から地域の中で市民団体等とのネットワークを形成し，地域課題に対して日常的な取り組みを行っているという，いわば「地域力」を育てていくことが，結果として「防災」につながっていくということを示唆している。

現代社会における地域コミュニティは姿を変え，近隣の住民との密接な関係性だけに基づいた地域コミュニティの維持は困難になってきていると言わざるを得ない。現代における「地域力」形成の担い手である市民団体等と行政が協働し，地域を創るという新しい意味での「地域主義」，いわば「"新"地域主義」の時代を迎えているといえるのではないだろうか。

（天野和彦）

〔注〕
（1）　柏原士郎・上野淳・森田孝夫編著（1998）『阪神・淡路大震災における避難所の研究』大阪大学出版会
（2）　寺中作雄（1995）『社会教育法解説／公民館の建設』国土社
（3）　本間美雪ほか（2012）「平成23年度福大ボラセン報告書」福大ボラセン活動報告書制作委員会
（4）　日本婦人団体連合会編（長沢涼子）（2012）『震災・原発事故と男女共同参画センターの役割』ほるぷ出版
（5）　ビッグパレットふくしま避難所記刊行委員会（2011）「生きている　生きてゆく―ビッグパレットふくしま避難所記」ビッグパレットふくしま避難所記刊行委員会
（6）　北村育美ほか（2011）「避難所における避難者の自発性と主体性を引き出す場づくり―福島県郡山市ビッグパレットふくしま避難所の喫茶の事例から」日本災害復興学会予稿集

II 東日本大震災による福島県の文化財被害と今後の課題

1 大規模災害と文化財被害

(1) 東日本大震災と文化財

　2011年3月に発生した東日本大震災は，各地の文化財にも深刻な被害をもたらした。ここでいう「文化財」の定義はじつは簡単ではないが，国や県の指定品や高価な美術品に限るのでなく，古文書・考古遺物・民具などの歴史資料，絵画・仏像・工芸品などの美術品，動植物標本や岩石標本などの自然史資料を広く「文化財」ととらえることにする。また，不動産である古建築や遺跡，無形文化財である祭礼や伝統技術などもこれらに含める。

　文化財は，生命・財産や日常生活に必ずしも直結するものでなく，その意味で被災した文化財の保護や復旧は優先度が低いと考えられることが多いかもしれない。しかし，失われて何の問題もないものかとなれば，そうではないであろう。東日本大震災で大きな被害を受けた地域は，沿岸部を中心とする地方都市や過疎地が大半であり，地域のアイデンティティーの象徴やその確認のための手段として，あるいは地域社会における住民の接着剤・潤滑油として，文化財は小さくない役割を果たしてきた。相馬野馬追（国指定重要無形民俗文化財）や会津若松城（鶴ヶ城；国指定史跡）を例にあげれば，地域における文化財の重要性や，これらが失われた場合の損失の大きさは容易に理解できるだろう。

　ただし私は，このような国指定級の文化財だけが保護されるべき対象とは考えない。庶民の日記や一片の土器など，地域固有の歴史・文化・環境を示す全ての文化財が重要であり，地域住民にとってそれらは，自分と祖先がその土地でこれまで生きてきた証しとして，金銭的価値に置き換えられない，一人ひとりにとってかけがえのないものである。したがって，これらをできる限り守り，後世に伝えていくことは，我々の大きな責任であると考える。

（2） 被災文化財の特徴

　東日本大震災による文化財被害は，大きく沿岸部と内陸部に分けることができる。沿岸部の文化財被害は，言うまでもなく津波によるものである。あらゆるものを破壊しつつ一気に押し流し，辛うじて残ったものに塩害やカビをもたらす津波は，文化財にも極めて深刻な被害を与えた。津波被害を受けた文化財の復旧活動は今も続いており，一方で，沿岸部の津波による文化財被害の全体像を把握することは将来的にも非常に困難となっている。

　内陸部の文化財被害は，一次的には建物の倒壊などによる物理的な破壊を主な原因とするものであり，二次的にはそれに伴う廃棄（売却を含む）や焼却によるものである。前者の被害は，じつは修理や修復によってかなりの程度元通りにすることが可能なのだが，そのことがあまり知られていないため，"ゴミ"や"瓦礫"と判断されてしまい，その結果，人災ともいえる後者の被害が発生してしまったケースが少なからず確認されている。これによって失われた文化財も少なくないと想像される。

　さらに，福島県では，東京電力福島第一原子力発電所の爆発による放射能汚染という特有の事情が加わる。それまで当り前に暮らしてきた我が家とマチに突然立ち入れなくなるという事態は，世界的にみてもほとんど例のないことであり，原発事故は文化財にも大きな影響を与えることになっている。第3項では，原発事故による文化財被害とそれへの対応に焦点を当て，詳しく論じる。

（3） 文化財レスキューの経緯

　日本で災害等にともなう文化財の救出活動（文化財レスキュー）が本格的に始まったのは，1995年の阪神淡路大震災のときである。関西の歴史研究者などによって「歴史資料ネットワーク」が結成され，歴史資料の廃棄や散逸を防ぐ活動が行われた。その後，2003年の宮城県北部地震，2004年の中越地震などにともない，文化財レスキューの取り組みと組織の立ち上げが進み，現在21府県で文化財レスキュー組織が活動している（以後「史料ネット」と総称する）。

史料ネットの特徴は，メンバーが特定の団体に属さず，大学教員・大学院生・博物館学芸員・自治体職員など多様な組織に属する人々による自主的な集まりであることである。この点は，態勢的な弱さの原因でもあるが，一方で，"しがらみ"が少なく，機動性の高い史料ネットは，行政が動きを取りにくい大規模災害時に大きな力を発揮することが各地で証明され，こんにち欠かせない存在となっている。また，宮城県のように史料ネットがNPO法人となるケースも現れ，態勢充実への動きも進んでいる。

　福島県では，2010年11月に「ふくしま歴史資料保存ネットワーク（ふくしま史料ネット）」が改組発足した。しかし，その後半年足らずで大震災が発生したため，十分な組織をもたないまま急ごしらえでレスキュー活動を始めることとなった。ふくしま史料ネットは，態勢上の不備を抱えながらも積極的な活動を行い，特に震災発生後1年ほどの間は大きな役割を果たした。同ネットが2011年中に行った活動は，大小50件あまりを数える（写真3-4）。緊急的なレスキュー活動が落ち着きをみせた2012年以降，ふくしま史料ネットの活動は，福島県内の文化財保全活動全般へと幅を広げはじめている（阿部，2013）。

　一方，行政による文化財レスキューは，住民の生命・健康の確保やインフラ復旧を優先的に進めた結果として，史料ネットにくらべ遅れた。また，行政の根幹ともいえる法的裏づけと公平性の担保は，未指定あるいは個人所有の文化財の救出を難しくさせ，さらに当該自治体の枠を超えた活動はできなかった。これに対し，文化庁の呼びかけで2011年3月末に組織された「被災文化財等救援委員会」は，2011年度おもに岩手県と宮城県で，文化財の指定の有無にかかわらない積極的な活動を展開した（岡田ほか編，2012，2013）。同委員会は，現地でのレスキューにとどまらず，被災文化財の保存処理等を全国規模で実施した。震災後の早い時

写真3-4　福島県国見町の旧家での文化財レスキュー作業

期に彼らが被災地で活動したことは、文化財被災の深刻さを全国に知らしめるとともにレスキューの重要性と必要性を喚起し、また行政による文化財レスキューを後押しした意味でも、与えた影響は大きかった。

2 東日本大震災による福島県の文化財被害

(1) 被災情報の収集と公表

東日本大震災によって生じた福島県の文化財の被害に関する情報と、そのレスキューおよび復旧の取り組みについては、文化財の指定の有無や、各自治体により"温度差"が生じている。

国と県の指定文化財については、被害がほぼ把握され、特に国指定物件の多くでは修復・復元が進んでいる。市町村の指定文化財については、公表された情報が少なく、外部からは被害の全容とその後の対応がほとんどわからないという問題がある。一般的には自治体の規模に比例して手厚い保護が加えられる傾向がうかがえ、一方で、専門の文化財担当者が配置されていない小規模自治体では、被害の把握にとどまっている可能性が高い。

そして、未指定の文化財については、自治体が所蔵するもの以外の情報は、自治体職員らが個人的に入手したものに限定され、被害を受けた文化財の救出や復元はほとんど行われていない。個人情報の問題もあるなか、どれだけ網羅的に被害を把握できるかが大きな課題といえる。

(2) 被害の特徴

福島県内の文化財被害の特徴を、福島県教育委員会の集計にもとづきうかがうことにしよう（丹野, 2013 表3-1）。表から明らかなことは、被災した文化財は、建造物や遺跡（史跡）など、不動産が大半を占めていることである。すなわち、地震の揺れにより建物や遺跡の屋根・壁・地盤が崩落・ひび割れ等を起こしたことによる被害である。このほかに顕著なものは彫刻の被害で、大型の立体物である彫刻が揺れにより転倒し、破損したケースが比較的多かったことが読み取れる。同様に、考古資料などの被害も、転落等による物理的な破損被害である。これらは決して軽微な被害とはいえないが、流

表3-1　福島県の被災文化財集計一覧

種別		国指定	県指定	市町村指定	計
国宝	建造物	1			91
重要文化財	建造物	12	24	54	
	絵画	0	1	1	2
	彫刻	5	15	33	53
	工芸品	0	1	1	2
	考古資料	2	4	12	18
	有形民俗文化財	1	1	7	9
	史跡	19	12	34	65
	史跡及び名勝	1	3	7	7
	名勝	2	0	2	2
	名勝及天然記念物	0	2	2	2
	天然記念物	3	3	8	8
重要伝統的建造物群保存地区		1			建造物計
登録文化財	登録有形文化財	35			127
小計		82	66	147	
合計			148	147	
総計				295	

注：丹野隆明（2013）

出や焼失のような完全に失われたものでなければ，前述のとおり修復は可能であり，実際，予算措置等を受け修復が行われたものが少なくない。

　一方，岩手県・宮城県に深刻な被害をもたらした津波は，福島県にも大きな爪痕を残し，福島県内初の公立学校である県史跡観海堂（新地町）の流出などの文化財被害があった。しかし，幸いにも福島県内の博物館や文化財収蔵施設で大きな津波被害を受けたものはなかった。岩手・宮城両県では，陸前高田市立博物館・石巻文化センターなど，津波により壊滅的被害を受けた施設が少なからずあり，収蔵品の多くが失われるとともに，残ったものの復旧・修理作業が今なお続いている。これにくらべ福島県の津波による文化財被害は相対的に小さかったといえるが，個人宅等に保管されていた古文書や美術品が津波でどれほど失われたか見当がつかない。

　また，しだいに深刻さが浮き彫りになってきた福島県特有の問題に，無形

文化財の消失危機があげられる。すなわち，原発事故にともなう住民避難により地域コミュニティーがいちじるしく変貌・衰退したことで，受け継がれてきた民俗芸能・民間信仰・伝承技術等の維持が困難となっているのである。例えば浜通りでは，神輿が海浜に下りて潮ごりを取る「浜下り」という神事が広くおこなわれてきたが，多くの地域では今後その実施が困難と予想される。このように，今回の震災は，無形文化財が人・モノとともに「場」があってはじめて本来的な維持が可能であることを改めて示し，その保護が喫緊の課題となっているが，これまでのところ十分な保護対応が取られていない。

3　原発事故被災区域内での文化財レスキュー

（1）　活動の経過

　東京電力福島第一原子力発電所の爆発事故により，浜通り10市町村の一部もしくはすべての範囲で立ち入りが制限され，その多くで今も住民が帰還できない状態が続いている。この区域内には，双葉町歴史民俗資料館，大熊町民俗伝承館，富岡町文化交流センター等の公立の博物館や，教育委員会が設置した文化財収蔵施設があり，加えて，各種団体や個人宅には美術品や古記録などが少なからず所蔵されていた。それら文化財のほぼ全てが，爆発事故後の全員避難により現地に取り残されることとなったのである。

　震災発生から半年あまりが過ぎ，住民帰還の困難さが明確になったころから，関係者の間でこの状況を不安視する声が出はじめた。盗難の恐れに加え，停電により空調が停止したことのよる劣化やカビが懸念されたのである。しかし，それらを区域外に運び出そうとしても，当時は膨大な文化財を受け入れられる施設や予算の裏づけがなく，どうにもならない状況が続いた。一方で，自治体職員や住民が，一時立ち入りの際に一部の文化財を持ち出す動きもみられた。

　これに対し，2012年春，福島県教育委員会の呼びかけで「福島県被災文化財等救援本部」が発足した（以下「救援本部」とする）。救援本部は，福島県教育委員会，被災文化財を抱える県内自治体，文化財関連団体からなる半官

写真3-5　双葉町歴史民俗資料館での文化財レスキュー作業

写真3-6　まほろんに建設された仮収蔵施設

の任意組織で，その主な目的は，原発事故で現地に残された文化財を外部に搬出し，保存と活用を図ることにあった。この活動では，文化庁の補助金を受け，福島県文化財センター白河館（通称「まほろん」）敷地内に仮収蔵施設を建設し，ここに被災区域にある文化財を移すことが当面の目標となった。また，先述の被災文化財等救援委員会，および同委員会解散後の2013年度に組織された「福島県内被災文化財等救援事業」が全面的な支態態勢を取り，物資と人材を提供した。福島大学も「うつくしまふくしま未来支援センター」歴史資料担当が，救援本部の幹事組織の一つとなり，活動に取り組んでいる。

　2013年度まで，同本部は双葉・大熊・富岡3町の博物館で約50回にわたる活動を行い，約4000箱の文化財を被災区域外に運び出した（写真3-5）。これらは，現地で放射能汚染度が計測され，安全基準値1300cpm以内のもののみが相馬市に設けられた一時保管場所に一旦運ばれる。そして，再度放射能汚染測定や整理作業を受けた後，一部がまほろんの仮収蔵施設に移されるという手順が取られた（写真3-6）。ただし，その他の市町村蔵や個人蔵の文化財については十分な対応を取れずにおり，今後なお曲折が予想される。

（2）　成果と課題
　救援本部の活動は現在も続いているが，救出対象を国県市町村の指定文化

財に限定することなく未指定品や個人所蔵品を広く含め，行政が主導しつつ一自治体の枠を超えた活動となっていることは，これまでの行政の手法を大きく超えた画期的な取り組みということができる。これが可能となった要因はいくつかあるが，県および被災自治体の文化財担当者の強い責任感と熱意が大きな原動力となったことを強調しておきたい。"不可抗力の事態"として文化財が放置されることも十分ありえたのである。まさに，組織と仕事は"人"が動かしていることを典型的に示した事例といえる。

　一方で，活動の課題も少なくない。一つめに，安全基準値を超える放射線量が計測された文化財は，現時点では放置する以外に方法がないこと。二つめに，未搬出文化財がなお多数存在する見込みでにもかかわらず，すでにまほろんの仮収蔵施設がほぼ満杯で，相馬市の一時保管場所に多数の文化財をとどめ置かざるをえない状況であること。三つめに，仮収蔵施設は双葉地域から100km近く離れ，通常は無人で保管以外の機能がなく，展示などの活用を行えないこと。四つめに，未搬出文化財のうち個人所蔵品の所在が十分判明しておらず，救出対象の全体像が把握されていないことである。すなわち，これらの問題をふまえれば，現在の活動と保管状況はあくまで"対症療法"にすぎず，被災文化財が抱える問題を根本的に解決するものとなりえていないことが明らかである。

まとめ

（1）被災情報の集約と所在調査

　福島県内で被害が詳細に把握され，修理や復旧がはかられているのは指定文化財が中心である。このこと自体はやむをえない面もあるが，被害とその後の情報の大半が自治体の内部にとどめられ，部外者が詳細を知るのがきわめて困難になっている。また，個人所蔵の未指定文化財の被災情報は，調査自体がほとんど行われていない。この問題には個人情報も関わるため簡単でない部分もあるが，それを差し引いても，被災文化財情報が十分集約・公表されていない状況は，県や各市町村の文化財保護施策立案の大きな妨げと考える。

また，今回改めて浮き彫りになった問題は，各市町村で文化財—特に未指定品—の所在が十分把握されていなかったことである。これらが半分でもデジタルデータ化されていれば，もう少し早く保護対応が取られた可能性は決して小さくない。今後発生する大規模災害による文化財被害を少しでも減らす意味でも，網羅的な所在調査は大きな意味をもつと考えられ，できるだけ早期の実施が求められる。さらに，それを県や自治体単位で集約し，復興計画策定と今後に備えることが必要である。現在，福島大学うつくしまふくしま未来支援センター歴史資料担当は，救援本部の活動の一環として，自治体の協力を得つつ文化財リストの作成を進めている。

（2）（仮称）震災ミュージアムの設置
　原発事故被災区域内の文化財の問題については，事故発生直後にくらべ大きな進展がみられた。しかし，現在の対応では根本的な解決になりえていないことから，私は，これら文化財の収蔵・修復・除染・展示等を総合的に行い，その十分な保全と活用を図るとともに，福島の現状と情報を世界に発信する施設を日本政府が設置することが不可欠と考えるに至っている。これを「震災ミュージアム」と仮称しており，そのおもな機能として以下を想定している。
　① 有形文化財の適切な環境下での保管。
　② 放射能汚染を受けた文化財の除染方法の研究開発と除染。
　③ 破損・汚損文化財のクリーニング・保存処理・修復，および新処理方法の研究開発。
　④ 無形民俗文化財消失への対応と記録保存。
　⑤ 東日本大震災および原発事故に関する各種記録の収集・保管・公開。
　⑥ 東日本大震災および原発事故に関する展示および研修。
　⑦ 旧警戒区域内の文化財情報の集約と世界的発信。
　⑧ 今後の大規模災害において被災した他地域の文化財の避難とデータのバックアップ。
　震災ミュージアムの設備や役割については，別稿に記したため詳細は省略

するが（菊地，2013），文化財の危機的状況の進行を食い止め，原発事故被災区域の文化財保護と活用のため不可欠の施設であると考えている。

（3）　将来計画の策定

　震災発生から3年を迎えようとするなか，福島県の文化財行政の"司令塔"である県教育委員会や関連機関から，県全体を視野に入れた中長期的な文化財の復興施策立案の動きが十分に見えてこない。かぎられた人材や予算という条件のもとではあるが，今のようなときであるからこそ，従来の問題点や弱点を根本的に洗い出し，福島県の文化財を長く良好なあり方で守り続けてゆくための大局的視野に立った計画がたてられるべきと考える。

　このことは，行政に"丸投げ"して事足りるものではない。自治体・研究機関・学界・地域コミュニティーなどの協力と能動的行動が不可欠であり，地域に根ざす大学として，福島大学もこれに向けた活動にこれまで以上に積極的に取り組んでいく考えである。

（菊地芳朗）

〔参考文献〕

阿部浩一（2013）「福島大学による歴史資料保全活動」『ふくしま再生と歴史・文化遺産』，山川出版社

岡田健ほか編（2012）『東北地方太平洋沖地震被災文化財等救援委員会　平成23年度活動報告書』東北地方太平洋沖地震被災文化財等救援委員会事務局

岡田健ほか編（2013）『語ろう！文化財レスキュー─被災文化財等救援委員会公開討論会報告書─』東北地方太平洋沖地震被災文化財等救援委員会事務局

菊地芳朗（2013）「福島からの提言」『ふくしま再生と歴史・文化遺産』山川出版社

丹野隆明（2013）「福島県における被災文化財等救援活動の経緯と課題」『ふくしま再生と歴史・文化遺産』山川出版社

第4章　放射能災害への対応

I　放射線の基礎知識と福島県の現状

1　放射線の基礎知識

(1)　「放射性物質」「放射能」「放射線」とは

　放射性ヨウ素や放射性セシウムのように放射線を出す物質を「放射性物質」といい，光を出す懐中電灯に当たる。また，放射性物質が放射線を出す能力のことを「放射能」といい，その単位がベクレル（Bq）であり，懐中電灯の光の強さ（カンデラ）にあたる。「放射線」は，アルファ（a）線，ベー

図 4 - 1　放射線と放射能

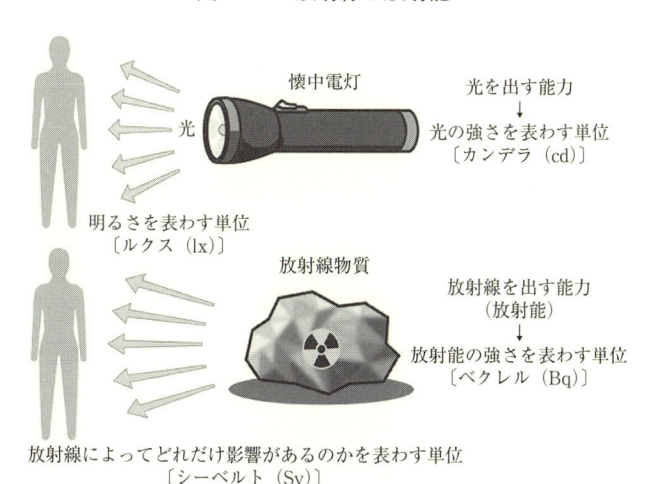

出所：原子力・エネルギー図面集（2010）

図4-2　放射線の種類と透過力

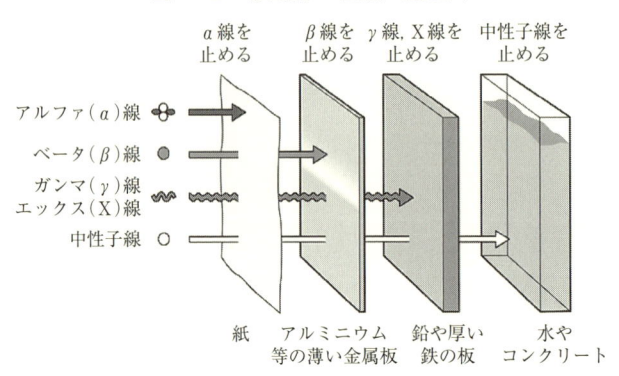

出所：原子力・エネルギー図面集（2010）

タ（β）線のようにヘリウムの原子核や電子のような粒子線のほか，ガンマ（γ）線やエックス線のような電磁波がある。この放射線が人体に与える影響を表す単位がシーベルト（Sv）である。

また，放射線は種類ごとに透過する能力が違い，アルファ線は紙一枚で遮蔽することができるが，ベータ線は紙では遮蔽することができず，薄いアルミニウムで遮蔽することができる。ガンマ線は，紙や薄いアルミニウムでは透過するので，厚い鉛などで遮蔽する。病院でエックス線検査をする医師や放射線技師が鉛の入ったエプロンをつけているのは，エックス線を鉛で遮蔽し，放射線の被ばくを最低限におさえるためのものである。

（2）　放射能の半減期

　放射性物質は不安定な構造をしており，安定な物質になろうとする過程の中で放射線を出し安定物質となる。例えば，ヨウ素-131はベータ線，ガンマ線などの放射線を出し，最終的には安定なキセノンという物質に変わる。この変化を壊変という。壊変は一度に起こるのではなく，ヨウ素-131の場合は，約8日間で半分がキセノンに壊変し，更に倍の約16日間でヨウ素-131は4分の1になる。このように，放射性物質が半分に減る期間を「半減期」といい，放射性物質の種類により半減期は異なる。セシウム-137は半減期が30年であ

図 4-3　放射線の半減期

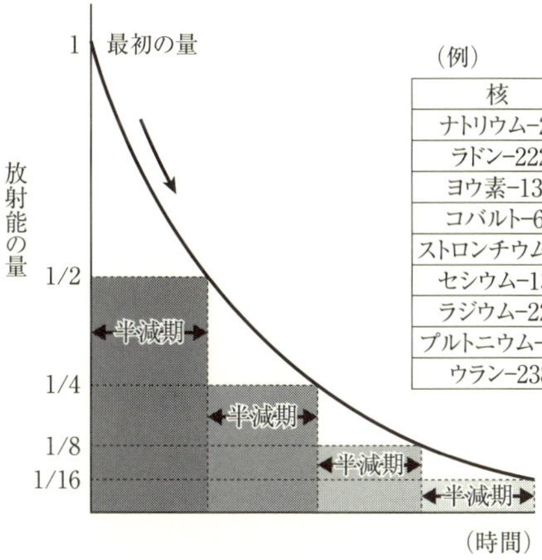

核　種		半減期
ナトリウム-24	^{24}Na	15.0時間
ラドン-222	^{222}Rn	3.8日
ヨウ素-131	^{131}I	8.0日
コバルト-60	^{60}Co	5.3年
ストロンチウム-90	^{90}Sr	28.8年
セシウム-137	^{137}Cs	30年
ラジウム-226	^{226}Ra	1,600年
プルトニウム-239	^{239}Pu	2.4万年
ウラン-238	^{238}U	45億年

出所：原子力・エネルギー図面集（2010）

り，放射能は30年経過しないと半減しない。

（3）日常生活と放射線

日常生活をしていても，年間2.4ミリシーベルト（世界平均）の放射線を受けている。自然放射線の量は，地域により異なるが，世界平均では，宇宙から0.39，大地から0.48，食物から0.29，空気中のラドンから1.26ミリシーベルトの被ばくをうけている。日本での平均は，世界平均より低く，年間1.5ミリシーベルトと言われている。

（4）体内，食物中の自然放射性物質

人の体内にも自然放射性物質が存在する。例えば体重60kgの人には，130g程度のカリウムが全身に存在し，そのうち0.0117％が放射性のカリウム-40で，放射能は約4000ベクレルである。また，大気中の窒素は，宇宙線の作用により，ごく一部放射性物質の炭素-14となる。その炭素-14が植物，動物などを通して，人体内に摂取吸収され体の一部となっている。これらの放射能は，全身で2500ベクレルとなっている。その他の自然放射性物質を合わ

図 4-4 自然放射線による年間一人あたり被ばく線量

宇宙から 0.39ミリシーベルト
大地から 0.48ミリシーベルト
食物から 0.29ミリシーベルト
吸入により（主にラドン）1.26ミリシーベルト

外部線量／内部線量

自然放射線による年間線量 2.4ミリシーベルト

出所：原子力・エネルギー図面集（2010）

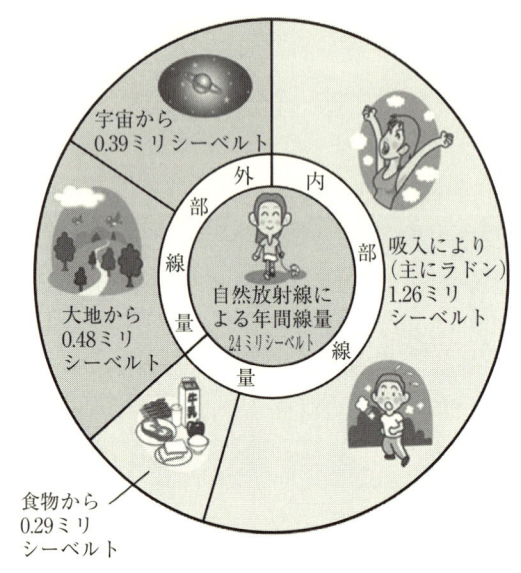

図 4-5 体内の放射性物質の量（体重60kgの日本人の場合）

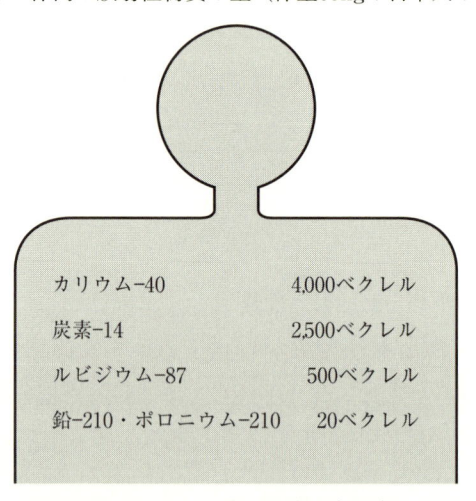

カリウム-40	4,000ベクレル
炭素-14	2,500ベクレル
ルビジウム-87	500ベクレル
鉛-210・ポロニウム-210	20ベクレル

出所：原子力・エネルギー図面集（2010）

図4-6　食物中のカリウム-40の放射線量（日本）
（単位：ベクレル／kg）

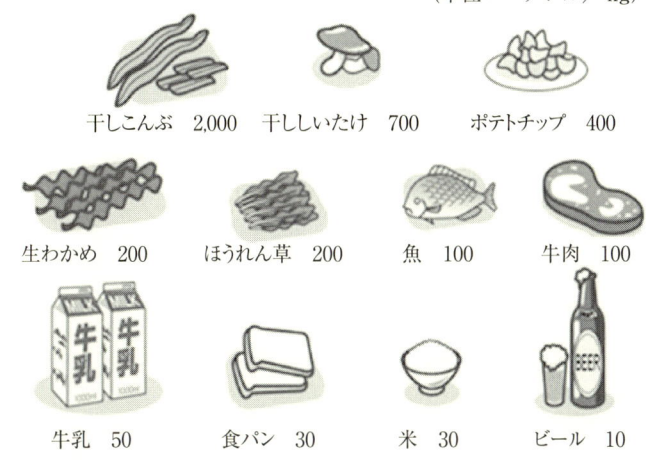

干しこんぶ　2,000　　干ししいたけ　700　　ポテトチップ　400

生わかめ　200　　ほうれん草　200　　魚　100　　牛肉　100

牛乳　50　　食パン　30　　米　30　　ビール　10

出所：原子力・エネルギー図面集（2010）

せると約7000ベクレルの放射能が体内に存在し，年間の被ばく線量は，0.29ミリシーベルトとなる。

　また，食物中にも自然放射性物質が含まれており，主な放射性物質はカリウム40であり，1キログラム当たり，干しこんぶ2000ベクレル，牛肉100ベクレル，牛乳50ベクレル，米30ベクレルなどが含まれている。

（5）　放射線の利用

　放射線の利用は，放射線や放射性物質の特徴的な性質を利用して様々なところで利用されている。例えば透過する性質などを利用して，エックス線透視検査，エックス線CT検査，PET（陽電子放射断層撮影）検査などの医療用利用，工業用でも物を破壊しないで内部を検査する非破壊検査に利用されている。また，原子や分子を電離（イオン化）や励起する性質を利用して，燃えにくい電線やパンクしにくいタイヤなど工業製品の改良にも使われ，他にもジャガイモの発芽を抑えることや作物の品種改良など様々な分野で利用されている。

図4-7　放射線の利用

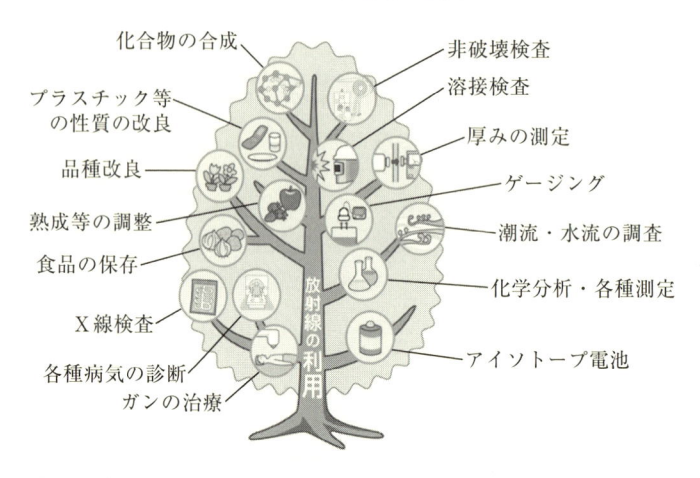

化合物の合成
プラスチック等の性質の改良
品種改良
熟成等の調整
食品の保存
X線検査
各種病気の診断
ガンの治療
放射線の利用
非破壊検査
溶接検査
厚みの測定
ゲージング
潮流・水流の調査
化学分析・各種測定
アイソトープ電池

出所：原子力・エネルギー図面集（2010）

（6）　放射線の人体への影響

　放射線の人体への影響は，確定的影響と確率的影響がある。確定的影響とはしきい値（ある作用が反応を起こすか起こさないかの境のこと。）があることで，脱毛，白内障などがある。一方，確率的影響は，しきい値がないと仮定し，どんな低い線量でも影響が起こる可能性があるとするもので，がん，白血病などがその例である。ICRP（国際放射線防護委員会）では，100ミリシーベルトを全身に受けた人が後年にがんが発症する確率は，0.55％程度としている。通常，日本では，2人に1人ががんになると言われており，放射線被ばくが原因による発症なのか，その他の原因なのか，区別するのが難しいと言われている。

（7）　放射線からの防護の基本

　被ばくには，内部被ばくと外部被ばくがある。内部被ばくは，食物や呼吸から体に吸収された放射性物質からの被ばくであり，これらの被ばくを少なくするためには，放射性物質を体内になるべく取り込まないようにすることである。

第 4 章　放射能災害への対応　　95

図 4-8　放射線の人体への影響

〔確定的影響（脱毛・白内障等）〕

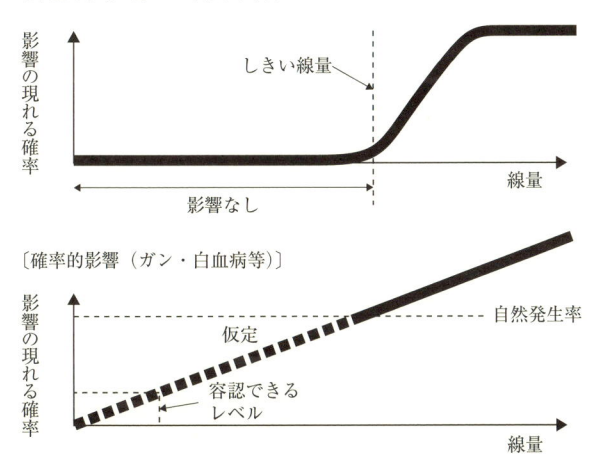

縦軸：影響の現れる確率
横軸：線量
しきい線量
影響なし

〔確率的影響（ガン・白血病等）〕

縦軸：影響の現れる確率
横軸：線量
自然発生率
仮定
容認できるレベル

出所：原子力・エネルギー図面集（2010）

図 4-9　放射線からの防護の基本

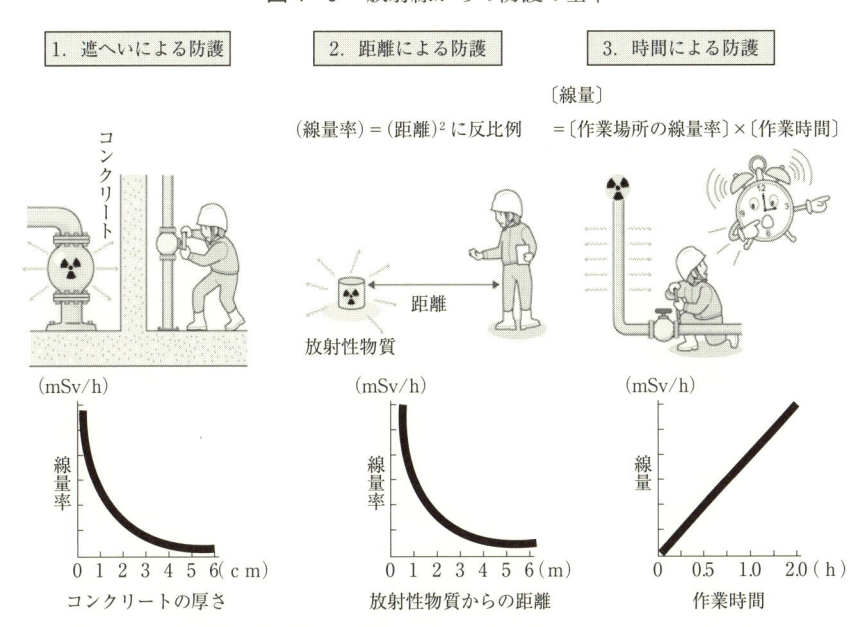

1. 遮へいによる防護　　2. 距離による防護　　3. 時間による防護

〔線量〕
（線量率）=（距離)^2 に反比例　　=〔作業場所の線量率〕×〔作業時間〕

コンクリート

(mSv/h)　　(mSv/h)　　(mSv/h)

線量率　　線量率　　線量

0 1 2 3 4 5 6 (cm)　　0 1 2 3 4 5 6 (m)　　0　0.5　1.0　2.0 (h)
コンクリートの厚さ　　放射性物質からの距離　　作業時間

出所：原子力・エネルギー図面集（2010）

また，外部被ばくは放射線源が体の外にあり，そこから受ける被ばくである。外部被ばくを少なくするためには，①遮へいによる防護，②距離による防護，③時間による防護の3つの基本がある。例えば，ホットスポットと言われている場所での被ばく量を少なくするためには，線量の高いものを除去する以外には，土などかぶせて遮へいする，必要もないのに近づかない，また，作業する場合には，作業時間を少なくするなどである。

2　福島県の現状

（1）　福島第一原子力発電所の事故の経過

2011年3月11日14時46分に東北地方太平洋沖地震が発生，その後，津波が原子力発電所を襲い，それらにより所内では全電源喪失となり，原子炉等への冷却機能が失われた。それに伴い原子炉では高温，高圧となり，ベント（排気）操作や水素の発生による原子炉建屋の爆発により多量の放射性物質が放出された。その主な経過は次の通りである。

　　　3月11日15：42　　所内で電源喪失
　　　3月12日10：17　　1号機でベント操作
　　　　　　15：36　　1号機で爆発
　　　3月13日08：41　　3号機でベント操作
　　　　　　11：00　　2号機でベント操作
　　　3月14日11：01　　3号機で爆発
　　　3月15日06：10　　2号機又は4号機で爆発
　　　　　　09：38　　4号機で火災発生
　　　3月21日18：22　　2号機で白煙発生

この時の福島県内の空間線量率の推移は口絵1のように観測されている。鋭いピークは放射性プルーム（放射性物質を含んだ雲）が上空を通過したため一時的に空間線量率が上昇したものである。放射性プルームの一部が雪や雨で地表面に沈着すると沈着した放射性物質の半減期で徐々に減少し，事故当時は半減期の短いヨウ素-131（半減期8日）が多く沈着したため線量率は急速に低下・減少したが，その後は半減期の長いセシウム-134とセシウム-137

がほとんどとなり，減少率は低下している。

（2） 福島第一原子力発電所からの放出量
　福島第一原子力発電所の事故からの放射性物質の放出量は，原子力安全・保安院の評価では，ヨウ素-131が16万テラベクレル，セシウム-137が1万5千テラベクレルなどが放出され，その合計の放出量は，チェルノブイリ事故の約7分の1と推定されている。

放射性物質	福島第一での放出量	チェルノブイリでの放出量	割合
ヨウ素-131	16万TBq	180万TBq	11分の1
セシウム-137	1.5万TBq	8.5万TBq	6分の1

T：テラ＝兆（10の12乗）

（3） 環境汚染の状況
　①セシウム-134とセシウム-137の沈着量　　原子力発電所から放出された放射性物質は，大気の流れにより拡散し，雪や雨により福島県内を中心に地表表面に沈着した。文部科学省の航空機モニタリングの結果（口絵2）によると，原子力発電所から放出されたセシウム-134とセシウム-137は，北西の方向に強く沈着し，中通りを南下し関東地方まで達している。半減期の比較的短いセシウム-134（半減期2.1年）に比べると沈着したセシウム-137（半減期30年）は半減期が長く，その影響は長期に及ぶことが懸念される。
　②生活空間の空間線量率　　福島県内の生活空間（道路など）で福島県が実施した環境放射線モニタリング・メッシュ調査によると，第1回調査（2011年4月調査）に比べ，第5回（2012年10月調査）では，空間線量率は平均値で約4割に下がっているが，年月が経つにつれ，半減期の短いセシウム-134の割合が少なくなり，半減期が30年のセシウム-137が多く占めるようになり，下げ幅も少なくなってきている。
　③福島県内の環境モニタリングの結果　　福島県内では，様々な機関により，原子力発電所から放出された放射性物質の環境モニタリングが実施されている。事故当初は，ヨウ素-131をはじめ半減期の短い，各種の放射性物質が検

図4-10　環境放射線モニタリング・メッシュ調査

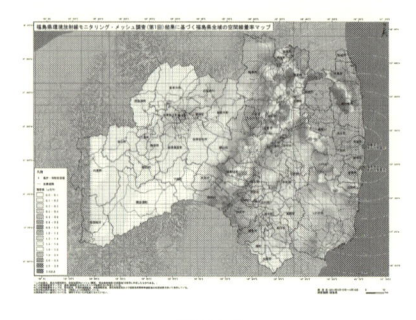

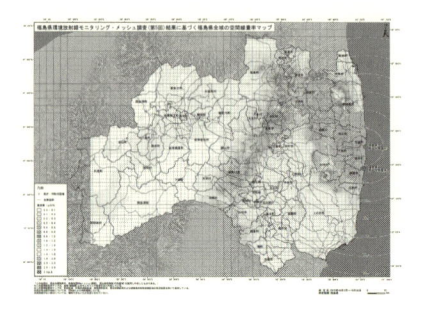

第1回　　　　　　　　　　　　　第5回

	調査実施期間	調査地点数	最大値	最小値	平均値
第1回	平成23年4月12日～16日	1,779	6.8	0.04	0.67（旧計画的避難区域を含まない） 0.97（〃を含む1,865地点）
第2回	平成23年8月17日～9月7日	2,776	5.2	0.06	0.38
第4回	平成24年5月23日～6月1日	2,767	3.4	0.06	0.28
第5回	平成24年10月3日～26日	2,748	3.1	0.05	0.26

第3回は積雪のため遮へい効果があり参考値扱い
出所：福島県資料

出されたが，現在では，セシウム-134とセシウム-137が多くを占めている。河川水や井戸水などからはセシウム-134とセシウム-137はほとんど検出されていないことから，環境中では水には溶け出さないことが窺える。しかし，河川，湖沼の底土からは検出されており，今後，これらの放射性セシウムがどのような動きをするか，着目していく必要がある。

（4）今後の環境モニタリング調査

政府が示している総合環境モニタリング計画では，環境モニタリングの主要なねらいを次のように述べている。

① 人が居住している地域や場所を中心とした放射線量，放射性物質の分布状況の中長期的な把握
② 現在の周辺住民の被ばく（外部被ばく及び内部被ばく）線量及び今後予想される被ばく線量の推定

図4-11　福島県内の環境モニタリングの結果（警戒区域内を除く）
（平成23年9月～平成24年3月）

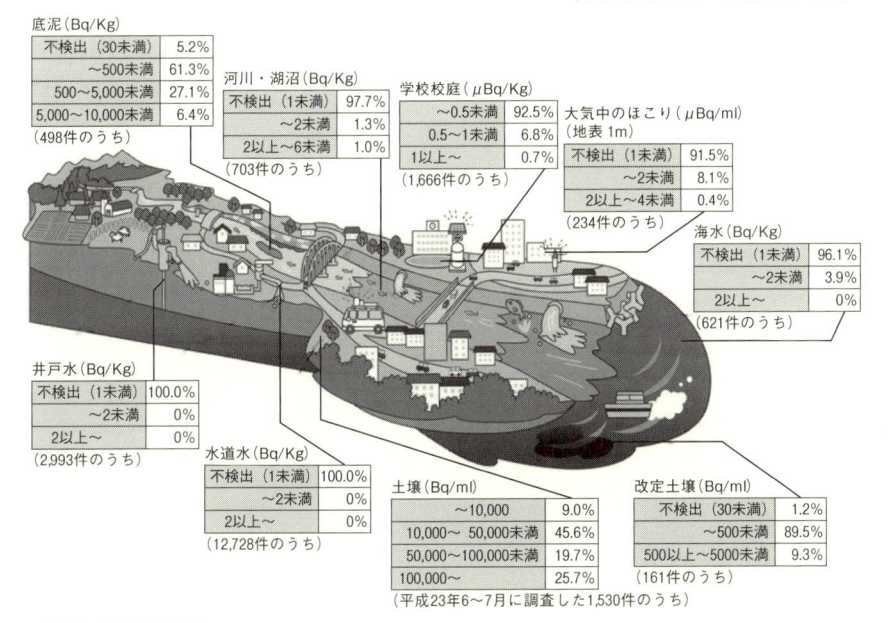

底泥（Bq/Kg）

不検出（30未満）	5.2%
～500未満	61.3%
500～5,000未満	27.1%
5,000～10,000未満	6.4%

（498件のうち）

河川・湖沼（Bq/Kg）

不検出（1未満）	97.7%
～2未満	1.3%
2以上～6未満	1.0%

（703件のうち）

学校校庭（μBq/Kg）

～0.5未満	92.5%
0.5～1未満	6.8%
1以上～	0.7%

（1,666件のうち）

大気中のほこり（μBq/ml）（地表1m）

不検出（1未満）	91.5%
～2未満	8.1%
2以上～4未満	0.4%

（234件のうち）

海水（Bq/Kg）

不検出（1未満）	96.1%
～2未満	3.9%
2以上～	0%

（621件のうち）

井戸水（Bq/Kg）

不検出（1未満）	100.0%
～2未満	0%
2以上～	0%

（2,993件のうち）

水道水（Bq/Kg）

不検出（1未満）	100.0%
～2未満	0%
2以上～	0%

（12,728件のうち）

土壌（Bq/ml）

～10,000	9.0%
10,000～50,000未満	45.6%
50,000～100,000未満	19.7%
100,000～	25.7%

（平成23年6～7月に調査した1,530件のうち）

改定土壌（Bq/ml）

不検出（30未満）	1.2%
～500未満	89.5%
500以上～5000未満	9.3%

（161件のうち）

出所：福島県資料

③　さまざまな被ばく状況に応じた，被ばく線量を低減させるために講じる除染をはじめとする方策の検討立案・評価
④　将来の被ばくを可能な限り現実的に予測することによる，避難区域の変更・見直しに係る検討及び判断
⑤　住民の健康管理や健康影響評価等の基礎資料
⑥　環境中に放出された放射性物質の拡散，沈着，移動・移行の状況の把握
　今後は，これらのことを踏まえつつ，被災地の復興のためにも，放射性物質に汚染された地域での放射性物質の動態を長期的にモニタリング行い，放射性物質の環境での動態を明らかにすることにより，被ばく線量の低減化や効果的，効率的な除染方策を進展させる必要がある。

（河津賢澄）

〔参考文献〕
『放射線のABC』(改訂版) 社団法人日本アイソトープ協会
『原子力・エネルギー』図面集　財団法人日本原子力文化振興財団
『放射線・放射性物質Q&A』　発行　長崎大学, 社団法人国立大学協会, 長崎・ヒバクシャ医療国際協力会
『放射線・除染　講習会テキスト』　福島県災害対策本部原子力班
福島県, 原子力規制委員会のホームページ

II 陸域環境における放射性物質の動態と農業への影響

はじめに

　東京電力福島第一原子力発電所事故（以下，福島第一原発事故）により放出された放射性核種は福島県内に広く降下し，住民の健康への影響が心配されるだけにとどまらず，農畜水産物の汚染と風評被害，高線量による居住や立ち入りの制限，避難や補償をめぐる家族やコミュニティの分断など，多くの問題を引き起こし復興の大きな妨げとなっている。とりわけ，震災前の福島県は農業経営体数第1位，米の生産量第4位，耕地面積第7位の農業県であり，その影響は甚大である。前節では，放射線・放射能に関する基礎的内容および福島県における現状について論じられた。本節では，原発事故等により放出される放射性核種の陸域での動態について概説するとともに，現在問題となっている放射性セシウムの農林生態系での動態や作物への移行について，福島第一原発事故以前の研究や福島で最近得られた知見も交えて述べる。また，食品の安全基準や福島県産農産物中の放射能についても記述する。

1　原発事故等で問題となる放射性核種

　核実験や原子炉の内部では核分裂や中性子捕獲によって非常に多くの種類の放射性核種が生成されるが，福島第一原発事故で問題となったのは主に放射性のヨウ素とセシウムである。原発の周辺では放射性のストロンチウムや銀，プルトニウムなどもごく微量ながら検出されているものの，その他の放射性核種についてはほとんど取り上げられないのはどうしてだろうか。その理由は，原発事故等で問題となる放射性核種にはいくつかの条件があるためである。

　第一には，その核種の半減期が数日から数十年であるということがあげられる。原子炉内で生成される放射性核種の多くは半減期が非常に短く，数秒

から数分という核種も多い。これらの核種は放出されてもすぐに壊変してしまうため，その影響も限定的である。その一方で，非常に半減期の長い核種も存在するが，そのような長半減期核種は環境中にあってもなかなか放射線を放出しないため，あまり問題にされない。

また，その核種の沸点が比較的低いということが放出の鍵となる。事故の際に核種が気化して大気中に放出されると，その核種は大気とともに広範囲に移送される。ヨウ素の沸点は184℃，セシウムの沸点は671℃と比較的低く，今回の事故では大気中に多量に放出された。これに対し，ストロンチウムの沸点は1382℃で，炉心そのものが火災を起こしたチェルノブイリ原発事故では多量に放出され，広範囲に汚染を生じた。しかし，建屋の火災や水素爆発が放出の原因とされる福島第一原発事故では，温度がそれほど高くならなかったためにストロンチウムの放出は少なかったものと考えられる。

さらには生物，とくに人体や作物に取り込まれやすいということも問題とされる。福島第一原発事故でもっとも放出量が多かったのはクリプトン-89やキセノン-133などの放射性希ガスであった。しかし，これらは常温で気体として存在し，大気中に放出されても土壌や農作物には沈着することなく速やかに拡散する。加えて半減期も短いため，これらの放射性希ガスを多く含む大気が通過する際の被ばくはあるものの，中長期的にその影響が問題とされることはない。

ヨウ素-131，セシウム-134および137はこれらの条件を満たしていたがために今回の事故で多量に放出され，人間生活への影響が問題となった。一方，事故などの際によく心配されるプルトニウム-239については，半減期が2410年と比較的長く，沸点も3232℃と高い。また，人体にも取り込まれにくいことからいずれの条件も満たしておらず，今回の事故に関しても影響は考えにくい。

2　放射性ヨウ素，セシウム，ストロンチウムの環境動態

ヨウ素（化学式：I）はハロゲンと呼ばれる元素のひとつである。ハロゲンの仲間にはフッ素や塩素など反応性の高いものが多く，ヨウ素も比較的

反応性が高い。純粋なヨウ素の沸点は184℃であり，原発事故などではヨウ素分子（I_2）の気体として大気中に放出される。放出されたヨウ素は，温度や光，オゾンなど大気中の物理化学的条件によってHOI，CH_3I，IO_3など，様々に形態が変化する。大気中では微粒子となり，土壌や農作物などに沈着する。また，IO_3は水に溶けやすいため水とともに移動する。

ヨウ素はヒトの甲状腺で作られる甲状腺ホルモンの原料となる必須元素であり，このため体内では甲状腺に集積されやすい。チェルノブイリ原発事故では当時の政府の対応が遅かったために，放射性のヨウ素-131に汚染された牧草を食べた牛の乳を原料とする乳製品などを摂取した子供が甲状腺がんを発症する事例が多く見られた。福島第一原発事故では，早期に食品の暫定基準が設けられ，ヨウ素-131に汚染された牛乳や野菜の出荷が停止されたことが幸いし，今のところ福島県では他県と比較して有意な甲状腺異常は認められていない。しかしながら，原発事故当時にどこにどの程度のヨウ素-131が沈着し，それによって人がどのくらい被ばくしたのかをきちんと把握しておくことが重要である。ヨウ素-131は半減期が8日と短いため，福島第一原発事故由来のものは環境中からはすでに検出できない。しかし，原発からは同時に，半減期が1570万年のヨウ素-129も放出されている。ヨウ素-129は半減期が長いために人体への影響は少ないが，ヨウ素-131とまったく同じ環境動態を示し，現在も残留している。このヨウ素-129を調査することによって，事故当時のヨウ素-131の沈着量やそれによる被ばく量を推定しようとする試みが行われている。

セシウム（Cs）はアルカリ金属に属する元素であり，環境中や生物体内では同じアルカリ金属のカリウムと似た挙動を示すと言われている。しかし，当然ながらその環境動態はカリウムとは似て非なるものである。沸点が671℃のセシウムは，原発事故によって気体として大気中に放出されたのち微粒子となり，降水などによって土壌や植物等に沈着する。植物に沈着したセシウムも，自然界では物質循環によっていずれは土壌に移行する。

土壌中のセシウムは，水溶性，交換態，有機物結合態，鉱物結合態の4つ存在形態を持つ。水溶性は，水に溶ける塩（えん）の形で存在するもので，

水とともに移動し，植物にも吸収されやすい。しかしながら，環境中での存在割合は非常に小さく，土壌中では通常1％未満である。セシウムは正荷電を持つ陽イオンであるが，交換態とは土壌中の粒子表面にある負荷電に静電的に吸着したものである。交換態のセシウムは植物などに吸収されやすいが，これまでの報告では土壌中の交換態セシウムは概ね10％程度である。有機物結合態は，土壌や河川水などに含まれる有機部が持つカルボキシル基（-COO⁻）や水酸基（-OH⁻）などの負荷電に結合したものと考えられるが，土壌や河川水中の有機物の構造は複雑で，その結合形態はよく解っていない。環境中での動態も未解明な部分が多いが，有機物の分解によって放出され，植物に吸収される可能性がある。鉱物結合態はセシウムに特有の結合形態である。土壌中には粘土鉱物と呼ばれる微小な鉱物が多数存在する。それら粘土鉱物のうち，雲母類のバーミキュライトやイライトという鉱物は，フレイドエッジサイトと呼ばれるセシウムを強く固定する部位を持ち，そこに捕らわれた放射性セシウムは容易には放出されず，植物にも吸収されない。物質同士の邂逅速度が遅い土壌中では，沈着直後は鉱物結合態の割合が比較的低いものの，一般的な土壌では数か月から1～2年で60～80％を占める。

　土壌に入った放射性セシウムは土壌粒子に吸着・固定され，移動性が極端に低下する。このため，森林などの未耕地では，放射性セシウムは下方へはほとんど移動せず，土壌のごく表層に留まる（図4-13参照）。また，浸食や風食によって表土が流出する場合には土壌粒子とともに移動する。

　ストロンチウム（Sr）はカルシウムやマグネシウムと同じアルカリ土類金属である。カルシウムと似た性質のため，人体では骨に蓄積し，長期間影響する。沸点はセシウムより高い1382℃で，このため福島第一原発事故での放出はわずかにとどまったが，過去の大気圏核実験やチェルノブイリ原発事故では多量に放出され，半減期が28.8年のストロンチウム-90は現在も環境中に残留している。セシウムと同様に大気中では粒子として移送され，土壌や作物などに沈着するが，土壌中での動態は異なる。土壌中では主に水溶性，交換態，および有機物結合態として存在し，セシウムより移動しやすい。また，ストロンチウムは水に溶けやすいことから，環境中では水とともに移動

し，土壌中でもセシウムより下方へ移動しやすい傾向がある。

3 事故直後に観測された放射能の動態

原発事故等で放出された放射性核種は，大気によって輸送され，土壌や作物などに沈着するが，その動態はそれぞれの核種の化学性により異なる。ここでは，福島第一原発からおよそ170km南に位置する茨城県つくば市で事故直後からの短期間に観測された放射能の動態について述べる。

図4-12は上からそれぞれ，2011年3月から7月にかけてつくば市で観測された降水量および降水中の放射性ヨウ素・セシウム濃度，観測用圃場から採取されたホウレンソウ中の濃度，畑地土壌表層の濃度を示している。つくば市を放射性プルームが通過し，空間線量率がもっとも高くなったのは3月15日であり（佐波ら，2011），雨は降っていなかった。前日まで不検出であったホウレンソウ中の放射性ヨウ素濃度は，この日の午前中に採取したも

図4-12 茨城県つくば市における福島第一原発事故直後の降水量および降水中の放射能濃度，ホウレンソウ中の放射能濃度，および土壌中の放射能濃度

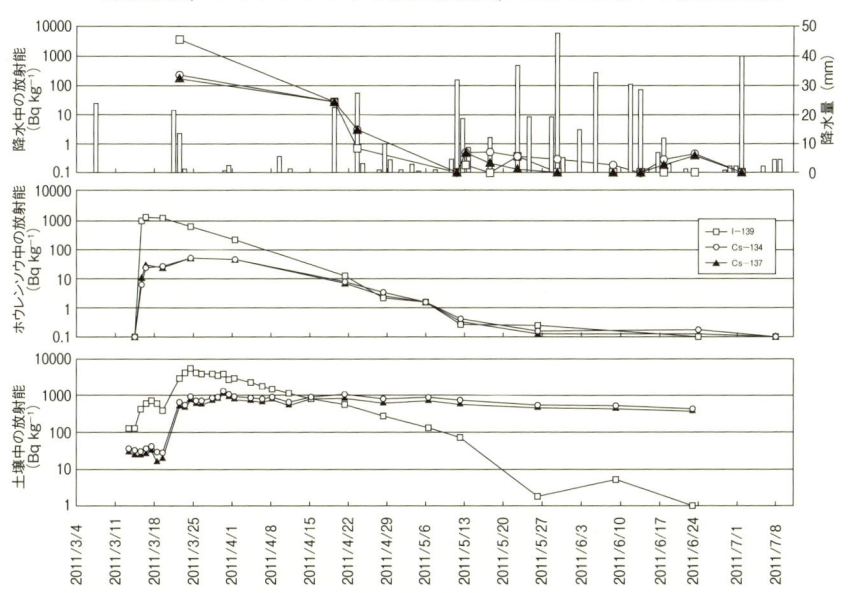

ので10000Bq/kgを超え，翌朝採取したものでは，観測期間中最大値となる12900Bq/kgを示した。この結果から，ホウレンソウには大気から直接放射性ヨウ素が沈着していることがわかる。事故後の最初の雨は3月21日であったが，この雨水には3000Bq/Lを超える放射性ヨウ素とおよそ400Bq/Lの放射性セシウムが含まれていた。15日からこの雨が降る前日までの土壌の放射性セシウム濃度は100Bq/kgを下回っていたが，この雨によっておよそ1000Bq/kgにまで増加した。つくば市を含む茨城県南部から千葉県北東部にかけては，福島第一原発から離れているにも関わらず空間線量率の高い，いわゆるホットスポットと呼ばれる地域であるが，大気中の放射能濃度が高いときに雨が降り，放射性セシウムが多量に沈着したことが，ホットスポットとなった原因であることがわかる（大瀬ら，2011）。

4　放射性セシウムの動態におよぼす土地利用の影響

前述のように，福島第一原発事故以前にも大気圏核実験などに由来する放射性セシウムは地表に沈着しているが，農林生態系内でのその動態は土地利用に影響される。図4-13は隣接する林地，畑地，および水田で土壌中のセシウム-137の鉛直分布を調査したものである。表面が落葉に覆われ，人為的な土壌の攪乱がない林地では，沈着したセシウム-137の多くが土壌のごく表層に留まり，下方にはあまり移動していない。また，浸食や風食による流出も少ない。畑地では，耕作によって林地よりも下層までセシウム-137が

図4-13　隣接する森林，畑地，水田における福島第一原発事故以前に降下したセシウム-137濃度の土壌鉛直分布

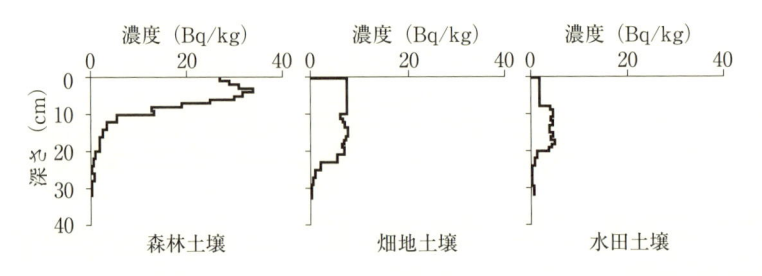

入っている。また，表層の約10cmと比較して，その下層で濃度が高くなっている。この理由として，畑地では通常の耕作で耕すのは10〜15cmであるが，必要によりさらに深い部分まで耕すことがある。その際に，下層にセシウム-137が混入したと考えられる。その後，表面が被覆されていない畑地では，浸食や風食によって表層からセシウムを吸着している細かい粒子が流出し，濃度が減少したと考えられる。水田ではこの傾向がさらに顕著である。水田では田植えの前に代かきを行うが，その際にセシウムを吸着している細かい粒子が水とともに大量に系外に流出する。このため，セシウム-137の濃度，存在量ともに他の土地利用より小さくなっている。単位面積あたりのセシウム-137の存在量は，水田＜畑地＜林地であった（大瀬ら，2012）。

図4-14は，1950年代から毎年，日本全国の畑地において土壌中のセシウム-137濃度を測定した，その全国平均値の推移を示している。畑地土壌のセシウム-137は，米国，ソ連，中国などによって大気圏核実験が盛んに行われた1960年代をピークに増加し，その後，核実験が行われなくなると次第に減少している。セシウム-137の物理半減期は30年であるが，もっとも濃度が高かった年を基準に畑地における見かけの半減期（平均滞留半減期）を計算すると，およそ16年である。同様の調査は水田についても行われており，水田における平均滞留半減期はおよそ14年であった。

図4-14 福島第一原発事故以前の畑地作土層中に含まれるセシウム-137濃度全国平均値の推移

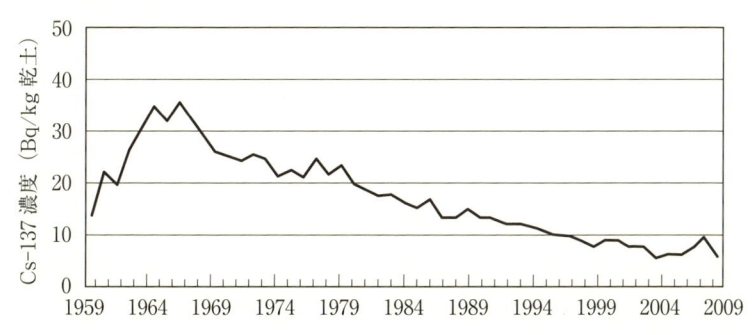

5　放射性セシウムの作物への吸収・移行

　福島第一原発事故のあった2011年には，葉面や樹皮などの表面に大気から直接沈着した放射性セシウムが，転流と呼ばれる植物体内での移動によって果実などの可食部に入り，比較的高い濃度が検出される事態が生じた。現在の大気中の放射性セシウム濃度は極微量であり，大気からの直接吸着の影響はほとんどない。しかしながら，一部の果樹などでは事故直後に吸着したものが樹体内にまだ残っており，果実から検出される場合がある。

　土壌に沈着した放射性セシウムは，経根吸収によって作物へ移行する。土壌から作物への移行には，セシウムと同じアルカリ金属で植物にとって必須元素であるカリウムが強く影響する。作物に吸収されやすい交換態カリウムが土壌中に十分存在すれば，放射性セシウムは作物には移行しにくくなる。また，吸収された放射性セシウムの植物体内での分布は均一ではなく，部位によって異なる。多くの作物では葉の濃度が比較的高く，子実では低くなる傾向にあるが，その比率は作物によって異なる。土壌から作物の可食部へどの程度放射性セシウムが移行するかを示す指標として，次式で示される移行係数が用いられる。

　　移行係数＝作物中のCs-137濃度(Bq/kg)／土壌中のCs-137濃度(Bq/kg)

　移行係数は，土壌中の放射性セシウム濃度に対する作物中の放射性セシウム濃度の比を表す値であり，作物ごとに計算される。移行係数に土壌中の放射性セシウム濃度を掛けることによっておおよその作物中放射性Cs濃度を求めることができる。しかしながら，土壌から作物への放射性セシウムの移行は土壌中の養分状態や放射性セシウムの存在形態に強く影響されるため，移行係数は一般に1桁から3桁の幅をもつ。白米の移行係数は0.00021～0.012と報告されており（Tsukadaら，2002），これから計算すると土壌中の放射性セシウム濃度が2011年の作付け基準とされた5000Bq/kgであったとしても，白米中の濃度は最大でも60Bq/kg程度ということになる。その他の作

物の移行係数は，葉菜類で0.00007〜0.076，果菜類で0.0038〜0.023，根菜類で0.0008〜0.36などとなっている（農林水産省，2011）。

　移行係数から判断すると，2011年の作付け基準となった土壌の放射性セシウム濃度である5000Bq/kgでは玄米（玄米の移行係数は白米の約2倍）からは当時の暫定基準であった500Bq/kgを超える放射性セシウムは検出されないと考えられた。実際，調査された2万点以上の試料の95％以上は放射性セシウム濃度が50Bq/kg未満であり，残りもほとんどが暫定基準を下回った（農林水産省，2013）。しかし，数地点の玄米から暫定基準を超える放射性セシウムが検出され，新聞などに大きく報じられる結果となった。どうして玄米中の放射性セシウム濃度が高くなったのか，この問題に対して国や県をはじめとする多くの研究機関で試験研究が行われている。福島大学うつくしまふくしま未来支援センターでも，福島県伊達市の小国地区などで試験栽培を行い，この原因の解明に取り組んでいる（写真4-1）。これまでの研究により，高い濃度の放射性セシウムが検出された水田の特徴がかなり解明されてきた。第一には，水田土壌中の交換態カリウム濃度が低いことがあげられる。塩化カリウムの施肥によって，土壌中の交換態カリウムを25mg/100g以上に保つと，2011年に暫定基準を超えた水田でも玄米の放射性セシウム濃度を低く

写真4-1　福島県伊達市の小国地区で行われた試験作付けの様子

注：生産された米が誤って流通しないよう，伊達市による管理のもと試験が実施された。

抑えられることが判った。また，山間地の棚田ということも特徴である。これについてはまだ研究中であるが，山間地の棚田では養分の豊富な山からの水を用水として用い，耕作深度が浅いこともあってイネは水中に根を伸ばし，水から直接養分を吸収しているのではないかと考えられる。土壌を用いずに水耕でイネを栽培した場合，玄米には栽培に用いた水よりもはるかに高い濃度で放射性セシウムが濃縮されることが解ってきている。このため，山地から水とともに運ばれてくる放射性セシウムが玄米中の濃度を高くしている可能性がある。そこで我々は現在，山地から水田に入る水について調査し，そこに含まれる放射性セシウムの動態や形態について詳しく研究を行っている。

6　食品中の放射能と安全基準

食品に含まれて体内に摂取される放射性核種による被ばく線量は，その核種が放出する放射線の種類や強さ，年齢ごとの体内での滞留時間などから算出された係数を摂取したBq数に掛けることでmSvに換算できる。成人の場合，この係数はセシウム-134が1.9×10^{-5}，セシウム-137では1.3×10^{-5}である（ICRP, 1996）。セシウムの体内での滞留時間が成人より短い若年者では，この係数はより小さくなる。仮に成人が1000Bqのセシウム-137を摂取したとすると，それによる生涯の被ばく線量（実行預託線量）は$1000 \times 1.3 \times 10^{-5}$で0.013mSvとなる。

放射能に関する暫定基準に代わり，2012年4月1日より食品の安全基準が設けられた。この基準では食品を4つに区分して放射性セシウム濃度が定められており，飲料水が10Bq/kg，一般食品が100Bq/kg，牛乳および乳児用食品については放射線に対する感受性の高い乳幼児が多く摂取することから50Bq/kgとなっている。飲料水の10Bq/kgはWHOの国際基準を適用したものである。一般食品については，年代と性別ごとの食品の摂取量と放射性セシウムの滞留時間などから，摂取する飲料水の放射性セシウム濃度が基準値の10Bq/kgであり，それ以外に摂取する食品の50%が基準値いっぱいの値であったとしても，それによる年間の被ばく線量がICRPによる平常時の被ばく線量の目安である1mSvを超えないように計算された値である。こ

表4-1 食品の安全基準（2012年4月1日より）

食品区分	基準値（Bq/kg）	備考
飲料水	10	WHOが示した飲料水の放射性セシウムのガイダンスレベル
一般食品	100	
牛乳	50	子どもの摂取量が多い食品であることを考慮し，「一般食品」の基準値の2分の1
乳児用食品	50	

の計算では，食品からの被ばく線量が最も多いのは食べ盛りの10代男性であり，その場合の年間被ばく線量1mSvを超えない食品中の放射性セシウム濃度は120Bq/kgであった。ストロンチウムやプルトニウムなどのセシウム以外の放射性核種が含まれていた場合も考慮して，より安全側に配慮した100Bq/kgが基準として採用された（消費者庁，2012）。

　福島県内の各自治体やJAでは生産された農産物の放射能測定が行われており，特にコメについては全袋検査も実施されている。また，県内の大規模小売店などでも販売する農産物の検査が行われている。福島大学うつくしまふくしま未来支援センターでも，厚生労働省の委託事業として流通している福島県産農団物の放射能測定を行っている。2012年には食肉や鶏卵を含む40試料を店頭で購入し測定したが，そのうちのおよそ8割は放射性セシウム濃度が10Bq/kg未満であり，50Bq/kgを超えるものはなかった。また，コープ福島では，一般の家庭に毎回一人分多くの食事をつくってもらい，その放射能を測定する陰膳調査を実施し，結果がホームページで公開されている。これまでの調査で検出された放射能はほとんどが天然の放射性カリウムであり，放射性セシウムの検出はごくわずかであった。これらの取り組みによって，福島県内で流通する農産物や食品の安全性はかなり高いレベルで担保されている。しかしながら，食品の安全性確保と風評被害の払拭のためには，今後も継続して監視していくことが必要である。

（大瀬健嗣）

〔参考文献〕
ICRP (1996) "Age-dependent Doses to Members of the Public from Intake of Radionuclides" *ICRP Publication* 72

大瀬健嗣・木方展治・栗島克明・井上恒久・谷山一郎 (2011)「つくば市における福島原発事故直後の放射性核種の推移」『日本土壌肥料学会つくば大会講演要旨集』

大瀬健嗣・木方展治・栗島克明・福圍康志・谷山一郎 (2012)「東京電力福島第一原発事故前後の土壌中放射性セシウム存在量に及ぼす土地利用の影響」『日本土壌肥料学会鳥取大会講演要旨集』

佐波俊哉・佐々木慎一・飯島和彦・岸本祐二・齋藤究 (2011)「茨城県つくば市における福島第一原子力発電所の事故由来の線量率とガンマ線スペクトルの経時変化」『日本原子力学会和文論文誌』10, 163-169頁

消費者庁 (2012)「食品と放射能Q&A」

Hirofumi Tsukada, Hidenao Hasegawa, Shun'ichi Hisamatsu, Shin'ichi Yamasaki (2002) "Transfer of 137Cs and stable Cs from paddy soil to polished rice in Aomori, Japan" *Journal of Environmental Radioactivity.* 59. pp351-363

農林水産省 (2011)「農地土壌中の放射性セシウムの野菜類及び果実類への移行の程度」

農林水産省 (2013)「放射性セシウム濃度の高い米が発生する要因とその対策について」

III 大気における放射性物質の輸送と拡散

1 福島第一原発事故により放出された放射性物質

　東日本大震災によって起きた福島第一原発事故により，大量の放射性物質が大気中に放出された。放出量の多かった放射性物質は，希ガスのキセノン-133やヨウ素-131，セシウム-134，セシウム-137等で，その放出量の推計値はそれぞれ1.1×10^{19}Bq，1.6×10^{17}Bq，1.8×10^{16}Bq，1.5×10^{16}Bqであった（原子力安全委員会，2011年6月6日）。その他の原発事故による主な放射性物質の放出量は表1の通りである。また，Stohlら（2012）はキセノン-133の放出量を1.53×10^{19}Bq，セシウム-137の放出量を3.66×10^{16}Bqと推計している。福島原発事故の放射性物質放出量をチェルノブイリ原発事故と比較すると，キセノン-133の放出量は2倍であるのに対し，ヨウ素-131は同程度，セシウム-134，セシウム-137は数分の1であった（表4-2）。キセノン-133は不活性ガスで反応性が乏しく，生体や環境中に蓄積されない。そのため，キセノン-133の放射線被ばくの影響は小さい。それに対して，放射性ヨウ素，放射性セシウムは生体，環境中に蓄積されやすく，健康への影響が懸念される。

　放出された主な放射性物質のキセノン-133は気体として，放射性ヨウ素は気体と粒子状物質として，放射性セシウムは粒子状物質として観測されている（原子力安全・保安院，2011年3月25日）。また，筑波で観測されたヨウ素-131とセシウム-134，セシウム-137のガスおよび粒子状物質粒径分布の測定結果によると，ヨウ素-131はほとんどがガス状であり，放射性セシウムは数μmの粒子として存在していた（大原ら，2011）。大気中では，ガス状か粒子状，あるいは粒子の粒径によって，物質の挙動や地上への沈着過程が大きく異なる。放射性物質が放射線を出して壊変し，元の半分までの量に減少するまでの時間，半減期は，キセノン-133が5.2日，ヨウ素-131が8日，セシウム-134が2年，セシウム-137が30年である。半減期は，放射性物質が環境中

表4-2 福島原発事故およびチェルノブイリ原発事故の放射性物質放出量

核種	放出量 (Bq) 福島原発事故 原子力安全委員会[1]	放出量 (Bq) 福島原発事故 Stohl et al.[2]	チェルノブイリ原発事故[3]
キセノン-133	1.1×10^{19}	1.7×10^{19}	6.5×10^{18}
ヨウ素-131	1.6×10^{17}		1.8×10^{18}
ヨウ素-132	1.3×10^{13}		
ヨウ素-133	4.2×10^{16}		9.1×10^{17}
セシウム-134	1.8×10^{16}		4.7×10^{16}
セシウム-137	1.5×10^{16}	3.5×10^{19}	8.5×10^{16}

注：(1) 原子力安全委員会（2011年6月6日）
(2) Stohl et al. (2012)
(3) IAEA, Report of the Chernobyl Forum Expert Group 'Environment' (2006)

に残存している期間の指標となるため，長期的な汚染，健康影響を考える上で重要である。キセノン-133やヨウ素-131は半減期が短く，原発事故直後の放射線量に寄与していた。セシウム-134は，2013年現在，減少して半数以下となっており，放射線量への影響を弱めている。これら急激に減少している放射性物質に対して，セシウム-137は今後も汚染による環境，健康への影響が懸念される。

これら原発事故により放出された大気中の放射性物質が与える環境や人体への影響として，外部被ばくによる影響，内部被ばくによる影響，地上への沈着による影響の3点が挙げられる。外部被ばくによる影響は，大気中の放射性物質から放出される放射線を直接被ばくすることによる健康への影響である。しかし，大気中では放射性物質は拡散，沈着をすることにより，その濃度が減少するため，土壌等に堆積した放射性物質に比べると空間線量への寄与は小さい。内部被ばくによる影響は，呼吸により大気中の放射性物質を体内に取り込み，その放射性物質からの放射線を被ばくすることによる影響である。内部被ばくでは，透過力の弱いアルファ線やベータ線も影響する。また，核種によっては体内の臓器に集積し，その臓器に影響を与える。地上への沈着の影響は，大気中の放射性物質が雨や風を介して地上へ沈着，蓄積することにより，その土地の空間線量を上げる，あるいは動植物も含め環境

中の放射能汚染に影響する。沈着の影響については，原発事故によって大気中に放出された大量の放射性物質の沈着による影響が最も大きいが，一度沈着した放射性物質が風などにより大気中に再浮遊し，汚染されていない地域へと拡がることも懸念される。

2 放射性セシウムの大気中での挙動

長期的な放射能汚染の原因となる放射性セシウムの大気中での挙動および沈着過程をここでは取り上げる。放射性セシウムは，前項で述べたように大気中で粒子として存在しているが，大気中での挙動は粒子の粒径によって異なる。大気中の粒子状物質は，粒径の大きい順に粗大粒子，微小粒子，超微小粒子と分けられるが，ここでは放射性セシウムが主に含まれると考えられる粗大粒子と微小粒子について述べる。

一般的な微小粒子と粗大粒子の特徴を表4-3に示す。微小粒子と粗大粒子には，明確な境目となる粒径はなく，1 μm付近を境として小さいものと大きいもので粒径の分布が分かれている。発生起源は，微小粒子が石炭等燃料の燃焼やゴミの焼却，自動車の排気ガス等，人為起源によるもの多いのに対し，粗大粒子は土壌粒子の風による舞い上がりや，海のしぶきが大気中に舞う海塩粒子等，自然起源によるものが多い。水溶性，吸湿性は，微小粒子の方が高く，雲の核を形成しやすく，また雲水中に溶け込みやすい。大気中から地上へ沈着するまでの時間は，微小粒子の方が長く，より長く大気中に留まり，またより遠くに輸送されやすい。

原発事故直後に放出された放射性セシウムは，粒子状の水酸化セシウム，ヨウ化セシウム等の化合物であったと考えられている。その後，何らかの機構により硫酸エアロゾル中に取り込まれ，硫酸塩エアロゾルとともに輸送，沈着した。このことは，Kaneyasuら (2012) の研究によってつくば市で補修した粒子状物質中の放射性セシウム粒径分布と硫酸イオンの粒径分布が類似しているということから結論づけられている。硫酸塩エアロゾルは，主成分が硫酸アンモニウムでその多くは微小粒子として存在している。そのため，輸送距離は長く遠くまで飛ばされやすい。放射性セシウムも硫酸エアロゾル

表4-3 微小粒子と粗大粒子の特徴

	微小粒子	粗大粒子
粒径分布	0.001～1μm	1～100μm
発生機構	燃焼，大気中での反応，凝集，凝縮	機械的な破砕，粉砕，表面の擦過
成　分	硫酸塩，硝酸塩，アンモニウム塩，元素状炭素，金属（Pb, Cd, V, Ni, Cu, Zn, Mn, Fe）等	浮遊土壌，石炭・油の燃焼による灰，$CaCO_3$，$CaSO_4$，$Ca(NO_3)_2$，NaCl，花粉，カビ　等
水溶性	よく溶ける，吸湿性	溶けにくい，非吸湿性
滞留時間	数日～数週間	数分～数日
輸送距離	数100～数1000km	数10km以下

注：環境省（2008），Seinfeld and Pandis（2006）より作成。

とともに長距離輸送されていたと考えられる。また，地上への沈着も硫酸エアロゾルと同じ挙動を示し，硫酸エアロゾルは雲の核となって雨や雪を降らせるので，雨や雪ととともに大量の放射性セシウムが沈着していたと考えられる。原発事故直後の放射性セシウムは，土壌粒子や海塩粒子の粒径分布とは異なっていたため，そのほとんど微小粒子中に存在していた。

　原発事故による大気中の放射性物質は地上への沈着や大気中の拡散により減少していき，次第に濃度は低くなっていく。塚田ら（2012）は福島市で大気中の放射性セシウム濃度を観測し，セシウム-137濃度が2011年4月の164mBq/m^3から9月までに1000分の1まで下がっていることを示している。その後，セシウム-137濃度は0.2mBq/m^3程度で推移している。また，粒径2μmで微小粒子と粗大粒子とを分けて捕集し，それぞれに含まれる放射性セシウムを測定したところ，原発事故直後では微小粒子中のセシウム-137が粗大粒子よりも10倍近く濃度が高かったのに対し，2011年9月以降では，微小粒子，粗大粒子中のセシウム-137の比率はほぼ1：1であった。原発事故により放出され硫酸エアロゾル中に取り込まれた放射性セシウムは，地上へと沈着し，沈着した土壌あるいは海塩中の放射性セシウムは風等によって再び大気中へと巻き上げられる。沈着量は大気中の濃度が高いほど大きくなるので，原発事故直後は沈着による濃度の減少が大きく，濃度の減少とともに沈着量は減っていく。一方で，地上に沈着した放射性セシウムが風によって

再び大気中に浮遊する量は，地表面の放射性セシウム濃度と風等の気象条件に左右される．大気中の沈着による減少と再浮遊による増加が釣り合ったために，2011年9月の濃度からあまり変化がなくなったと考えられる．また，大気中放射性セシウムの微小粒子と粗大粒子中の割合が変化しているのは，微小粒子中の放射性セシウムが沈着により減少しているのに対して，粗大粒子中の放射性セシウムが再浮遊により増加しているためであると考えられる．

福島市で我々が行なった観測結果によると，2012年8月から2012年12月の大気中セシウム-137の濃度は0.1〜0.3mBq/m^{3}であり，2011年9月から大きな濃度の変化は見られない．また，捕集する粒子状物質の粒径を1.1μmより大きい粗大粒子と小さい微小粒子とに分け，それぞれのセシウム-137濃度を測定した結果，この期間の微小粒子，粗大粒子中のセシウム-137の濃度比は1：2であった．このことは，地上に沈着した放射性セシウムが再浮遊し，大気中の粗大粒子中放射性セシウム濃度を上昇させているのに対し，微小粒子中の放射性セシウムは沈着等によって減少していることを示している．また，粗大粒子中の放射性セシウム濃度に大きな変化が見られないことから，粗大粒子だけを見ると，再浮遊による増加分と大気拡散，沈着による減少分が釣り合っていると考えられる．微小粒子中の放射性セシウムは，粗大粒子に対する比率は小さくなっているものの，この期間における明確な減少傾向は見られなかった．大気中の微小粒子中放射性セシウムの供給源，あるいは大気中に残存するメカニズムについては今後も調査する必要がある．

3 大気中放射性物質の沈着過程

大気中の物質の沈着過程には，大きく分けて湿性沈着と乾性沈着の二種類がある．湿性沈着は，雨や雪を介した沈着過程であり，大気中で雲や降下中の雨粒に溶け込むか，あるいは雲を形成し降水，降雪時に地上へと沈着する．それに対して，乾性沈着は雨や雪を介さず，分子拡散や大気中の微細な流れ，乱流拡散，地表面の物質との反応等の過程を経た沈着である．また，これらの他に霧や雲水による沈着がある．

放射性物質の湿性沈着量の単位はBq/m^{2}で表され，降水中の濃度（Bq/L）

と降水量（mm）との積から求められる。大気中の放射性物質濃度が高い場所で雨や雪が降れば，それだけ雨や雪の放射性物質濃度も高くなるので，湿性沈着量も大きくなる。福島原発事故において，大きな沈着量をもたらしたのが湿性沈着であるが，これも高濃度放射性物質の気塊が移動した場所で雨が降ったためである。また，前項で述べたように原発事故で放出された放射性セシウムは，大気中で水溶性，吸湿性の高い硫酸エアロゾルに含まれている。よって，放射性セシウムは雲の中にも溶けやすいと考えられる。また，硫酸エアロゾルの主な成分である硫酸アンモニウムは雲を形成し雨粒に成長しやすい性質を持っている。これらの放射性セシウムの大気中での挙動を考えても湿性沈着が放射性物質の沈着過程において重要であったことが分かる。

　放射性物質の乾性沈着量は，湿性沈着量と同様にBq/m^2という単位で表される。乾性沈着量は野外で実際に図ることが難しく，理論と仮定を基にした様々な測定法がある。仮定の少ない直接的な方法には，渦相関法，簡易渦集積法，濃度勾配法等がある。ここでは，大気沈着モデル等でも用いられる推定法を挙げる。他の方法については，大気環境学会誌入門講座の大気沈着第4講にまとめられている（林，2010）。推定法において，乾性沈着量は沈着速度（cm/秒）と大気中の濃度（Bq/m^3）との積で表される。推定法は，乾性沈着の過程を電気回路のオームの法則に見立てて，乾性沈着に関わる乱流拡散や地表面との相互作用などの要素を抵抗に置き換えることで置き換えることで乾性沈着量を計算する。このため，推定法は抵抗モデルとも呼ばれる。沈着速度は，この抵抗値の逆数で表わされて，風速や温湿度等の気象要素や土地利用，沈着する物質の化学組成や粒径等をパラータ化して決定する。推定法の詳細は，大気環境学会誌入門講座の大気沈着第1講にまとめられている（松田，2009）。推定法に関する研究は，気体の二酸化硫黄や硫酸エアロゾルについて多く行われており，その結果が他の物質にも適応されている。原発事故直後の放射性セシウムは，硫酸エアロゾルに主に含まれているということが明らかになったので，放射性セシウムの乾性沈着についても硫酸エアロゾルの知見が適応できる。福島原発事故以前の放射性物質の乾性沈着についてSportisse（2007）がまとめている。それによると，セシウム-137の沈着速

度は0.04〜0.31cm/秒となっている。しかし、乾性沈着速度はその時の気象条件や土地利用、地形によって変化するので、沈着しやすい森林や急勾配の多い日本では、この値よりも大きくなる場所があると考えられる。

　原発事故直後の大気中における放射性物質濃度が高かった時期は沈着による土地の汚染が深刻であったが、大気中濃度が下がった現在では汚染された高濃度土壌に対する沈着量は微々たるものである。今後は、汚染土壌からの再浮遊による非汚染地域への土地や植生の汚染の拡大について長期的な目で調査していく必要がある。

（北山　響）

〔参考文献〕

原子力安全委員会（2011）「東京電力株式会社福島第一原子力発電所の事故に係る1号機、2号機及び3号機の炉心の状態に関する評価について」2011年6月6日、http://www.meti.go.jp/press/2011/06/20110606008/20110606008-2.pdf

Stohl, A. et al. (2012) "Xenon-133 and caesium-137 releases into the atmosphere from the Fukushima Dai-ichi nuclear power plant: determination of the source term, atmospheric dispersion, and deposition," *Atmospheric Chemistry and Physics*, vol. 12, pp.2313-2343

原子力安全・保安院（2011）「地震被害情報（第52報）」2011年3月25日、http://www.meti.go.jp/press/20110325012/20110325012-2.pdf

IAEA, Report of the Chernobyl Forum Expert Group 'Environment' (2006) *Environmental Consequences of the Chernobyl Accident and Their Remediation: Twenty Years of Experience*, IAEA in Austria

大原利眞 ほか（2011）「福島第一原子力発電所から放出された放射性物質の大気中の挙動」『保健医療科学』Vol. 60, No.4, 292–299頁

環境省（2008）「微小粒子状物質健康影響評価検討会報告書」2008年4月、https://www.env.go.jp/air/report/h20-01/index.html

Seinfeld, J. H. and Pandis, S. N. (2006) *Atmospheric Chemistry and Physics*, 2nd edition, John Wiley & Science, Inc.

Kaneyasu, N. et al. (2012) "Sulfate Aerosol as a Potential Transport Medium of Radiocesium from the Fukushima Nuclear Accident," *Environmental Science and Technology*, vol. 46, pp.5720-5726

塚田祥文 ほか（2012）「福島市で捕集した大気粒径別[131]Iおよび[137]Csならびにガス状[131]I濃度の経時変化」『日本原子力学会2012年秋の大会要旨集』621頁

林健太郎（2010）「入門講座大気沈着第4講大気—陸域間の物質交換」『大気環境学会誌』vol. 45, No.2, 21 – 31頁

松田和秀（2009）「入門講座大気沈着第1講乾性沈着」『大気環境学会誌』vol. 44, No.4, 1 – 7頁

Sportisse, B. (2007) "A review of parameterizations for modelling dry deposition and scavenging of radionuclides," *Atmospheric Environment*, vol. 41, pp.2683-2698

第5章　暮らしの復興をめざして

I　避難生活から暮らしの復興へ
――福島県飯舘村と富岡町を事例に――

はじめに

　本節では，2011年3月11日に発生した東日本大震災に起因する東京電力福島第一原子力発電所事故によって避難を余儀なくされた被災地域／被災者が直面している事象を扱う。原発の事故という未曾有の災害は，被災者に先の見えない避難生活を強いてきた。それが長期化するにつれ被災者の意識には大きな変化が表れる。「震災から1年も経てば何かしら復興の道筋が分かるだろう」……計画的避難区域に指定された福島県飯舘村では，二次避難が完了して間もない2011年の秋，こうした声が多く聞かれた。しかし，震災後3年目に入ったいま，「復興の道筋」はいまだ見通すことができない。災害関連死亡者数は増加の一途をたどり，故郷への帰還をあきらめる人たちも徐々に増えている。同様の問題は，すでに避難指示が解除された町村でも顕在化している。
　以下では，こうした被災者の「意識や行動」の変化と彼／彼女らの「暮らしの復興」に向けた動きについて触れながら，福島の問題を考えていきたい。

1　これからの復興を考える前提として――市民社会と多項構造

　本節では，震災以降に福島で起きてきたことを，たんなるローカルな出来事としてではなく，市町村と住民，国と地方（＝被災市町村），暮らしと政治・行政などといった複数の観点から捉えてみたい。その導入として，まず

は「市民社会」についてごく簡単にふれておこう。

「市民社会」といえば，まず最初に「国家」との関係（＝「二項構造」），あるいは「国家」・「経済」[2]との関係（＝「三項構造」）からその概念を捉える考え方を教わるだろう。研究者によってはより複雑な「多項構造」を用いて「市民社会」を説明する場合もある。しかし，ここでは次の点のみ留意してもらいたい。それは，「市民社会」・「国家」・「経済」が相互に影響を及ぼし合っていることだ。私たちが暮らしている「社会」は，常に「国家」や「経済」の影響を受けている。たとえば「国家」なら法律や制度，「経済」なら労働や消費といった具合に。身近な例では携帯電話やパソコンなど。これらの商品は，いまや「無くてはならない」存在となり，私たちの生活を大きく規定している。

「経済社会」が「市民社会」に対して優位性を持つようになると，「生活社会の植民地化」が進む。「国家」と「経済」は癒着し，私たちの生活は市場原理によって支配されるようになる。本来「経済」（＝技術）は非政治的なものであるが，市場経済の発展とともに「サブ政治」としての役割を持つようになり，やがて私たちの暮らしに影響を及ぼす。こうした状況下では「市民社会」による「経済社会」の政治倫理的監視が必要になる（篠原，2004）。

篠原によれば，サブ政治は福祉，環境，医療など地域生活関連分野で，かつ，ローカルで発生することが多いという。おのずとそこには「自治と分権が存在し有効に機能することが重要課題」となる。そして，それらが機能しない場合は，政治・行政が果たすべき役割と市民社会が抱える課題やニーズとの間に「ズレ」が生じることになる（同掲書）。震災後の被災地域や被災者の復興状況，その進展に向けた政治・行政の動き，原発稼働問題やエネルギー政策の動向……。読者はこうした現状をどのように捉えるだろうか。この問いについて，以下，計画的避難区域に指定された飯舘村，震災直後全町避難ののち警戒区域に指定された富岡町を例に考えてみよう。

2　震災後の被災地に起きていること——飯舘村の状況から[3]

飯舘村は1980年以降，独自の村づくりに取り組んできた。村では自主・自

立の村づくりを標榜してきたが，そうした取り組みが概ね1990年後半からほころびを見せ始めてきたことが観察されている（佐藤，2013：45-48）。言い換えれば，震災前から村の取り組みの基礎にあった地方自治制度に内在していた問題が原発事故に伴う強制避難と帰還・復興の過程で噴出しているとも言えよう。これは，巨大災害などのトリガーによって，同じような状況がどこの自治体でも発生し得ることをも意味する。しかし，私たちはそうした危険性に気づかないまま，あるいは，気づきながらも，従来型の政治・行政システムの合理性・利便性を享受し続けていると捉えることができる。以下，その一端をみていこう。

（1）　計画的避難の状況

　2011年4月22日，飯舘村は計画的避難区域に設定され，その後約4ヶ月間をかけて避難を完了した。計画的避難後の人口・世帯数は，2013年3月1日限在，避難者数6677人，世帯数3152世帯（飯舘村役場調べ）で，このうち約9割の村民が村役場を中心とした概ね1時間圏内の地域に避難している。避難によって世帯分離が進み，その数は震災前の約1.8倍に及ぶ。世帯分離の拡大は，避難生活の長期化に伴い，日中の孤独感にいたたまれなくなった高齢者が仮設住宅に転入したり，子どもの進学や親の仕事の関係等によって，当初の避難先から世帯分離が進んだことなどが主な原因と推察される。

　避難区域の再編に伴って，2014年3月には避難指示解除準備区域，ならびに，居住制限区域の一部を合わせ，全体の約83パーセントの村民が帰還の是非について判断を迫られることとなる[4]。

（2）　対話機会を介して拡がる行政不信

　2011年10月，村は「いいたて　までいな復興プラン」を発表し，同年12月にかけて避難先各所で村民懇談会を開催した。その開催目的は主に次の3つである。①復興の基本方針を村民に周知すること，②住民からの意見・要望を広く聴取すること，③これらの結果を復興計画に反映させること。

　しかし，村の意図とは裏腹に，懇談会場に集まった住民からは村長や議員

に対する批判が相次いだ。主な争点は次の3点である。①除染の実現性（方法と効果）への疑問，②3000億円超の除染予算の一部を生活／事業再建に充てることへの要望，③早期の集団的な移転に向けた取り組みへの要望。いずれの争点に対しても，村長と役場執行部からの説明は，今の段階で「受入れることはできない」というものだった。計画的避難区域は国が設定したもので，除染等を含めた対応は「すべて国の責任で行われる」。しかしながら，「国はこちら（村）から働きかけない限り動かない」。除染でさえ，村から必要費用を提示することで「国はようやく動き出した」。国からの支援は「除染だから費用が出るのであって，個人の補償に対して税金が投入されることはあり得ない」。また，現在は「帰村に向けて」必要不可欠な「除染」について交渉しているのであって，「帰村も移転も」といった「両刀遣い」で支援を「国に求めることはできない」。以上が主な理由である（佐藤，2012，同，2013）。

こうした説明に対して住民からあがるのは，「〈村〉を大切にするのはわかるが，わたしたち村民の〈暮らし〉を考えてほしい」という声だ。それに対して，対話が一方的に遮断される状況は，参加者数の減少という結果を生む。当初目立った30～50歳代の世帯主や主婦層，震災前にこうした懇談会には足を運んだこともない高齢者等の参加は，懇談会や説明会の回数を重ねるごとに減り続ける。「決まったことを説明するだけで，意見なんか聞いてくれやしない」「だったら参加しても無駄だ」というのが参加を拒む住民の言い分である。こうした状況が繰り返し積み重ねられてきた結果，住民・行政間の対話機会は量的にも質的にも低下してきた。双方の意見や考えが歩み寄りをみせないままさまざまな政治決定が進むことによって，住民・行政間の乖離・不信は拡大し，「故郷」への帰属をあきらめる住民も現れている。

3　被災地域・被災者の復興に向けた試み

飯舘村で観察された住民の行政に対する不満や批判，さらには政治・行政に対する信頼・協力関係の低下といった現象は，程度の差こそあれ原発事故被災自治体で生起している共通の問題といってよいだろう。そうした状況を

第5章　暮らしの復興をめざして　　125

被災当事者の立場から見つめ直し，政策展開へ繋げていこうとする試みが富岡町の住民自助団体を中心に進められてきた。以下ではその取り組みを紹介しつつ，引き続き，前項に示した問いについて考えてみよう。

（1）　タウンミーティング事業の概要
　タウンミーティング事業は，富岡町民による当事者団体「とみおか子ども未来ネットワーク」（以下，「TCF」という。）が主催する事業である。全国各地に避難している町民どうしが集まり，避難生活のなかで抱えている悩みや問題点などをお互いにはき出し，その積み上げ作業から見えてくる課題等を政治・行政に訴えていこうとする試み（とみおか子ども未来ネットワーク，社会学広域避難研究会富岡班2013：13）である。これまで郡山，いわき，長岡，栃木，横浜，東京など全国各地で計8回開催されてきた（2013年3月末時点）。TCF代表の市村氏は，これまでの活動を振り返りながら，この試みを「町民どうしの話し合いからみえてくるさまざまな問題や課題を，しっかりと国や行政等に伝えていくために取り組んでいる事業」として捉えている。その背景には，避難生活者の実状が「国や（政治・行政に影響力を持つ）世論には『正しく理解されていない』」という問題認識がある（同掲書：13。カッコ書きは筆者が付記）。

（2）　避難生活者の〈声〉からみえてくる問題構造
　長引く避難生活のなかで被災者が抱えている問題は，〈個人〉・〈家族〉・〈集落などのコミュニティ〉・〈自治体〉など広範囲にわたりながら，さらに相互に関わりを持って複雑化している（図5-1参照）。まず，①〈個人〉レベルでは，「人生や生き方」あるいはそこに存在した「誇りを奪われた」ことが大きな問題として捉えられるが，被災者はこうした損失が「世論的には理解されづらい」状況であることを強い葛藤として感じている。また，避難先では大人の就業，子どもの進学・就職が困難で，避難生活者が「避難先で生活再建することの難しさ」が浮き彫りになっている。
　②〈家族〉レベルでは，「多重生活とそれに伴う家族離散」が深刻な問題

として多くの町民から指摘されているが，これは主婦や高齢者の孤立，（それらの）「子どもの心身への影響」など派生的な問題にも繋がっている。また，「当たり前の人間らしい暮らし」が奪われた現状に対する不満・不安は強く，「普通に仕事や家を持つ暮らし」を求める声が多く挙がっている。このことは，借り上げ住宅制度，（二重）住民票制度，高速道路無料化等と密接に関係するが，現行政策では特例法等による代替措置や年度ごとの見直しにとどまり，抜本的な制度改革はなされていないのが現状と言えよう。

③〈集落〉などのレベルでは，「長年築いてきた〈人間関係〉を喪失」し，そうした「仲間と過ごす〈時間〉すら奪われた」ことの喪失感が強く指摘されている。他にも「ママ友の繋がりや地域の子育て環境」など，富岡町で成り立っていた関係性や時間の喪失が問題として挙げられている。長年かけて培ってきた社会関係の喪失，これらは避難先で簡単に構築できるものではなく，かつ，（メディアや現行制度の執行状況等をみても）世論的にも政策的にも十分な理解がされていない状況にあると言えよう。

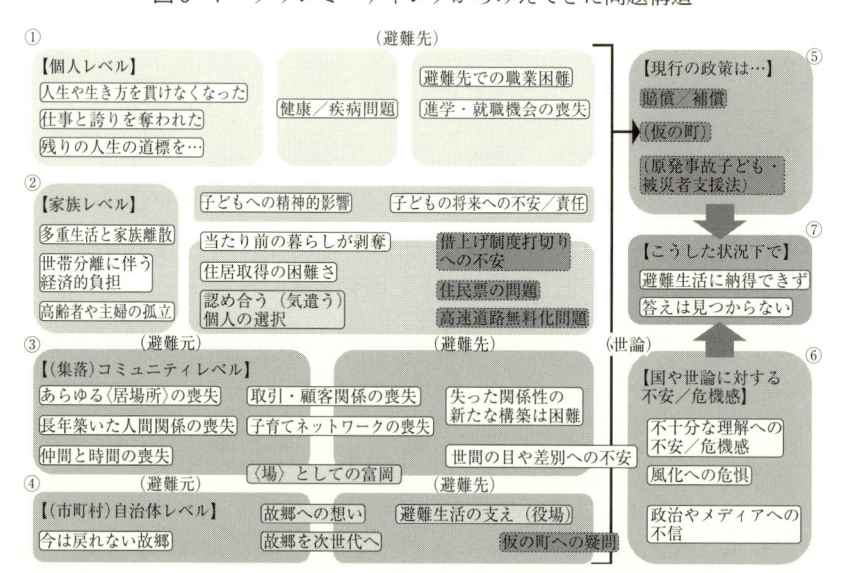

図5-1　タウンミーティングからみえてきた問題構造

① 【個人レベル】
人生や生き方を貫けなくなった
仕事と誇りを奪われた
残りの人生の道標を…

（避難先）
健康／疾病問題
避難先での職業困難
進学・就職機会の喪失

⑤【現行の政策は…】
賠償／補償
〈仮の町〉
〈原発事故子ども・被災者支援法〉

② 【家族レベル】
多重生活と家族離散
世帯分離に伴う経済的負担
高齢者や主婦の孤立

子どもへの精神的影響
当たり前の暮らしが剥奪
住居取得の困難さ
認め合う（気遣う）個人の選択

子どもの将来への不安／責任
借上げ制度打切りへの不安
住民票の問題
高速道路無料化問題

⑦【こうした状況下で】
避難生活に納得できず
答えは見つからない

③ 【〈集落〉コミュニティレベル】
（避難元）
あらゆる〈居場所〉の喪失
長年築いた人間関係の喪失
仲間と時間の喪失

取引・顧客関係の喪失
子育てネットワークの喪失
〈場〉としての富岡

（避難先）
失った関係性の新たな構築は困難
世間の目や差別への不安

（世論）
⑥【国や世論に対する不安／危機感】
不十分な理解への不安／危機感
風化への危惧
政治やメディアへの不信

④ 【（市町村）自治体レベル】
（避難元）
今は戻れない故郷

故郷への想い
故郷を次世代へ

（避難先）
避難生活の支え（役場）
仮の町への疑問

④〈自治体〉レベルでは，町民は「帰る／帰らない（帰れない）」と故郷への想いの狭間で様々な葛藤を抱えている。しかし，富岡を感じられる〈場〉づくりや，「故郷を後世へ繋いでいきたい」という考え・想いは世代に関係なく共通している。

⑤しかしその一方で，「仮の町」をはじめとする政策は，これまでに挙げた問題・課題に対して十分に対応しているとは言えない状況にある。(6)⑥また，政治・行政に影響を与える世論が，被災地や避難生活の現状を十分に理解していないことへの危機感や将来的な風化を心配する声も少なくない。

(3) 原地復興と生活再建をめぐる問題と今後の課題

このように避難生活を取り巻く問題構造を俯瞰したとき，そのほとんどの問題が現行の制度・政策では対応困難なことが分るだろう（図5-1⑤〜⑦）。被災者は多様な悩みを抱え，日々葛藤しながら2年以上を過ごしてきた。なかには，一時帰宅の目的が「（故郷に）帰るため」から「（故郷と）訣別するため」へと変化してきた人も存在する。「これから先も富岡町民であり続けるか」という問いは，彼／彼女らにとってあまりに重い。避難先での住宅取得，事業再開，就職など生活再建のために，「避難先の住民になる」道を選択する人も増えるかもしれない。しかし，その選択は将来的な健康リスクに対する補償や医療援助など本来受けるべき権利を失うことにもなりかねないし，一人ひとりが故郷で紡いできたあらゆる社会関係を失うことになるかもしれない。さらには，国や東電を相手に行政支援に頼ることなく個人で対峙していかざるを得ない。

日本学術会議（2013）は，こうした現状が改善されない場合，被災市町村の人口減少に加え，自治体の存続すら危ぶまれる可能性があることを指摘している。被災市町村間の将来的な合併という選択肢はあるかもしれないが，それほど遠くない時期に当該自治体が消滅するようなことがあれば，これまでみてきたさまざまな問題点・課題を解消していくための政治・行政的な回路が被災者から剥奪されてしまう可能性を否定できない。

4　地域と暮らしの復興に向けて

そうした最悪のケースを回避し，被災地域や被災者の暮らしの復興を進めていくためには何が必要なのだろうか。最後に，これまでの内容を振り返りながらいくつかの課題について考えてみよう。

(1)　手続き的公正の担保

飯舘村の例では，「本来は対話の場であるはず」の住民懇談会が住民・行政間の乖離や不信拡大を招いてきた現状に触れた。その背景にはいくつかの大きな問題がありそうだ。ひとつは住民・行政相互の意思疎通を担保する〈対話機会〉の減少・喪失であり，もうひとつは，そこでの〈双方向対話〉の不在である。発話（対話）機会は手続き的公正の要素であるが，そこに必要なのは双方向の対話が保証されていることである。不満や批判が生じても，当事者に〈受け止め〉られ納得のできる説明がなされることによって，相互の信頼低下を最小限に防ぐことができる。震災後の飯舘村では，一方方向の発話と機会喪失という二重の問題を抱えていたと言えよう。

(2)　情報非対称性の解消

さらに情報非対称性の問題[7]が挙げられるだろう。情報格差が改善されずに政策決定が進めば，住民・行政間の不理解が深まり，民意と乖離した政策が具現化される。それは，やがて住民の行政に対する不信やあきらめへと変容する。しかし，そもそも行政が持っている情報と住民のそれとでは，特に今回のような有事の状況下では相当な格差があって当然である。ただし，前項で触れたように，情報非対称性が存在していてもその格差を是正する機会が担保されていれば，飯舘村で観察されたような状況は政策的に回避することも可能である。

(3)　権力構造と政治的ゲームを見極める

これは第1項で投げかけた問いに関係する内容である。これまでみた問題

を単に当該自治体の住民・行政間の関係から捉えるのは誤りである。地元行政が民意に応えられないことの背景には、上述の要因に加え、中央対地方の権力構造、我が国のエネルギー問題や経済活動の持続・発展、さらには国防政策など、極めて多種多様な外部要因の影響があるとみるべきだろう。いずれも「市民社会」を規定する〈変数〉といってよい。これまで私たちは福島で起きていることをどう見てきただろう。目の前に起きていることをより広い視野から見渡してはじめて、福島はもとより、この国の将来を見据えた対応策を考えることができるのではないだろうか。

おわりに——集合体としての世論とその影響力

　では、この先の「復興」に向けて、私たちはどうすればよいだろうか。最後にいくつかの課題を提起したい。まず、避難生活を取り巻くさまざまな問題を客観的に読み解き、それを政策立案の基礎資料とすることが必要だろう。川喜田二郎氏の代表的後継者である山浦晴男氏は、福島の現状と問題構造が「誰もが『腑に落ちる』かたちで整理・言語化されていない」ことが問題だと指摘する。[8] 実際、前項に掲げた被害構造は、これまで社会科学分野の震災研究では提示されてこなかった。[9] 今後は学際的な知見を集約しつつ、被害構造の整理と政策的な対応課題の分析が急がれる。

　次に挙げられるのは、数十年という超長期的視座からの政策形成の必要性だ。原発事故が本当の収束を迎えるには世代間にわたる期間を要する。被災者のなかには「現在は帰還を望まないが老後を故郷で過ごす」「子どもや孫たちの世代に故郷を継承したい」という声が少なくない。しかし、現行の帰還・復興政策において、こうした人たちの多くは「帰らない人」「故郷を棄てた人」というスティグマを負わされているようだ。超長期的スパンでは複数の帰還パターンが想定され、さまざまな選択を認めつつ、各シナリオに応じた制度設計の道筋が見えてくる。

　今後「地域と暮らしの復興」がより望ましいかたちで実現されるためには、政治や法制度などの外部的作用が必要不可欠であることは言うまでもない。しかし、飯舘村の事例でふれたように、現行の政策・制度や政治・行政の体

制が被災地域の不利益を生んできたことも否定できない。そこに国民世論が影響を及ぼしていることを鑑みるならば，これまでみてきた<ズレ>とそこから生じている不信やあきらめが——実状に対する不理解や政治的無関心など——国民の意識や行動によって助長されていることを私たちは忘れてはいけない。私たちこそが被災地の窮状を作り上げているのかもしれないのだから。

（佐藤彰彦）

〔注〕
（1） ここでいう「二次避難」とは，体育館や公民館等の避難所，旅館・ホテル等の宿泊施設などを避難先とした応急対応（＝「一次避難」）後のフェーズを指す。応急仮設住宅，公的宿舎，民間借上げ住宅等への入居による中長期避難が該当する。
（2） これらは「市民社会」，「（国家）権力」，「経済活動」などと表現される場合もある。市民社会と多項構造については，たとえば，篠原（2004）などに分りやすく紹介されているので参照されたい。
（3） 本項の内容は，主に佐藤（2013）に依拠している。
（4） 2013年3月時点での見込み。ただし，同年6月時点で2014年の解除見込み分は最低でも2015年以降にずれ込む可能性が高いことが，住民懇談会等の場で菅野村長から伝えられている。
（5） 以下，①〜⑦の数字は，図5-1の数字に対応している。
（6） 図5-1のなかで，波線枠（濃い網かけ）の項目のみが政策的対応がなされている，あるいは，今後展開の可能性があるものである。
（7） 住民による体制批判が高まるなか，役場や議会は何の対応もしていない訳ではない。例えば，賠償問題への早期対応，地域の実情に見合った区域再編と帰還時期の設定など，国や東電に対してさまざまな要求や交渉を行ってきた。しかしながら，そうした取り組みは対話機会の喪失により，住民の目に見えるかたちで伝わってこない。情報非対称性が解消されずに事が進んでいく——行政にとっては自明のことが住民には理解されないまま事が進められる——状況が「住民の行政に対する不信」に拍車をかける結果を招いている。
（8） タウンミーティング事業の実施・分析に際して助言をいただいた山浦氏による指摘（2013年8月）。
（9） 日本学術会議（2013）は，「政府事故調や国会事故調においても，避難実態の検証がない」ことが，原発事故にかかる「これまでの（政策的）対処の問題点」だと指摘している。

〔参考文献〕

佐藤彰彦（2013）「計画的避難・帰村・復興をめぐる行政・住民の葛藤」『社会政策』第4巻第3号，38-50頁

─── （2012）「全村避難をめぐって──飯舘村の苦悩と選択」山下祐介・開沼博編『「原発避難」論──避難の実像からセカンドタウン，故郷再生まで』明石書店

篠原　一（2004）『市民の政治学─討議デモクラシーとは何か』岩波書店

とみおか子ども未来ネットワーク・社会学広域避難研究会（2013）『とみおか子ども未来ネットワーク活動記録』vol.1（未刊行）

日本学術会議・社会学委員会（2013）「原発災害からの回復と復興のために必要な課題と取り組み態勢についての提言」日本学術会議ホームページ（http://www.scj.go.jp/ja/info/kohyo/pdf/kohyo-22-t174-1.pdf）2013年6月27日アクセス

II 「困り感」に寄り添う子ども支援

1 福島の子どもたちは今

(1) 東日本大震災による避難状況

　東日本大震災及びそれに伴う原発事故により，多くの福島県民が余儀なく避難を強いられた。居住していた場所からバスや自家用車に乗り込み，正しい情報を得ることもできないまま居住地を離れたのである。事故当時，その数は10万人を超え，震災から2年7ヶ月過ぎた2013年10月現在で避難者数は14万2000人を超えている。

(2) 子どもたちの避難状況

　その中には学齢期の子どもたちも含まれ，避難により転校を強いられた子どもは約1万2千人となった。

　子どもたちは，避難しなければならない状況を十分に理解することができないまま，避難地を求めて移動させられただけでなく，転校をも強いられた。

　小学生に満たない乳幼児であるならば，ずっと母親のそばに居続けることによって少しずつ不安を解消することもできたであろう。しかし，義務教育を受けなければならない学齢期の子どもは，新たな生活環境における不安を抱えながら，学校環境の変化に伴う不安やストレスを抱えることをも強いられた。

　土地柄・慣習・習性等，今までとは異なる環境のもとで，新たな人間関係を構築しながら学習に取り組まなければならないという状況は，被災した子どもたちの「困り感」を絡み合わせた。誰もが「困った」「どうしよう」という感情を絡み合わせながらも新たな環境になじむための術を自分なりに見つけようと努力した。しかし，子どもたちの状況は様々であった。転校先の友だちや先生方に温かく迎えられ，きめ細やかな支援を受けながら自分らし

く生活することができるようになった子どももいれば，周囲の心ない言動に傷つけられ，学校に行くことが苦痛となった子どももいた。
　「被災した子ども」という言葉では括れないほど，子ども一人ひとりが置かれた状況は異なったのである。

（3）　効果的な支援とは
　被災した子どもたちに対する支援において，支援者に求められるべきことは，子ども一人ひとりに寄り添うということである。
　「東日本大震災とそれに伴う原発事故により被災した子ども」という共通項はあるが，避難を強いられた子どもたちのその後の状況は，家庭環境や家庭状況，避難先，避難状況，さらには子ども自身の資質・能力等，様々な要因によって異なった。誰一人として同じ状況に置かれることがなかったため，子どもたちに必要とされる支援内容は子ども一人ひとり異なった。避難している子どもだからとどの子どもに対しても同じ支援をおこなうとすると，その支援が効果的に働く場合もあれば負の支援となる場合もある。伊藤らが「ケアする側には生徒が置かれている家族・学校・友人関係・社会状況についての深い理解が求められる」と述べるように，支援者は子ども一人ひとりの状況を理解し，今，その子どもにとってどのような支援が必要であるのかを見極めることが大切である。子どもが抱える「困り感」に寄り添い，子どもの「困り感」が消失するような支援とはどのような支援であるのかを見極め，子どもの「困り感」に応じた働きかけを継続的に行うことを効果的な支援と考える。

2　「困り感」に寄り添う支援

（1）　「困り感」とは
　私たちは生活を送る中で，「困った」という感情を持つことがある。今までの経験知だけではどうして良いかわからない状況に遭遇したときに生じる感情である。
　「困る」とは，「ある好ましくない事態が発生し，そのうまい対処の方法が

見つからずに悩む」(大辞林 三省堂)ことである。つまり「困る」という状況は、嫌な想いをしている状況であり、その言葉の陰には「助けて」「私の力になって」という心の叫びが潜んでいる。

佐藤は、困っているときの感情を「困り感」と名付け、「困り感」とは「嫌な思いや苦しい思いをしながらも、それを自分だけではうまく解決できず、どうしてよいか分からない状態にあるときに、本人自身が抱く感覚である」と述べている。

その感覚を、言葉にして伝えることのできる子どもは少ない。「嫌」「苦しい」という感覚は有りながらも、「どうして？」「何が？」と聴かれてもうまく答えることができない。また、「苦しい」という気持ちを伝えることは自分の弱さをさらけ出すことになるため、相手との関係性が深くなければできるものではない。さらに、自分が話をすることによって、誰かの迷惑になるのではないか、自分さえ我慢すれば誰にも迷惑がかからないのではないかという優しさが表現の邪魔をすることもある。そのため、自分の苦しさを受け止め、他の誰の迷惑にもならないように関わり続けてくれると信頼できる相手にしか伝えることができない感情なのである。

(2)「困り感」に寄り添う支援とは

では、「困り感」に寄り添う支援とはどのような支援であろう。幾つかの段階にわけることができる。

①関係性の構築

「困り感」に寄り添うためには、子どもと支援者との間に子どもが抱く負の感情を話すことができるような関係性が構築されていることが前提となる。

関係性とは「他者との無条件かつ肯定的な関わり」であり、「あなたはあなたのままでいいんだよ」「今まで通り、自分らしく生きていけばいいんだよ」というメッセージを込めながら関わり続けることによって構築される。本間が「ケアを提供する支援者との良い関係性を軸にして心のケアを図ることが大切である」と述べるように、子どもが「この人ならわかってくれる」「きっと助けてくれる」「うまく言葉で伝えることができなくても自分の気持

ちをわかってくれそう」という気持ち を抱くことができるような信頼関係づ くりが不可欠である。子どもの「困り 感」に寄り添うためには，子どもをか けがえのない「個」として肯定的に受 けとめることが大切である。

②「困り感」の見取り

子どもが自分の抱く「困り感」を他 者に具体的に伝えることは難しいこと もあり，馬殿が述べるように，子ども

写真5-1　子どもの話しを聞く学生
　　　　　（2012.6.9，本多撮影）

たちがどれだけ困っているかは，視覚的には見えにくい。しかし，支援者は 子どもが抱く「困り感」を的確に見取っていかなければならない。子どもか ら発信される様々な情報を，支援者自身の五感を駆使しながら収集し，それ らの情報を取捨選択・整理する。整理された情報をもとに子どもの言動をさ らに深く観察することにより，集めた情報を線でつなぎ合わせながら，子ど もの抱く「困り感」を見取らなければならない。

③課題の見極め

子どもが何に困っているのかを見取ることができれば，困らないように支 援するための方策を考える。子どもに「困り感」が生じる背景を読み解き， どうすれば困らなくなるのかについて見極めるのである。これは，様々な場 面において子どもに関わる情報収集を行うとともに，それらの情報に子ども の育ちのプロセスや子どもを取り巻く環境等，子ども自身に関わる情報を重 ね合わせることにより可能となる。

見極められた課題を解決する方策としては，子どもを取り巻く環境を整備 したり子ども自身の力を高めたりすることが考えられる。子ども自身の今後 の成長を見据えると，子どもを取り巻く環境を整備するだけでなく，子ども が今後どのような環境におかれても自分自身の力で課題を解決することがで きるような課題解決力を培っていくことが大切である。子どものどのような 力を高めることが課題となるのかを見極めるのである。

佐藤[2]は「本人にはその感覚が希薄である場合や，また現在は問題が生じていなくても将来そういった状態に陥ることが十分予想される場合もあるが，本人への教育支援という観点から，これらの場合にも「困り感」があると判断することが望ましい」と述べている。たとえ，「困り感」を見取ることができなくても，子どもが困るであろうと見極めることができれば，発達を支援するという観点から課題解決にむけた積極的支援を行うことが大切である。

④課題解決的支援の実践

子どもが抱える課題を見極めることができれば，課題解決的支援を行う。支援目的を明確にするとともに子どもが置かれている状況を把握し，その状況下で活用することができる支援資源を取捨選択することによって，効果的な支援方法を設定する。たとえ支援目的が同じであったとしても，活用できる資源が異なれば支援内容・支援方法が異なる。支援目的を達成するために，子どもが持つ支援資源を活用しながら支援を行う。どの支援資源を活用すると，より効果的な支援を行うことができるかを熟考しながら支援内容・方法を決定していくのである。また，石井[6]が「その対象がどのように考え，思いを巡らせているか，こちらとのかかわりをどのように感じているか，という子ども自身の情緒や意思の存在を忘れてはならない」と述べるように，子ども自身がどうしたいのかという子どもの想いに寄り添った支援でなければならない。あくまで主体は子ども自身であり，子どもがどうなりたいのか，どのようにしたいのかという子どもの想いに寄り添いながら支援を行う。「困り感」に寄り添う支援は子ども一人ひとりまったく異なった支援となるのである。

3　避難を強いられた子どもの「困り感」

（1）　住環境の変化による「困り感」

避難を強いられた県民のほとんどは幾つかの避難場所を転々とした後，仮設住宅や借り上げ住宅で生活をしている。それらの住宅の住環境は決して満足できるものとは言えない。震災前は田園風景が広がる豊かな自然環境の下，子どもたちは，広々とした居住空間の中でゆったりと生活していた。しかし，

第5章　暮らしの復興をめざして　137

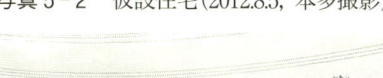

与えられた仮設住宅は2～3部屋程度の狭い住居で，家族全員で住むことさえ難しくなった。一棟に家族全員が住むことができないために，震災前は一緒に暮らしていた祖父母と離ればなれになってしまった子どもも少なくない。仮設住宅の場所が父親の職場から離れているため，父親と離ればなれに暮らす子どもも多い。また，家族構成に変化はなくとも，今までのように大きな声を上げたり兄弟げんかをしたりすると「隣の仮設住宅に響き，近所迷惑だ」等と注意されることが多くなることによって，親と子の関係性が変わってしまった子どももいる。

写真5-2　仮設住宅（2012.8.5，本多撮影）

住環境の変化は「家族と離ればなれになった」「自分の居場所がない」「うちに帰っても穏やかに生活できない」「怒られてばかりでいらいらする」等，様々な「困り感」を抱く要因となっている。

（2）　運動環境の変化による「困り感」

仮設住宅や借り上げ住宅内での暮らしにくさに加え，子どもたちは住居外での過ごしにくさも感じている。

より多くの仮設住宅建設が必要となったため，仮設住宅地内には子どもが遊んだり走り回ったりするような空間はほとんど設置されていない。家の外に出てもこれまでのように走ったりボール遊びをしたりする場所がないのである。

写真5-3　仮設住宅での子どもたちの様子（2012.6.9，本多撮影）

住宅前の通路を使って遊び始めると，各住宅に声が響き渡り，「静かに」と注意されることもあるため，友だちと関わり合いながら身体を動かすことは

図5-2　肥満傾向児の出現率グラフ（男子）　　図5-3　肥満傾向児の出現率グラフ（女子）

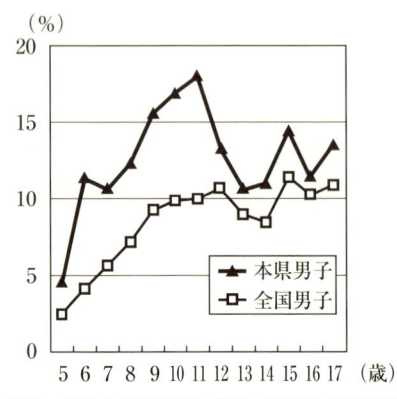

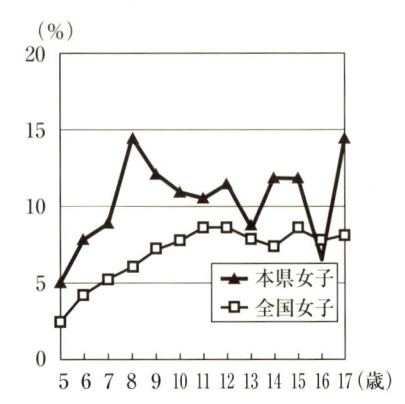

出所：福島県統計課編「2012年度学校保健統計調査速報」

難しい。また，放射線量の問題も絡み，大人から「外に出てはいけません」と言われ，放課後，子どもたちは自発的に身体を動かす機会が激減した。さらに，学校教育現場においても放射線量への配慮からかなり長い期間，運動の時間や場の制限がなされた。そのため子どもが思う存分身体を動かすことができず，発達段階に応じた運動経験を十分に味わうことができなくなった。その上，震災前は自力登下校していたが，震災後はスクールバス送迎となってしまった子どもも多い。

このような状況が多くの課題を生んでいることが様々な調査により明らかとなっている。子どもの肥満傾向児の出現率が著しく増加したり，福島県体力・運動能力テストの結果が震災前に比べて著しく低下したりしているのである（図5-2，図5-3）。「身体を十分に動かすことができない」「友だちと一緒に遊ぶことができない」「少し身体を動かしただけですぐに疲れてしまう」等という「困り感」だけでなく，肥満児の増加や体力・運動能力の低下等，震災初期には見えなかった「困り感」も表面化してきている。

（3）　学習環境の変化による「困り感」

仮設住宅や借り上げ住宅での生活は学習環境にも悪影響を与えている。部

屋数の減少により学習用の机を置くスペースはなく，子どもたちは食卓や小さなテーブルを使って手狭に学習に取り組まざるをえなくなった。テレビの音や兄弟の声で学習に集中して取り組むことができず，受験勉強もままならない子どももいる。「家の中では集中して勉強することができない」「勉強していると家族に邪魔される」等の「困り感」を抱き，家の外や集会場に学習用具を持ち出す子どもの姿も見られる。

写真5-4　仮設校舎（2012.6.4，本多撮影）

　学校生活においては仮設校舎で学校生活を過ごしている子どもも少なくない。プレハブで作られた仮設校舎は，夏は暑く冬は寒い等，過ごしにくく，活動を制約されることも多い。中には部屋数が少なく，特別教室や図書室等，ほとんどの小中学校に設置されている設備や用品・用具が整わないまま学習活動に取り組んでいる学校もある。また，震災により学校自体が大きな被害を受け，日常の教育活動を取り戻すまでに長い時間を費やしているところもある。

　学習環境の変化は「受験勉強に取り組めない」「学習が遅れている」「学習内容が理解できない」等の「困り感」の要因となっている。

（4）「困り感」の絡み合い

　避難を強いられている子どもたちは，住環境・運動環境・学習環境の変化により，様々な「困り感」を抱いている。また，それぞれの変化に伴って新たな変化も生じ，「大きな困り感」を抱くこともある。「大きな困り感」を抱く要因の一つは「友人環境の変化」である。子どもたちは転校を強いられたこ

写真5-5　子どもに寄り添う学生
　　　　（2012.7.21，本多撮影）

とにより，それまで一緒に過ごしていた友だちや先生と離ればなれになる等，今まで培ってきた人間関係を消失させ，新たな環境の中で人間関係を作り直さなければならなくなった。その過程において子どもたちは様々な「困り感」が絡み合わせ，不安感や不信感を抱いたり自己肯定感を低下させたりしている。「転校」という目に見える変化によって，「不安感や不信感の増大」という目に見えない変化を生み出し，「不安感」や「不信感」が絡み合うことによって，「自己肯定感の低下」という新たな「困り感」を抱くことになるのである。

その他，「通学環境の変化」に伴い，運動量低下による「困り感」や，バスという限られた空間の中で異学年が一緒に通学することによる「困り感」が生じる等，複合的な「困り感」を抱いている。絡み合った「困り感」を解きほぐし，整理することによって子どもの「困り感」に寄り添った具体的支援を行っていかなければならない。

4 「困り感」に寄り添った支援実践

(1) うつくしまふくしま未来支援センターにおける子ども支援事業

東日本大震災及びそれに伴う原発事故により，子どもが抱く「困り感」は多様化している。「困り感」に寄り添った支援ができるよう，本センターでは「土曜子どもキャンパス」「同窓会事業」「こども支援コーディネーターの育成と活用」等，様々な支援事業を展開している。本項では，「土曜子どもキャンパス」における子ども支援実践事例を紹介する。

(2) 土曜子どもキャンパス

「土曜子どもキャンパス」は福島大学人間発達文化学類とうつくしまふくしま未来支援センターの連携による子ども支援事業である。避難を強いられた子どもたちを福島大学に集め，大学教員と学生ボランティアが協力し合いながら，「困り感」を絡み合わせている子どもたちへのきめ細やかな支援を行っている。活動を通して子どもが何でも話すことができるような子どもと教員・子どもと学生の関係性の構築を目指すとともに，支援目的を明確にし

ながら，子どもたちへの支援を継続的に行っている。

●A男への支援

震災直後のA男は言動が荒く，意に沿わないことがあると暴力をふるったり大声を出しながら逃げ回ったりする等，他の児童とトラブルを起こすことが多かった。しかし，自分の興味のある活動に対しては積極的に取り組み，周りに優しい言葉をかける姿も見られた。そこで，そのような姿が見られたときにはすかさず賞賛することによって，A男の自己肯定感を高めるとともに，できるだけ多くの言葉を交わし合う等，A男との関係性の構築にエネルギーを注いだ。

ある時，A男が話し始めた。「俺さ，前の学校では弱虫で良く泣いてたんだ。いじめられたこともあった。新しい学校でもまたいじめられそうになった。その時，このままではまたいじめられると思い，目をつぶって拳を振り回したら相手に命中し，そいつが泣いた。それからはいじめられなくなったから，やられる前に殴ればいいと思った。だから殴るんだ。」新しい学校で自分の居場所を作るために，A男は精一杯頑張っていることを感じた。しかし，その方法は間違っていた。そこで，

写真5-6　土曜子どもキャンパスでの様子（2012.6.16，本多撮影）

写真5-7　不安定な気持ちに向きあう子ども（2012.7.21，本多撮影）

写真5-8　自分の気持ちを取り戻しながら（2012.7.21，本多撮影）

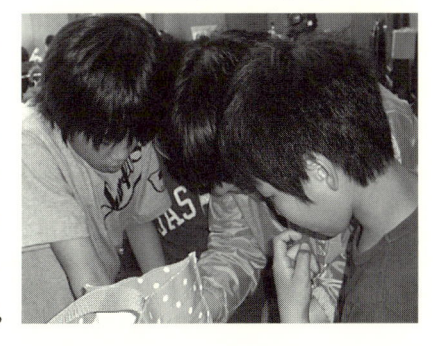

正しい表現方法によって自分の気持ちを伝えることによって自分の居場所を学級とし，友だちと楽しく学校生活を送ることができるような支援を行うことにした。

情報収集のため，A男が通う学校に足を運び，転校先でのA男の様子を観察したり先生方と情報交換したりした。多くの情報を収集・整理することにより支援目的を明確にし，学生ボランティアとともにA男に寄り添いながら支援を実践した。その結果，A男は自分の気持ちを素直に言葉で表出することができるようになっただけでなく，転校先の学級でも優しさを発揮しながら自分の居場所を確立し，笑顔で登校することができるようになった。

●B子への支援

樹木医になることを夢見ながら頑張っていたB子であったが，転校先での人間関係がうまくいかないだけでなく，放射線量が高く，森林に入ることが難しくなってしまうという状況により，夢を見失い，転校先への登校意欲を失っていた。そこで，下級生の面倒を見る機会を意図的に設定しB子らしさが発揮できるようにした。B子の肯定感が高まるような言葉かけを学生ボランティアとともに行うことにより，B子自身のエネルギーが高まってきたので将来の夢について話し合うことにした。福島の現状を鑑み，今まで見てきた夢が絶たれたと思い込んでいたB子であったが，福島で夢を叶えることは無理であっても他県では可能性が失われていないことに気づかせることにより，B子の学習意欲を取り戻すことができた。そこでB子の夢を叶えるために，進学先や学習方法等について具体的に目標設定をし，学生ボランティアによる学習支援も継続的に行うことにした。その結果，B子は樹木医を目指すために大学進学を希望し，再び登校し続けている。

5 これからの子ども支援

「困り感」に寄り添った支援を行うためには，子どもとの関係性を構築しながら子どもの抱える「困り感」を見取り，子どものどのような力を高めることが必要であるかを見極めることが大切である。

阪神・淡路大震災後，小中学校に在籍する要配慮児童生徒数が減少に転じ

るまでには 5 年の歳月を必要とした。福島においても今後さらに，新たな課題が表出する可能性が高く，課題解決に対する積極的支援が必要となるであろう。今後子ども一人ひとりの「困り感」に寄り添いながらさらなる継続的・個別的・専門的な支援を行っていかなければならない。

(本多　環)

〔参考文献〕
伊藤良子・佐藤葉子（2011）「スクールカウンセリングと震災の心理臨床―生徒への支援」『臨床心理学』11（4），562頁
佐藤暁（2007）「自閉症児の困り感に寄り添う支援」
田中智志（2012）「教育臨床学'生きる'を学ぶ」
本間博彰（2011）「子どもたちの心のケア対策について」『子どもと福祉』Vol.4，95-96頁
馬殿禮子（2011）「あすの教育　スクールカウンセラーの阿部利恵さんに聞く　震災学校だからできること―埼玉から―」『内外教育』No.6087，3頁
石井哲夫（2006）「かかわりの中で理解を深めることの大切さ」『児童心理』852，2-9頁
兵庫県教育委員会（2011）「災害を受けた子どもたちの心の理解とケア」

III　災害復興と若者の自立支援
―― キャリア形成の視点から ――

　若者は，次の時代の社会を担う重要な存在である。災害復興においても若者のもつ可能性には大きな期待が寄せられている。そのためにも若者の「自立」は，社会から期待される重要な発達課題のひとつである。

　では自立とは何か。宮本（2012）は，社会における「生きる場の獲得」であるとした。就労による自立はゴールではなく，ひとつのルートであるという。自立するためには，社会に参加し，活動し，他者との相互関係の中で自分自身の存在意義を実感できる場が必要だという。

　自立は依存の対極にあるものではない。自立のためには，安心や安定という土台がなければならない。雇用や生活の安定が直接保障されることも必要であるが，そのために準備して待つことができる時間や場，希望をもって移行できる展望とその機会こそが必要である。たとえば，キャリア教育や職業訓練を受ける機会を通じて，自分の成長を味わえるような機会が望ましい。その際，不安や迷いを取り除くような過保護な支援であってはならない。不安や迷いがあっても行動を起こすことができる好奇心や積極性を養うことが自立にむかう準備過程である。学校から職場へのスムーズな移行を強調するあまり，迷わせない悩ませない支援が逆に自立の機会を奪うことになる。

　本節では災害復興に向けた若者の自立支援について，支援活動の持つ問題点も視野に入れながら，キャリア教育との関連から考察することとする。

1　地域の若者の雇用とその状況

　自立を取り巻く状況はどうなっているのか。東日本大震災で被災した岩手，宮城，福島3県では，2012年の高卒求人倍率が2011年の約2倍になった。復興需要を背景に企業の採用意欲が高まったとみられている。しかし，実態としては建設関連や介護福祉関連などの求人が多く，多くの高校生が希望する

職種の求人は少なかった。2011年10月の職業紹介状況では，被災3県の雇用情勢が好転しておらず有効求人倍率が宮城0.74，福島0.68という状況であった。その後，復興特需で求人数は伸びたものの，職種だけでなく賃金の低さや期限つき採用や短時間労働などが多く，手取り額からすると失業保険を受け取っていた方がまだよい，といった状況もあった。

　被災農業経営体の再開率が福島県は震災後2年たってもあまり改善していない。高卒者の就職先として魅力には乏しかったが，雇用の重要な受け皿として機能していた水産業は原発事故の影響で福島県の事業再開率は4.1％にとどまっている（いずれも総合研究開発機構，2013）。事業所など商工業関連の回復についても同調査では35.5％と岩手・宮城両県に比べ福島県は低率で，被災地での雇用吸収力はかなり厳しい状況にある。

　そのような中で，近年は若者の地元志向が自立との関係でも取り上げられている。地元志向は高校生の就職希望者で9割，大卒者でも7割といわれる。こうした地元志向は自立とは対極にあるものと考えられてきた。しかし，「ほどほどパラダイスとしてのショッピングモール」と「生活基盤としての親」の存在に代表されるような地方の若者にとっての住み心地の良さは，それなりの自立を支える要因なのかもしれない。そうした多様さに開かれていないのは「大人」の方ではないかと阿部（2013）は指摘する。ただし，仕事への満足度の低さと将来への漠然とした不安はぬぐいきれないでいる。震災が，郷土愛とともに若者の地元志向を一層強めたようにも言われるが，震災前からの地元志向が強まっただけであり，むしろ，地元の産業や中小企業に目を向ける機会がうまれつつあるという面もある。

　「ボランティア」への熱意をもつ若者も地元地域に目を向けた。そこに助けを必要とする状況があり，自分が社会的に何らかの役に立つことで存在意味を見出そうとした。それが自立に向けた一歩になることも期待される。一方ではキャッシュ・フォー・ワーク（cash for work;；労働対価による支援）の方が雇用という責任ある役割に結びつくことにより，自立につながる労働の機会ともなる。

2　復興支援の危うさ

　震災や原発事故によって"新たな"問題が起きたように錯覚する人々がいる。しかし，既存の問題が"顕在化"した面が多いのではないだろうか。すべてを新たな問題として短絡的にとらえ，その因果関係を単純化してしまうと弊害の方が大きくなりかねない。「問題」への対処が，問題を「拡大」していることもある。支援者の的外れな自己満足になってしまうことは避けなければならない。キャリア形成と雇用の問題を考えると，被災地での問題は日本の雇用問題が凝縮されているのである。産業安全衛生の面からも，これまでの働き方そのものも含めた職業生活の在り方を見直す機会にしなければならない。復興支援は新たな働き方を構築していく機会でもある。

　「支援される迷惑」といった視点もある。これまで震災後の活動として，避難所での相談活動や被災地での事業所支援，地域の生活支援などに携わってきた。その際，支援する側は，外に立っていることを自覚すべきである。内の存在者となりえなくとも内の側の人々の声に耳を傾ける努力を怠ってはいけないし，ともに行動することで被災者の「時間の流れ」に気づくことができる。また，被災者としてひとくくりにされることにも違和感を持たれることがある。回復の速さの違いといった時間のずれもあり，同じ被災地の人々でもいつまでも同じ状況で停滞しているわけではない。

　絆についても同様のことがいえる。被災直後の緊急時には，地域やそこで暮らしていた人々との絆の強さは被災者にとって大きな支えであった。それはこれからも変わることはないであろう。しかし，時間の経過とともに絆の在り方や機能，範囲といったものも変化する。時には「絆」の持つ機能を同一化などの心理的圧力として凝集性の道具にされてしまうこともある。絆が若者の自立にとって機能するにはどうしたらよいのか，内と外から考えなければならない問題である。

　「情報」の問題もある。情報を共有できるかどうかは絆にとっても重要な要因である。しかし，情報のゆがみや格差ということは普段の生活においても難しい問題である。人間は諸現象の中で目立ったもの，関心のあるものを

より大きくとらえることがある。偏ったうえに物語性までも持たせてしまう。その文脈によってわかりやすさに落ち着こうとする。曖昧な状況に耐えられないのである。このことは普段のストレス対処においても共通する認知的ゆがみである。そのことで実際にはうまくいっていることや身近な足元にある有効な資源，可能性に気づかないでいることが多い。このことは進路の形成においても様々な情報との出会いのあり方が問われることと同様である。

3　復興支援としてのキャリア形成

　災害復興の過程は，キャリア形成の過程そのものである。そこには行動する人間が存在し，日常生活をつくる過程がある。その生活の舞台となる地域にも，さまざまな面がある。同じ舞台でもその時々で出会う事柄や出会う人々もいろいろである。そして，その出会いには新たな自分との出会いも含まれ，状況とのやり取りの中で自己を意識する。こうした自己意識と職業選択の結びつきについてキャリア発達の理論化を行ったスーパー (Super, 1980) は，その後キャリア発達について，職業選択にとどまらない「役割の連鎖」であり将来の生活様式の選択であるとした。

　キャリアとは，人生そのものである。「私はなにをしてきたのか」という事実の積み重ねがある。そこには「どのようにしてきたのか」という，取り組んできたことの蓄積がある。そのうえで「どうしたいのか」という人間の未来に向かう心理的な機能を活性化させることが，キャリア形成支援の特徴のひとつである。「（自分は）どうなりたいのか」ということも単に好悪の問題ではなく自己成長の欲求につなげていくことが必要になる。こうした過去と未来の接点としての存在が現在の自己であり，それを大切にすることがキャリア形成支援の立場といえる。たとえば求職者に，「なぜ（前職などで）うまくいかないのか」など生活の負のデータを集めたがる支援者がいる。これは被災者になぜ被災したのかを聞くことと同じで，喪失の事実しか見ようとしない負のアプローチである。

　「キャリア」とは，自己のおかれた空間的な広がりと，時間的な流れといった広がりのなかで，どのように状況とかかわるか，あるいはかかわって

いるかなのである。それはさまざまな制限・制約の中でも「選択と適応」のプロセスなのである。そして，さまざまな出会いを通じて新たな学びが求められるのであり，「学ぶ力」は仕事の能力でもあり生活していくための基本でもある。その学びによって新たな状況への対処能力は拡大し人間としての成長がある。

　これらのことを踏まえて，自立支援としてのキャリア教育について考える。多くの直接的で直線的な「職業」との結びつけや「受験」指導に偏った支援が，キャリア形成の支援とは異なることがわかる。確かに，就職や進学はキャリア形成の一部ではあるが，それだけでキャリア教育と履き違えてはならない。実際には，直接的な課題対応が本質的な解決からほど遠いことを認識しなければならない。問題となる現象に目を奪われ，直接的な対応策に偏った結果，就職や受験に対して消極的で依存的な若者を増やしてしまったとも言われている。その時の解決策と思われるものが，実は偽解決であることはすでにワツラウィックら（Watzlawick, et al. 1974）らによって悪循環として指摘されてきた。

　若者に，将来の「目標」を聞いたり，「将来の夢」といったような安易な問いかけは行わない方がよい。むしろ，その希望や"夢"といったものをどのように設定できるか，現実との生きた接触の中で模索する作業が必要である。また，夢や希望が持てるような現実生活をどのように作るかが必要である。確かに，マイナスの状況からプラスを夢見ることはできるが，そのギャップの大きさに挫折感を持つことも少なくない。目標設定には一連の時間の流れが存在する。効果的な目標設定というのは，現実と無関係に未来に存在するものではない。現実の生活の中で，諸事象と自分を結びつけることが必要である。

　大学生でも，夢や"やりたいこと"はあるけれど毎日なんとなく過ぎていく，そんな姿も見える。自己実現や自己理解が強調されるなか，自己インフレをおこして混乱状態や無気力になっている。職場見学や職業体験がキャリア教育ではなく，毎日の生活の中でさまざまな経験やその意識化の機会があればと思う。

4 被災地の高校での実践

　福島県立浪江高等学校では，2011年の夏から「復興復旧のための人材育成」をテーマにキャリア教育を軸とした取り組みを構想していた。福島大学との連携協定により，まず教職員向けのキャリア教育研修会を開催し，2012年度の開始に向けた担当者による検討会が4回開催された。このように教育の実施主体である学校が実情に合わせたキャリア教育を構想することは大切である。一過性のイベントや外部に依存した中途半端な取り組みに終わらないためにも，学校側がその準備過程から主体的に検討を重ねることが実態に即した取り組みを進めるうえで必要なことである。

　学校教育におけるキャリア教育が，就職や進学といった出口対策として進路指導支援業者（たとえば受験産業など）に丸投げされている現状が散見される。キャリア教育が本来目指しているものを再確認する必要がある。学校側では「問題解決や探究活動の主体的・創造的に取り組む態度を育てる」ことが目標として策定した。実施にあたっては「総合的な学習」の時間をつかったキャリア教育プログラムが構想され，具体的には「チャレンジする授業」を目標に掲げ，「コミュニケーション」をキーワードに「構想力」「分析力」「発想力」の3つの要素を盛り込みながら授業を展開することとなった。

　初年度の取り組みは，授業を大学の教員がコーディネートしながら内容や方法の検討を重ねることになった。また，その取り組みが特別な予算や企画などに多大な労力を必要とするようでは挫折しやすいことにも注意を払った。

　実際の授業では，「充実した高校生活を送る」ことを目的に，学ぶことの大切さとそのことによる自己成長に気づき，自ら工夫することの大切さを知ってもらうことをねらいとした。そのために，さまざまな人や事象などとの関わりを促すことのできる機会も設けることにした。

　各授業の共通内容としては，「現状や現実を再確認する」「データや根拠に基づいて考える」「新たな発見とともに具体的な行動の内容や方向などを豊かに発想する」ことを掲げた。これらのことを他の生徒や参加者・関係者とのやり取りを通じて展開するようにした。そのうえで普段の自分について行

動レベルでモニタできるような仕組みをつくることがねらいであった。2012年度前半部分について以下に紹介する。

①「キャリア」ということ　授業のガイダンス。これからの取り組みではペアやグループで絶えず意見交換を行うために「コミュニケーションづくり」を行った。具体的には構成的エンカウンターの応用で、名刺づくりとお互いの情報交換、そして肯定的情報への気づきから、自己の普段気づかない側面とも出会う機会とした。

②「自分」をつくる　情報のやり取りの中で、自己表現の工夫ができることが目的であった。交流分析の応用と台本読みと称してセリフの練習などを行った。そのうえで毎日の生活場面と結びつけ、どのような工夫が可能か考えることとした。

③「高校」生活をつくる　「いま」の生活の中心をなす高校生活を意識化することを目的とした。そのため、はじめはグループごとに日常生活を振り返ることで問題意識を持ち、それを共有しながらこれからの高校生活で出来ることを話し合うことにした。KJ法的な手法を試みながら、ただ問題をあぶりだすだけではなく、自分たちでできそうなことという資源の再発見にも努めるようにした。

④「職業」生活をつくる　自分の進路ではなく、広く職業の世界について気づくことを目的とした。OHBYカード（日本労働政策研究・研修機構）を活用しながら想定外の職業に従事するシミュレーションなども行い「適性」ということについて考える機会とした。「迷う」ことも大切にし、予想外の進路について自分がどのようにかかわれるかも考える機会とした。

⑤「地域」をつくる　キャリア形成ということが、生活全体について広く考えることであることに気づくことを目的とした。地域社会のビジョンを語る、そのためのプロセスも考え、自分の社会的役割や責任、権利についても考えるようにした。何よりも正解がない、（予算など）制限がない、そのような状況で自分たちの生活をシミュレーションすることで「（自分たちが）できること」について話し合った。

第5章　暮らしの復興をめざして　151

　以上，各回「振り返り」を行い，自分自身が授業の中で「頑張ったことがあった」「発見や気づきがあった」「もっと調べたいと思った」「発言し考えを伝えた」「何か工夫してみたいと思った」といった観点について4件法で評価してもらった。①〜④まではかなり高い割合（5〜7割）で多くの項目に肯定的な回答が見られた。⑤についてはいずれも2割台と低く，その内容や方法について今後の検討が待たれる。

　まとめると，①教育課程・各教科との関連など基本的な学校生活を生かしたキャリア教育は可能であり，②学校の実態や生徒の実情に精通している学校関係者こそ，日常の学校生活を通じてのフォローを行いやすい。③避難生活が長期化するなかで，継続した取り組みをするためには学校が中心となってキャリア教育の実践をする必要がある。そして，今回は直接「就職」「進学」を取り上げないことを意識した。ここで紹介した授業以外には，「お金」「ジェンダー」「キャリア相談」などを取り上げたが，その取り上げる内容と教材の工夫について今後も検討を重ねていく必要がある。

　いずれも特別な取り組みではない。すでに実践されていることをキャリア教育として生かすこととだと考える。それらは教科の授業や様々な学習場面を通じて取り組むことが可能なのである。ある先生が「自分の授業でもできそうだ」と語られたのが一つの成果でもあろう。

　なお，社会資源の有効活用は否定されるものではなく，学校の主体性に即した活用が求められる。学校側が趣旨や目的を明確にしながら活用することが望ましい。今回，浪江高校でも特別活動の場を活用して，NPO団体ADRA JAPANとの連携が活発に行われた。その際も，学校を軸にしながら大学とNPOとの議論を経て，それぞれの持ち味を生かすようにした。東京の一流ホテルでの職業体験やアメリカの高校生との交流会，大手企業の研修プログラムの体験など，多くの新鮮な刺激を受けることができた。ただし，あえて意見を述べるなら普段の生活では触れることの少ない非日常の体験，職業はじめとする世界の広がり，そうしたことがだれにとってなぜ必要なのかということの吟味がこれからも必要であろう。

5 復興のための将来展望

　被災地域では，既存のキャリア形成の舞台そのものが喪失してしまった。高校生にとっては，突然住み慣れた土地を離れ，生活の舞台は仮設住宅などであり，学校もサテライトという仮設校舎で，すべて「仮」の舞台での生活である。しかし，それらは現実の生活としてやり取りは存在している。高校生活も不自由ながらも現実に成り立っている。毎日の学校生活を通じてどのように支援していくべきなのか，どのような方法が可能なのか，その試行錯誤が続く。

　本来，キャリア形成とは自己も環境も絶えず変化する中で，どうなるか「わからない」のである。「わからない」ときにどのように行動するか，それが「変化への対応力」であろう。たとえば，国際化や情報化，高齢化，技術革新などが指摘される中で，「生きる」ことをつくっていくためには，そこでの新たな出会いが大きな意味を持つ。新たな出会いというのは，まさに学習の機会であり，そのためにこそ好奇心や興味関心といった「一歩踏み出す」力が求められる。未知の状況には，不安や恐れがともなう。それを克服するためにこそ人や情報といったことへのリテラシが課題となるのであり，信頼感や希望といったものが土台になっていると考える。

　将来を展望することには，予想通りにいけないのではないかという心配もある。将来の出来事について個人が抱くネガティブな考えである。しかしそれは，人々にとっては次の行動に向けての準備性であり，「建設的な問題行動」とも言われている。確かに，過度の心配は，その害のほうが大きく，慢性的な心配性の人は，恐れるだけで何も行動しようとしないか回避することがある。そこにあるのは過度のコントロール欲求であり，過度の思考主導であるといわれる。ネガティブな考えについて思案すればするほど，コントロールできないものとして繰り返し意識され，具体的な行動の改善にはつながらない。そのような状況でこそキャリア形成の視点が役にたつ。ここまで「やってきたこと」「出来てきた」事実について再確認することである。そして，うまくいかないときに工夫することが発達の過程なのである。

心理的には期待と不安は同時に存在する。その期待に即した積極的な未来展望として「希望」がある。「希望」は、耳触りも良く人々の前向きな姿勢を象徴するものとして安易に使われる危険性もある。かなり抽象的な概念であることで，実際の活動との結びつけは困難なことも多い。一部には人々の生活行動の一面的な高揚感や思索的な抽象概念で語り合う動きもある。

　必要なことは日常生活レベルでの具体的で客観的な行動レベルでの指標であろう (Snyder, 1994)。「希望」を行動レベルに置き換えれば，効果的な目標設定の一つとも言い換えられる。目標設定が直線的に行動のモチベーションにつながるとするのは早計であるが，課題への態度や方向づけとしては有効に機能する。その際，目標設定そのものが"やる気"につながるというよりも，目標を達成することで自信や有能感が高まるといったほうが自然かもしれない。また，コバサ (Kobasa, 1979) は，弾力的で柔軟な対応力をハーディネス (hardiness) とし，commitment, control, challengeの3Cの要素からなることを指摘した。人々の強さ，あるいは回復力をレジリエンス (resilience) としてとらえることもある。ハグランドら (Haghlund, et al. 2007) は次のような要因を挙げている。「前向きな姿勢」，「積極的コーピング」，「柔軟性のある認知」，「倫理基準」，「運動」，「社会的支援」である。これらは復興支援としての自立支援の取り組みの参考になるのではないだろうか。

　震災で大きな被害をこうむり，そのショックや痛ましい経験が人々を苦しめ，悲しませている。一部では，それをこころの傷として必要以上に重大にとらえる傾向もある。しかし，実際には，多くの場合人々は案外たくましいという事実を無視してはならないし，そのための支援としてキャリア形成を軸とした若者自立支援が一層重要になると考える。

(五十嵐敦・今泉理絵)

〔参考文献〕
阿部真大 (2013)『地方にこもる若者たち　都市と田舎の間に出現した新しい社会』

朝日新書

Kobasa, S.C. (1979) "Stressful life events, personality, and health: An inquiry into hardiness." *Journal of Personality and Social Psychology* 37, 1-11.

Haglund ME, Nestadt PS, Cooper NS, Southwick SM, Charney DS. (2007) "Psychobiological mechanisms of resilience: relevance to prevention and treatment of stress-related psychopathology." *Journal of Developmental Psychopathology*. 2007 Summer; 19 (3): 889-920.

宮本みち子 (2012)『若者が無縁化する―仕事・福祉・コミュニティでつなぐ』ちくま新書

Snyder, C.R. (1994) *The Psychology of hope: You can get there from here*. New York: Free Press.

Super, D.E. (1980) "A life-span, life-space approach to career development." *Journal of Vocational Behavior*, 16, 282-298.

総合研究開発機構 (2013)「データが語る被災3県の現状と課題Ⅳ」

第6章　福島県経済の復興

I　地域経済の復興・再生の課題

はじめに

本章では，福島県における地域経済の現状と課題について，特に地域経済の担い手である事業者の実態に焦点を当て述べるとともに，復興・再生のために何が必要であるかについて考察する。

1　地域経済の現状

（1）　見えにくくなっている地域経済の実態

今般の東日本大震災および東京電力第一原子力発電所事故は，多岐に亘り県内の経済活動に重大かつ多様で様々な影響を及ぼした。その影響は，県内の経済状況を把握する側においても然りである。特に注意を要するのは，各経済指標や統計データが，東日本大震災および原発事故の影響を受け，いわば大きな亀裂が入り，連続性や透明性が大きく損なわれている点であろう。また，復興の過程では，復興需要の影響を受けやすい建設関連業種や，宿泊業や卸・小売業などのサービス業と，それ以外の業種との跛行性の顕在化。更には，復旧・復興の進捗の地域間の格差拡大など様々な事情を背景に多様性・複雑性が増大し，全体の数値からは実態が読み取りにくくなっていることを念頭に置くべきと考える。また，原発事故による被災者・被災企業に対する様々な経済的支援策などの財政支出，東京電力からの賠償金などにより，特に資金面・資金繰り面での特殊な状況が現出している点も注視が必要と思われる。

以上を踏まえ，このような大災害～復興の局面では，マクロ的な経済動向の把握より，むしろ地域経済の担い手である事業者の実態把握といったアプローチがより優先されるべきものと考え，以下論を進めてみたい。

（2） 特徴的な個々のデータを読む

震災後の事業者の実態を見る上で，特徴的と考えられるデータを絞り込み，以下考察を進めることとする。データはそれぞれ表面的には相反する性格も有するが，最終的にそれらのデータから一つの文脈を導くものとしたい。

①震災後の福島県内3地銀の預貸金および不良債権比率の推移　　表6-1からは，まず預金については各行とも大きく増加していることが分かる。3行全体では，2011/3期～2013/3期の2期間で1兆5306億円（35.9％）の大幅増となっている。特に県内最大地銀である東邦銀行では，震災直後の2011/3期3兆748億円からみると，2期間で約1兆3600億円増（＋44.2％）とかつてない伸びを示していることがわかる。震災後の復興関連資金や個人・法人への東京電力からの賠償金等が集中している姿が読み取れる。

貸出金の3行全体での2011/3期～2013/3期の伸びは，3779億円増（＋12.6％）に止まっており，預金の伸びと極めて対照的な姿となっている。

表6-1　県内3地銀の預金・貸出金・不良債権比率の推移

（単位：百万円・％）

		東邦銀行	前年比	福島銀行	前年比	大東銀行	前年比
預　金	2011/3期末	3,074,895	3.5	574,098	0.7	610,147	▲0.3
	2012/3期末	4,033,523	31.2	622,309	8.4	686,314	12.5
	2013/3期末	4,434,885	10.0	647,920	4.1	706,976	3.0
貸出金	2011/3期末	2,137,806	4.2	439,652	▲1.4	423,199	▲1.1
	2012/3期末	2,425,880	13.5	461,537	5.0	444,943	5.1
	2013/3期末	2,466,952	1.7	453,663	▲1.7	457,959	2.9
不良債権比率	2011/3期末	2.01	▲0.61	3.84	▲0.54	5.48	0.28
	2012/3期末	2.02	0.01	3.73	▲0.11	5.24	▲0.24
	2013/3期末	1.80	▲0.22	3.45	▲0.28	3.67	▲1.57

注：(1)　いずれも各行決算短信による。
　　(2)　預金・貸出金は末残ベース。預金は譲渡性預金含む数値。
　　(3)　不良債権比率は，金融再生法開示債権に基づく部分直接償却後の数値。

不良債権比率については，3行とも低下してきており，また不良債権開示額自体も減少し良化しており，震災の影響により不良債権が大きく増加している姿は，現時点では読み取れない。なお，東邦銀行の不良債権比率は，全国地銀の中でも最低位水準で資産内容が極めて健全であることが窺える。(2012/9月末での地方銀行全体での不良債権比率の平均値は3.01％)

②産業復興相談センターの相談受付状況　表6-2は，震災後中小企業の二重債務問題に対応するため，中小企業再生支援協議会の体制を抜本的に拡充し，人員体制面でも強化された産業復興センターでの相談受付状況の一覧である。この表から見えてくるのは，再生支援や金融支援を要する事業者～東日本大震災事業者再生支援機構への引継，通常の再生支援への移行，金融機関等による金融支援の合意等の数値～について，福島県は総じて低い数値に止まっており，県内事業者が窮境に陥っている姿は大きく見えてこないという点である。

③県内企業倒産の推移　2012年の企業倒産をみると，件数で前年比▲48.9％，負債総額で前年比▲37.6％とそれぞれ前年を大きく下回っていることがわかる。これは2009年11月に成立した中小企業金融円滑化法（2度の延長を経て2013年3月終了）の影響や，震災対応の緊急保証制度などの各種金融

表6-2　相談受付事業者数と相談状況（2013年2月15日時点）

(単位：件)

(相談受付開始日)	岩手 (11/10/7)	宮城 (11/11/16)	福島 (11/11/30)	青森 (11/12/19)	茨城 (11/11/7)	千葉 (12/3/5)	合計
相談受付案件数	401	725	374	110	115	179	1,904
うち対応を終了したもの	311	619	327	98	109	147	1,611
助言・説明等で終了	213	449	294	74	78	93	1,201
東日本大震災事業者再生支援機構へ引継ぎ	27	94	9	4	4	2	140
通常の再生支援へ移行	2	21	5	11	0	13	52
金融機関等による金融支援の合意	69	55	19	9	27	39	218
内買取決定	39	30	10	—	3	1	83
うち対応中のもの	90	106	47	12	6	32	293
窓口相談継続中	43	50	33	12	1	22	161
買取等に向け検討中	47	56	14	0	5	10	132

注：福島県産業復興センター「福島県産業復興センターの取組状況について」2013年3月6日資料より転載。

表6-3　県内企業倒産（負債金額10百万円以上）の推移

(単位：件・％・百万円)

	件数	前年比	負債金額	前年比
2010年	106	▲16.5	36,947	32.3
2011年	94	▲11.3	36,580	▲1.0
2012年	48	▲48.9	22,839	▲37.6

出所：帝国データバンク

　支援策，さらには原発事故にかかる東京電力からの営業賠償金の入金などにより倒産の大幅な抑制につながったものと見て取れよう。

　以上の①～③のデータからは，県内3地銀の不良債権比率も順調に低下してきており，倒産の推移も極めて抑制されている。かつ，産業復興相談センターでの実績値からも，震災が地域経済の担い手である県内事業者の経営維持に，大きな影響を及ぼしている姿を読み取るのは，現時点では困難といえる。

　これらに対して相反すると思われるデータを以下に数例示してみたい。

　④福島県内の2業種の業況推移　ここでは紙面の制約もあり，景況指標での代表的業種である製造業と小売業に絞り業況推移を概観する。

　図6-1は福島県の小売業年間商品販売額の推移，図6-2は製造品出荷額

図6-1　福島県の小売業年間商品販売額の推移

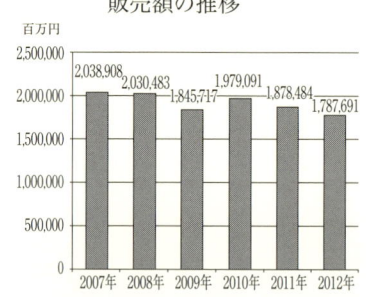

年	百万円
2007年	2,038,908
2008年	2,030,483
2009年	1,845,717
2010年	1,979,091
2011年	1,878,484
2012年	1,787,691

注：2008年以降は，消費支出額の動向を基にしたとうほう地域総合研究所による推計値。
資料：経済産業省「商業統計調査」，総務省「家計調査年報」，福島県「現在人口調査」

図6-2　福島県の製造品出荷額等の推移

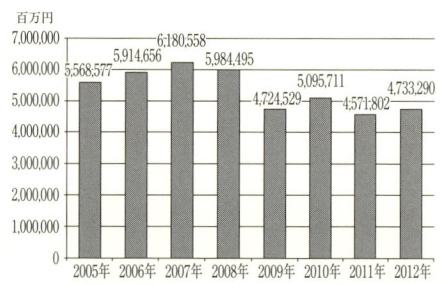

年	百万円
2005年	5,568,577
2006年	5,914,656
2007年	6,180,558
2008年	5,984,495
2009年	4,724,529
2010年	5,095,711
2011年	4,571,802
2012年	4,733,290

注：2011年と2012年は，年平均鉱工業指数（原指数）を基にしたとうほう地域総合研究所による推計値。
資料：福島県「工業統計調査結果報告書」「福島県鉱工業指数年報」

等の推移を示したものである。

　何れも近時の数値は推計値によるが，2009年はリーマンショックの影響で大きく落ち込んでいるものの，震災以前からの減少基調および震災後も回復に至っていない様子が読み取れる。個別の事業主体で見るには，事業所数等のデータとのクロス分析などさらに分析が必要であるが，大まかな推定として多くの県内事業者・企業の売上は，震災前に引き続いて減収基調が持続しており，それにともない収益レベル（本業での収益レベル）でも相応に低下している姿が推定される。

⑤県内温泉地の入込状況推移　　図6-3は観光産業の動向を見る指標として，県内の中通り・会津地域の温泉地の入込数の推移を示したものであり，2004年を100とした入込数の水準推移を表したものである。明確に読み取れるのは震災・原発事故の影響を受け，特に2011年の落ち込みが顕著で，2012年も風評被害から回復は鈍い状況となっている点である。一方，大半の温泉地においては，近年の入込は減少基調を辿っており，個々の温泉旅館ベースでみても多くは減収減益基調が続いているものと推測される。

⑥県内企業の信用評点状況　　図6-4，6-5は，民間の信用調査機関（帝国データバンク福島支店）での県内企業に対する評点（企業信用評点）の震災前

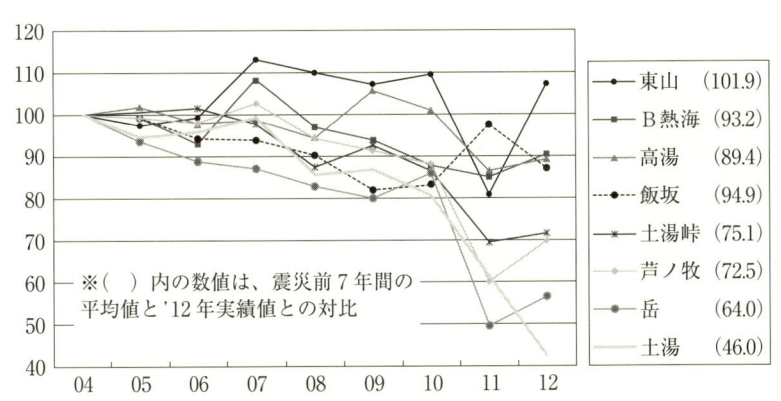

図6-3　県内温泉地入込数推移（2004年＝100）

※（　）内の数値は，震災前7年間の平均値と'12年実績値との対比

東山　　（101.9）
B熱海　（93.2）
高湯　　（89.4）
飯坂　　（94.9）
土湯峠　（75.1）
芦ノ牧　（72.5）
岳　　　（64.0）
土湯　　（46.0）

注：うつくしまふくしま未来支援センター作成

後での比較をまとめたものである。図6-4は，福島県内企業約2万2千社を対象とした評点状況であるが，評点の低い（44点以下）企業数に着目すると，震災前（2010年12月）には8,221社（構成比38.0％）であったものが，直近（2013年5月）では9,758社（構成比43.7％）と5.7ポイント増加し，県内企業の信用状

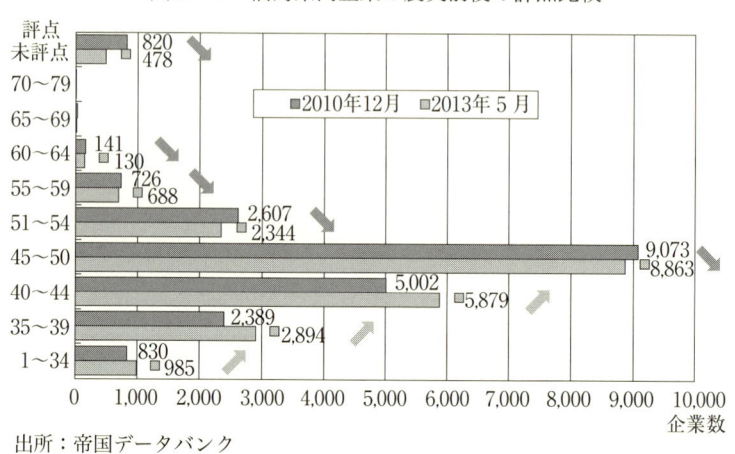

図6-4　福島県内企業の震災前後の評点比較

評点	2010年12月	2013年5月
未評点	820	478
70～79		
65～69		
60～64	141	130
55～59	726	688
51～54	2,607	2,344
45～50	9,073	8,863
40～44	5,002	5,879
35～39	2,389	2,894
1～34	830	985

出所：帝国データバンク

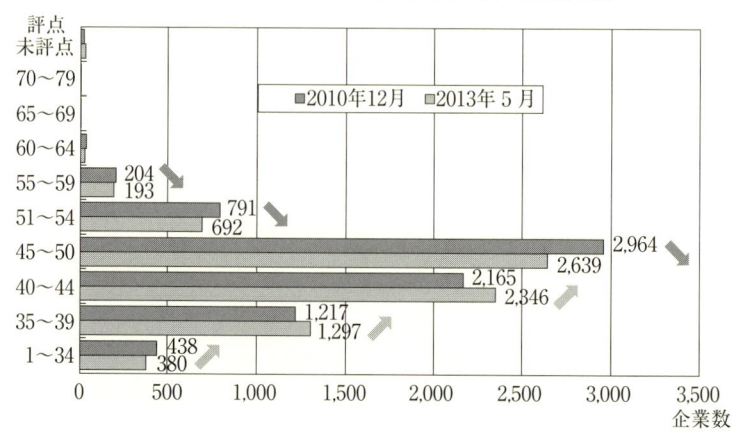

図6-5　福島県内建設業の震災前後の評点比較

評点	2010年12月	2013年5月
未評点		
70～79		
65～69		
60～64		
55～59	204	193
51～54	791	692
45～50	2,964	2,639
40～44	2,165	2,346
35～39	1,217	1,297
1～34	438	380

出所：帝国データバンク

況の悪化が進行していることが読み取れる。全般的に見ても評点が下方遷移しており，企業の経営状況の悪化が懸念される状況にある。

また図6-5は，復興需要の恩恵を受けているとされる県内建設業の評点状況であるが，震災前（2010年12月）での評点44点以下の企業の構成割合は48.8％に対し，直近（2013年5月）では52.9％と4.1ポイント増加している。県内全産業と比較しても，悪化の幅は全体として小さいものの，県内建設業が業況としては，総体的に苦境に立たされているものと考えられる。

2 地域経済復興・再生の課題

（1） 内在的なリスクが増大している県内事業者の実態

限られたデータではあるが，これまでの特徴的なデータを読み取った上で何が見えてくるのか，以下に仮説を立ててみたい。

①事業者にとっての「危機は何時（いつ）か」　福島県内の事業者の多くは，東日本大震災，原発事故の直接・間接の大きなダメージを受けながらも，一方で各種金融支援策，さらには売上の減収分を補填する東京電力からの賠償金により資金繰りを補填し，経営を維持し続けている状況にある。しかし，本業での収益状況は，総体で見ると確実に低下してきていると推測され，各種支援策や賠償金が将来途切れた時点が，大きなトリガーとなる恐れがある。バランスシート上で見れば，現在相応にある手元流動性の取り崩しと，既存の借入金および震災・原発事故に係る金融支援としての新規借入金の約定返済の開始により，資金繰り難が顕在化してくる時期が，順次到来するリスクを内在しているといえるのではないだろうか。もちろん，これは本業での減収減益基調が持続しているという仮定でのリスクではあるが。また，事業者の多くはと述べたが，一方では被災地域にあった事業者が，着実に事業再開を果たし頑張っている事例も聞かれるし，その他の地域でも順調に業容を拡大している企業も多々存在し，むしろそういう意味では，業況面で二極化していく可能性も想定されよう。

以上から，事業者にとっての危機は「今」ではなく，将来に先延ばしされていると見るべきではないだろうか。

②事業者・経営者のマインドに対する懸念　　原発事故の収束が見えない中，各種支援策や特に賠償金がどの程度，いつまで続くか見えない不透明感・不安感に晒されているのが県内事業者の置かれている状況であり，先行きが見通せず経営として具体的な先手が打てない状態にあるともいえよう。特に，震災以前から中小・零細企業では売上不振や後継者の不在等の経営課題を抱えていた先も多く，震災を機に事業維持へのマインドが，一気に低下してくる懸念も想定される。

　帝国データバンクが公表している福島県内企業の休廃業・解散動向調査によれば，判明している休廃業・解散件数は，2011年度で493件（倒産の約5.9倍），2012年度で444件（倒産の約9.3倍）と大震災の影響から高水準の状態が続いている。帝国データバンクでは，「金融機関が中小企業金融円滑化法の出口戦略としてコンサルティング機能を一層発揮し，ソフトランディングを目指す中，休廃業・解散を選択した企業は多い。本県はまた東日本大震災被災県でもあり，震災や原発事故の影響によって，同様の選択をせざるを得なかった企業も少なくない。」と分析している。

　図6-6，6-7は，原発事故の被災地である浪江町商工会が会員向けに実施したアンケート結果（2012年12月実施）の一部で，（社）福島県中小企業診断協会が分析したものである。「事業経営上困っている点」，「国や県に要望したい支援策・改善を要望する点」を見ても，経営上の課題は重く多岐に亘っており，かつ東電賠償金が大きなウェイトを占めている点からも，事業者・経営者がマインドを低下させないでいくための様々な，中小企業者に寄り添った施策も求められるところである。また直接の被災地でなくとも風評被害は県内全域に広がっており，事業者・経営者のマインドに及ぼす影響も憂慮すべきものと考えられる。

（2）　復興・再生のために何が必要か
　本稿は，地域経済の担い手である事業者に焦点を当て考察を進めてきたものであり，この点から復興・再生のために事業者にとって何が必要かについて，最後に若干であるが言及したい。

第6章 福島県経済の復興　163

図6-6　事業運営上困っている点

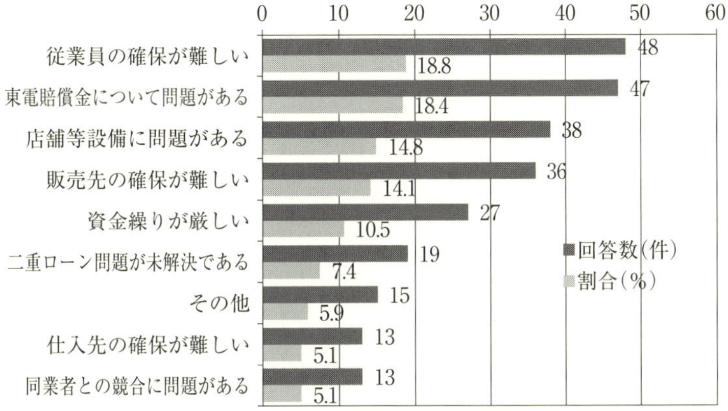

項目	回答数(件)	割合(%)
従業員の確保が難しい	48	18.8
東電賠償金について問題がある	47	18.4
店舗等設備に問題がある	38	14.8
販売先の確保が難しい	36	14.1
資金繰りが厳しい	27	10.5
二重ローン問題が未解決である	19	7.4
その他	15	5.9
仕入先の確保が難しい	13	5.1
同業者との競合に問題がある	13	5.1

出所：(社)福島県中小企業診断協会

図6-7　県や国に要望したい支援策・改善を要望する点

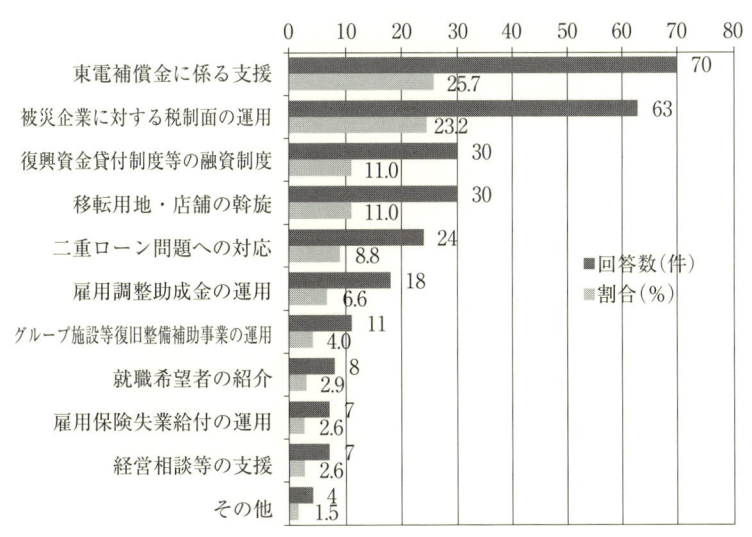

項目	回答数(件)	割合(%)
東電補償金に係る支援	70	25.7
被災企業に対する税制面の運用	63	23.2
復興資金貸付制度等の融資制度	30	11.0
移転用地・店舗の斡旋	30	11.0
二重ローン問題への対応	24	8.8
雇用調整助成金の運用	18	6.6
グループ施設等復旧整備補助事業の運用	11	4.0
就職希望者の紹介	8	2.9
雇用保険失業給付の運用	7	2.6
経営相談等の支援	7	2.6
その他	4	1.5

出所：(社)福島県中小企業診断協会

①来たるべき未来に備えるべき時は「今」　事業者もまた大震災・原発事故による被害者であるが，支援は永遠に続くわけはなく，金融支援や賠償金により手元流動性のある間に，将来に備え震災前からの経営課題も含め，事業

維持のための様々な戦略を考えておくべきである。そういう意味で様々な支援策を大いに活用し，次の一手を「今」こそ是非打って欲しい。

　②新たな価値創造のチャンスと捉えるべき　　大震災・原発事故により，人口減少や少子高齢化に拍車が掛かり，社会インフラや生活インフラ，さらにはコミュニティの瓦解，地方経済の風評被害による更なる低迷など，震災以前の課題に加え新たな課題が加わり，いわばエントロピー（乱雑さの尺度）が増大しているといえよう。しかし，一方で社会インフラとしてのICTのさらなる進化や様々な再生可能エネルギーの研究・実装化の進捗など，これまでにない要素が加わり，新しい産業間の連携などを通した新たな価値循環や価値創造を，むしろエントロピー増大の中でこそ構築できる好機と捉えることもできよう。地域の様々な資源に着目し，新しい視点を取り入れ地域に根差した新たな事業・産業を再構築するチャンスでもある。「今」こそ高い経営マインドを持ってのぞむべきときであると考える。

　③　事業者の未来を創造するための支援策へ　　各種支援策の軸足を，徐々に②で挙げた新たな価値創造や事業機会の創造といった未来につながる支援策に移して行くべき時なのではないだろうか。

　事業再生分野での事業価値（DCF法）は，将来のキャッシュフローを基に算定されるように，将来への投資こそ社会全体の利益につながるものと考える。そういう意味で，将来の企業の事業価値を高めるための各種支援策こそ，「今」この時に求められるものと考える。

（渡辺正彦）

II 原子力災害後の食と農の再生

はじめに

　原子力災害は，生産基盤である農地を汚染し，農産物流通を混乱させ，農村の共同体へ多大な負荷を与えた。原発事故後3年目の福島県では，避難による営農停止，地域的な出荷制限，「風評」問題が依然として継続している。生産現場では，農家の営農意欲が減退し，離農問題が顕在化しはじめている。また「農林水産物の汚染」の情報は，食と暮らしの安全性が脅かされていることを象徴する報道としてとらえられ，農業のみならず観光業，商業，生活にまで波及している。

　農業は，地域の人口・経済・社会の基盤であり，「食と農の再生」は地域復興の核となる問題である。本節では，原子力災害が農林水産業に与えた影響を確認した上で，食と農の再生に向けた対策の枠組みをまとめる。また，福島大学における復興にむけた実践の一部を紹介する。

1　原子力災害が農林水産業に与えた影響

（1）　福島県農林水産業の全国における位置

　福島県農業の全国における位置を，2010年農林業センサスにより確認していく。括弧内には，全国に占めるシェアと都道府県の順位を記した。総農家数は9万6598戸（3.8％，3位），うち販売農家は7万520戸（4.3％，2位）で，農業就業人口は10万9048人（4.2％，3位）となっている。農業産出額は2450億円（3.0％，11位）で，その内訳をみると米948億（5.3％，4位），野菜546億円（2.7％，15位），畜産513億円（2.0％，13位），果実272億円（4.0％，8位），その他171億円である。これらの統計指標から，福島県は全国で3番目に農家戸数が多く，米・野菜・畜産・果実を生産する我が国の主要な食料供給基地の一つであることが分かる。

林業をみると，森林面積が97億ha（3.9％，4位），林業経営体数が4929経営体（3.5％，5位）である。生産林産所得統計（2009年）による林業産出額は130億円（3.2％，7位）で，その内訳は木材生産83億円（4.5％，5位），栽培きのこ類生産46億円（2.1％，15位），薪炭生産2億（4.1％，6位）となっている。福島県は，全国でトップ10に入る林業県であることが分かる。

水産業は，漁業経営体が743経営体（0.6％，34位），海面漁業生産統計調査（2009年）による海面漁業生産額は160億円（1.6％，21位）となっており全体としてのシェアは低いものの，カレイ類漁獲量（5.7％，4位），サンマ漁獲量（8.5％，4位）など，いくつかの漁種では主要な水揚げ地となっている。

（2）原子力災害により福島県農林水産業がうけた影響

福島県農林水産業における原子力災害前後（2010年と2011年）の産出額の差額を確認する。それぞれの減少額（減少率）をみると，農業では479億円（21％），林業では38億円（30％），水産業95億円（52％）となっている。農林水産業の全ての分野に影響が及んでおり，産出額合計で612億円が減少したことが分かる。

JA福島中央会資料によると，2013年2月28日時点の農業関連損害賠償請求額は1064億円で，支払額は930億円（87％）となっている。原子力災害以後の2年間で1千億円の損害が計上されているが，これは廃棄，作付中止，出荷自粛，価格下落などによる損害を計算した値であり，四半期・年度ごとに算出されるフローの損害を中心に集計した値である。

（3）原子力災害による3つの損害

原子力災害後による損害は，以下の3つの枠組みで捉えることができる（小山・小松・石井，2012）。

①フローの損害：「フローの損害」とは，出荷制限品目となった農産物，作付制限を受けた農産物などの生産・販売ができなかった量的な減少分と，「風評」問題による価格の下落分であり，現在，損害賠償の対象となっている。

②ストックの損害：「ストックの損害」とは，物的資本，生産インフラの損害である。これには，農地をはじめとした生産基盤の放射能汚染，避難による農業関連施設や機械の使用制限などが含まれる。

③社会関係資本の損害：「社会関係資本の損害」とは，農村内部の地域営農を支える様々な資源・組織・人間関係等の関係性（社会関係資本と総称される）の損害である。なお，社会関係資本には，地域で歴史的に培ってきた産地形成や地域ブランド構築のための投資や努力，農村における地域づくりの基盤となる人的資源の育成，ネットワークの構築，コミュニティの維持，文化資本の形成などが含まれている。これら地域社会を構成する多種多様で有形無形の社会関係資本が著しい損害を被っている。この社会関係資本の損害は盲点になっている。

今回の原子力災害の根本的な問題は，放射能汚染により農産物が売れないといった「フロー」として損害にとどまらず，むしろ生産基盤である農地などの「ストック」や，それを維持する農業共同体の「社会関係資本」が毀損されたことにある。原子力災害の被災地域では地域社会が受けた損害をどのように克服し，いかに地域農業を再生させるかが大きな課題となっている。

（4）地域農業の特徴と被害状況

福島県の原子力災害以前の地域農業の特徴について確認した上で，その被害状況をみていく。

浜通りは，園芸産地形成（相馬・双葉＝相双グリーンベルト構想）に力を入れてきた地域である。雇用型の園芸生産法人経営が存立しており，水田地帯においては，土地改良事業を導入し集団転作と集落営農を推進してきた。このように，近年，戦略的な農業投資を行ってきた地域である。2011年3月以降は，①津波の影響により営農が停止し農地の復旧作業を進めているエリアと，原子力災害により②長期の避難を余儀なくされ営農を停止し再開の目処がたたないエリア，③帰還が始まり米の作付制限が解除されても作付自粛を続けているエリア，④避難により一時作付を中止したが営農を再開したエリア，⑤原子力災害後も営農を続けているエリアと，帰還・復旧・復興の諸段階が

複雑に絡み合っている。

　浜通りと中通りを分けて縦断している阿武隈高地では，畜産団地が形成されていた。生乳の放射能汚染で問題となった酪農に加え，飯舘牛，川俣シャモ，伊達地鶏などの経営が展開していた。長期間にわたる投資と努力によって，畜産ブランド化が実を結んでいた地域である。飯舘村をはじめ避難を続けている地域では，非常に厳しい現実と向き合いながら，空間線量率のシミュレーションと除染プランを突き合わせ，段階的な営農再開に向けた協議を始めなければならない。

　中通りは，稲作を基盤としつつ果樹作と園芸作が展開する複合的な農業地域である。県北地方は，サクランボ，モモ，ナシ，ブドウ，カキ，リンゴと豊富な樹種を栽培しており，モモの主力品種「あかつき」が皇室献上品に選ばれるなど，福島ブランドを確立した果実の名高い産地の一つである。中通りでは，放射性物質の沈着程度が圃場一枚一枚で異なっており，局所的に高いレベルの農地の汚染が確認されている。原子力災害から2年目の2012年に一部で米の作付制限の指示がなされたこと（小松・小山，2012b），特産物である「あんぽ柿」（干し柿）で2ヶ年連続して加工自粛の指示が出されたことなどが，地域農業に深刻な影響を与えている。

　会津地方は，生産性の高い穀倉地帯と，夏季の冷涼な気候を生かしたトマト，アスパラガス，りんどうを中心とした園芸産地が形成されている。他県と比較しても放射性物質による汚染レベルは低い地域であり，ほとんどの農産物では放射性物質が検出されていないが，「福島県産」という括りの中で，「風評」被害を受けている地域である。

（5）　**農業生産品目の多様性と地域内流通への影響**

　福島県農林水産業の特徴の一つに，生産する品目が多様であることがあげられる。福島県は，生産力強化と重点的なプロモーション活動を展開し，ふくしまの「顔」としてブランドの確立を目指す品目を「ふくしまの恵みイレブン」として選定している。「ふくしまの恵みイレブン」の品目名（2010年の産出額の全国順位）を列挙すると，米（4位），もも（2位），日本なし（8位），

きゅうり（3位），トマト（7位），アスパラガス（5位），りんどう（3位），福島牛（10位），地鶏，ナメコ（4位），ヒラメ（3位）となっている。福島県内産だけで，米・果実・野菜・肉・きのこ・魚とバラエティーに富んだ品目を取りそろえられるという特徴が，地産地消を推進する動きにつながっていた。

　福島県が2013年3月にまとめた「ふくしま農林水産業新生プラン」により，地産地消に関わる指標を確認していく。県内の農産物直売所の販売額をみると，震災前は160億円（2010年）となっており，農業産出額2330億円（2010年）の7％程度が農産物直売所を通じて販売されていたと試算される。震災直後の農産物直売所の販売額は117億円（2011年，推計値）であり，前年度と比較し43億円（37％）減少している。2003年以降金額を伸ばし順調に推移していたことを考えると，直売所の経営成長を地域活性化の核に据えていた地域ほど深刻な痛手を負ったといえる。

　もう一つの指標として，学校給食における地場産物活用割合をみると，2010年36％から2011年18％と半減している。福島県の学校給食においては食材調達方針の大幅な転換を余儀なくされたことが分かる。福島県内で地産地消が受入れられない状況下で，県外に農産物を移出することは難しく，産地では，小さな子供をもつ親世代に受入れられるだけの，安全・安心・信頼をどう築けるか模索が続いている。

　加えて，食文化の根幹にあった食材のいくつかが出荷制限になったことの影響も大きい。福島県には，干し柿（あんぽ柿）や切り干し大根といった保存食，山菜料理といった多様な食文化があり，それらを生産・採取し，加工することが四季の営みに組み込まれていた。山の恵みと伝統的な加工食品のいくつかが食卓から遠のいたことは，農村生活の豊かさを感じる喜びの一つを失ったことを意味する。

2　食と農の再生に向けた対策の枠組み

（1）　食と農の再生に関わる対策の国際比較——法律・指揮系統・研究拠点

　1986年4月26日に起きたチェルノブイリ原子力発電所事故から26年が経過

したベラルーシ共和国を対象に，農業分野における放射性物質対策に関する現地調査を実施した（2012年3月11日～16日，小山良太，小松知未，石井秀樹，クズネツォワ・マリーナ）（小山・小松，2012）。

　ベラルーシ共和国と日本の対策との最大の違いは，放射性物質対策に関する法令の整備がなされている点である。ベラルーシ共和国は，事故後4年が経過した時点で制定した2つの法律「チェルノブイリ原子力発電所事故被災者に対する社会的保護について」「チェルノブイリ原子力発電所事故による放射能汚染地域の法的扱いについて」（1990年策定）に基づいて対策を実施している。緊急事態・チェルノブイリ原子力発電所事故対策省（1991年に前身の国家委員会設置，1994年に現名称に変更）は，法的根拠のもと放射性物質対策の統括機関としての権限を持ち，各省庁を指揮している。

　我が国では現在，食品の検査は厚生労働省，除染は環境省，土壌からの放射性物質移行に関する試験研究は農林水産省，広域な空間線量率マップ作成は文部科学省，現地での復興計画や除染等事業推進に関しては復興庁という縦割りにより，対策が実施されている。こうした縦割り行政を，復興庁を司令塔とし，その指示のもとで関係省庁が業務を推進するような体制に変えていく必要がある。このためには，放射性物質対策を包括した新たな法令の整備が求められる。

　ベラルーシ共和国は，緊急事態省を中心に科学的根拠に基づいた対策を講じるために，①生態系中の放射能汚染による遺伝的・病理的・生化学的影響に関する研究，②放射能に汚染された農地での農業生産技術の開発，③生体機能への放射線被曝の影響に関する研究，④環境や施設の放射能汚染低減・放射能測定・被曝量評価に関する技術開発に関する研究体制を整備している。

　我が国においても，各地の研究機関で得られた様々な技術情報を共有し，その情報をデータベース化する「総合的な研究センター機能」を持つ機関・組織を設置する必要がある。原子力災害の被災地に立地する研究機関には，様々な組織から情報提供や連携が求められている。各大学・機関・企業がそれぞれ競争しながら技術開発を行うだけではなく，原子力災害からの復興のための「関係する研究機関の連携と情報の一元化」が求められる。

（2） 食品検査体制の現状と課題

　原子力災害の被災地域では，消費者庁の事業などを活用し，市町村や公民館に簡易分析装置を設置して，消費者からの食品の検査依頼に無料で対応できる体制を整備している。

　厚生労働省は17都県に対し農水産物緊急時モニタリング検査を指示している。福島県は，モニタリング検査の検体を増やすとともに（予算規模3億円），福島県独自の対策として「ふくしまの恵み安全・安心推進事業（2012年度～2014年度，予算規模50億円）」によって，地域協議会主体による産地ごとの自主検査体制の整備を進めている。この事業では，地域協議会が検査機器の設置と測定員の配置の計画を立て，県に事業申請を行う。県は検査機器購入費と人件費の費用を負担し，地域協議会は県に検査結果データを転送する。

　事業初年度の2012年度は，①モモの自主検査（サンプル調査・簡易分析装置利用）と結果のウェブ公開，②米全袋検査（ベルトコンベア式放射性セシウム濃度検査器利用）と結果のウェブ公開，③農産物直売所・観光農園等における自主検査の体制が整備された。

　2013年度には，さらに対象品目が拡充され，りんご，かき，きゅうり，トマト，ほうれんそう，アスパラガスなど主要な野菜・果樹36品目，米・穀類5品目の自主検査結果も，ウェブ上のグラフで確認できるようになった。

　我が国全体の食の安全を確保するためには，このような徹底した検査体制を福島県内のみでなく県外の比較的汚染度の高い地域や基準値超えのリスクが潜在的にある地域に拡大する必要がある。そのためには，政府としての役割を明確化した上で，検査体制を担保する法令の整備が必要である。

（3） 4段階の検査体勢の確立に向けた提言

　現在の福島県農業が抱えている問題を解決するためには，放射性物質検査のあり方を抜本的に見直すしかない。

　ベラルーシ共和国の対策と日本の現状を国際比較し，食と農に関わる放射性物質対策の体系化の重要性を提示すると，生産段階における対策として，①農地の放射性物質分布マップの作成とゾーニング，②地域・品目別移行率

データベース化と吸収抑制対策が必要である。このような対策を基盤に，流通対策として，③認証された機関による農産物のスクリーニング検査と国・県のモニタリング検査を実施し，さらに④消費者自身が食品に含まれる放射性物質を測定をできる機会を提供することが重要である。

この一連の流れを，4段階の安全検査体制として構築することが求められる。放射性物質検査を体系化できれば，生産・流通・消費と試験研究・営農指導を一体的にコントロールすることが可能となるのである（日本学術会議東日本大震災復興支援委員会福島復興支援分科会，2013ほか）。

3 福島大学における食と農の再生に向けた実践

福島大学では，うつくしまふくしま未来支援センター産業復興支援部門農業復興支援担当が中心となり，食と農の再生に向けた支援・研究活動を行っている（小山・小松・石井，2013）。2年半の取り組みは小山・小松編（2013）などにまとめられているが，ここではその一部を紹介する。

（1） 地産地消の回復——直売所調査と復興マルシェ開催

小松（2013），朴・小松（2013）では，原子力災害が農産物の域内流通に与えた影響を把握するため，県北地方を対象に農産物直売所調査を実施している．この研究では，①原子力災害による被害の全体像（生産面と消費面），②自主検査の導入実態，③先進的取り組みの位置づけと意義を明らかにした上で，放射性物質の自主検査体制を普及し地産地消を回復していくための提言をまとめている。

また，学生企画「復興街なかマルシェ」（主催小山良太ゼミナールほか，2011年10月，2012年7月10月，2013年8月）を開催している。消費者と生産者・集荷団体・加工業者・レストラン・研究者・学生が一体となった情報発信企画により，再び地産地消を推進するための基盤づくりに取り組んでいる．

（2） 果樹経営の再建と産地再生——果樹経営者グループとの共同研究

原子力災害後，果樹経営は①生産：樹体の高圧洗浄等の放射性物質対策，

農作業時の被ばく防止対策，②検査：自主検査の検体採取と検体処理，③流通：果実の市場価格の大暴落，直接販売の注文の激減，④経理：損害賠償請求手続きと，これまでにない労働過重・経営難を経験している。

果樹経営が原子力災害により受けた影響を鑑みると，「風評」被害による価格下落はほんの一面でしかない。果樹経営の一部は，多様な販売チャネル（農協系統出荷，市場出荷，直接販売）を組み合わせて経営を発展させてきた。経営の多角化（観光果樹園，直売所運営，加工品販売など）に取り組んできた農園も多い。原子力災害以降は，再び高品質・贈答用向けという評価を獲得し，観光果樹園の賑わいを取り戻すために，産地再生に向けた取り組みが行われている。

その一つが，福島大学うつくしまふくしま未来支援センターと福島市内の果樹経営者グループ「ふくしま土壌クラブ」との共同研究である。2012年には，農家直送・福島市産の果実を受け取った消費者に対する意識調査を実施し調査結果をもとに，多様な主体の連携による産地再生に向けた取り組みを知らせるリーフレットを作成している。この農業経営者と大学の共同研究では，①現状把握，②生産・販売対策の実践，②効果の検証を繰り返し，販売回復と産地再生にむけた提言をまとめている。

（3）食と農の再生に向けた組織的活動——実践と普及

地域住民組織「放射能からきれいな小国を取り戻す会」（伊達市霊山小国地区）は，①地域住民が主体となった放射性物質の調査手法を考案し「農地・住空間放射線量分布マップ」を作成，②生活再建に向けた自給・域内流通農産物の安全性検査体制を構築，③伊達市水稲試験栽培の協力団体として実証試験に参加するなどの活動を展開している（小松・小山，2012c）。

NPO法人「ゆうきの里東和ふるさとづくり協議会」（二本松市東和地区）は，原子力災害からの復興を目指し「里山再生・災害復興プログラム」を実施している。その活動は，①会員の損害賠償請求の支援活動，②会員の農産物の安全確認活動，③会員の生産圃場調査再生活動，④会員の農産物の販売拡大活動，⑤会員と家族の健康を放射能から守る活動に要約される（小松，

2013)。

　連鎖的に広がっている放射性物質の被害に立ち向かい，苦悩を力に変えていくためには，組織的対応がより一層重要性を増しているといえる。福島大学うつくしまふくしま未来支援センターは，これらの団体の活動をサポートしながら，地域住民・農業者が主体となって放射性物質対策に取り組む実践的なノウハウを記録・分析し，今後営農を再開する地域に波及できるモデルの策定に取り組んでいる。

　おわりに

　「農」の再生とは，放射性物質の汚染を詳細に把握し，最新の研究成果に基づいて安全な農作物を生産する体制を構築することである。「食」の再生は，一つは，生産者・消費者が共に納得できる放射性物質検査体制をつくり，新鮮で美味しい福島県産の農産物を全国の食卓に届けることであり，もう一つは福島の農村で，自給的な農業生産と里山の恵みを含めた豊かな食生活を取り戻すことである。

　農業者と地域は，放射性物質と正面から向き合い，科学的な知見をもとに安全・安心な農産物を生産し，誠実に情報を伝える活動を始めている。消費者に寄り添い歩む道は，原子力災害からの復興を超えた未来に続いている。苦境を乗り越え，美味しさと信頼性によって評価を得られたその先に，これまで以上に強い経営・産地を形成することを目指しているのである。

（小松知未）

〔引用・参考文献〕

小松知未・小山良太（2012a）「地域住民と大学の連携」菅野正寿・長谷川浩編著『放射能に克つ農の営み』コモンズ，227-241頁

小松知未・小山良太（2012b）「福島県における放射能汚染による農業被害と今後の課題」『農業と経済』別冊，昭和堂，75-85頁

小松知未・小山良太（2012c）「住民による放射性物質汚染の実態把握と組織活動の意義—特定避難勧奨地点・福島県伊達市霊山小国地区を事例として—」『2012年度日本農業経済学会論文集』日本農業経済学会，223-230頁

小松知未（2013）「農産物直売所における放射性物質の自主検査の意義と支援体制の構築―福島県二本松市旧東和町を事例として―」『農業経営研究』第51巻第3号，日本農業経営学会，37-42頁

小山良太・小松知未（2012）「放射線量分布マップと食品検査体制の体系化に関する研究―ベラルーシ共和国と日本の原子力発電所事故対応の比較分析―」『2012年度日本農業経済学会論文集』日本農業経済学会，215-222頁

小山良太・小松知未編（2013）『農の再生と食の安全―原発事故と福島の2年―』新日本出版社

小山良太・小松知未・石井秀樹（2012）『放射能汚染から食と農の再生を』家の光協会，1-87頁

小山良太・小松知未・石井秀樹（2013）「食と農の再生に向けた復興支援・研究活動―多様な主体の連携による実践と提言―」『福島大学うつくしまふくしま未来支援センター平成24年度年報』35-41頁

日本学術会議東日本大震災復興支援委員会福島復興支援分科会（2013）「原子力災害に伴う食と農の「風評」問題対策としての検査態勢の体系化に関する緊急提言」。

朴相賢・小松知未（2013）「農産物直売所における原子力災害の影響と放射性物質検査体制の導入―福島県・県北地域を対象に―」『農村経済研究』第31巻第1号，東北農業経済学会，115-122頁

III 食と農の再生と持続可能な放射能対策
――「食品中の放射能検査」と「生産段階での対策」の相互連動化――

はじめに

福島第一原子力発電所の事故により大量の放射性物質が国土的に拡散し，福島県をはじめ東日本各地の第一次産業は深刻な被害を受けた。福島県には放射能汚染が軽微な地域でも根強い風評被害に苦しむ地域もあり，被災地には有形・無形のさまざまな課題がのしかかっている。

だが放射性物質は人為的に消滅させることは不可能であり，その消滅は放射性壊変による自然減少を待つしかない。セシウム-137の半減期は約30年で，セシウム-137が百分の一に減少するには220年あまりの時間を要する。そのため放射能との共存が余儀なくされるが，いかにすれば放射能汚染からの食と農の再生を実現することができるのか。より具体的には，たとえ農地から放射性物質を取り除くことができなくとも，農作物への放射性物質の移行を抑えながら生産する方法を，稲を主な事例として考察してゆく。

1 福島県産の農林水産物の汚染状況と放射能対策のあり方

（1） 福島県産の農林水産物の汚染状況

福島県内で生産される農林水産物中の放射性物質の含有量は，たとえば福島県が公開する「ふくしま新発売」（http://www.new-fukushima.jp/）で確認することができる。そこでは品目別の検索や，市町村別にエリア検索がWEB上で誰もが迅速にできる。

天然で生産されるキノコや山菜といった林産物は，基準値100ベクレル/kgを超える品目が少なくない。水産物は，試験操業されるタコやツブ貝はそもそも放射性セシウムの吸収が極めて少なく，実際に検査で基準値以下（実際はほとんどが不検出）であることが確認された後に出荷されている。その他の

魚種は福島県沖での操業は停止され，市場に流通はしないが，モニタリング調査ではイシガレイやマダイをはじめとして，今も複数の魚種で基準値を超えている。農産物や畜産物はコメ（後述するが頻度は極めて稀），ソバ，ダイズ，クリ，ユズなどの一部の農産物を除き，多くの品目の農産物や畜産物で基準値を下回っており市場に流通している。こうした品目では，殆どのものが放射性セシウムが不検出（10ベクレル/kg以下）となりつつあるのが実情である。このように放射性セシウムの吸収実態は，食物の種類毎にそれぞれ大きく異なる。

（2）「生産段階の対策」と「食品の放射能検査」の違い

安全・安心な食料の確保には，「生産段階での対策」と「食品の放射能検査」の二つの次元がある（図6-8）。農業の場合，生産段階での対策には，①農地の実態把握とゾーニング（放射性物質計測とマップ作成，土壌の化学組成の把握，汚染度に応じた栽培品目の決定etc），②栽培時における吸収抑制対策（肥料や堆肥を用いた土壌の化学性の管理，水への注意）がある。食品検査は農産物を流通前に放射能検査するものだが，国や県によるモニタリング検査，また消費者が消費地で自主的に検査するもの，がある。

図6-8　「生産段階での対策」と「食品の放射能検査」

生産対策
①農地の実態把握（放射能・化学組成）と栽培品目の選定
②栽培条件（土壌・水環境）の制御による農作物の低減対策

検査対策
③国や県による食品中の放射能検査（市場流通品のモニタリング検査）
④市民による消費地での放射能検査（林産物などの市場流通外品目）

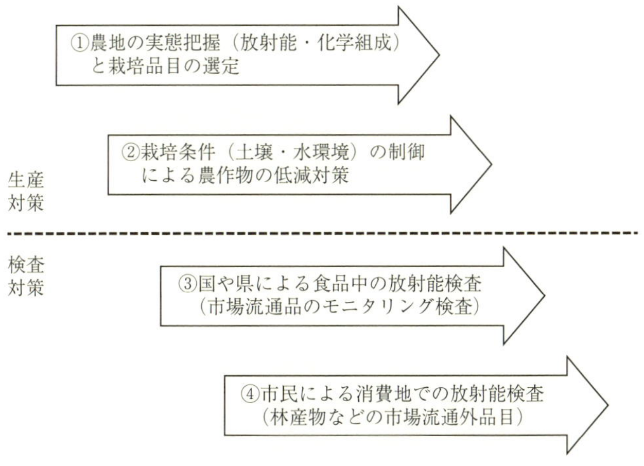

「生産段階での対策」と「食品の放射能検査」とは"車の両輪"である。以下，その違いを考えよう。図6-9は，横軸に「食品中の放射能の含有量」を，縦軸に「食品の存在量」をとり，曲線は一つの食品についての放射性セシウムの含有量の分布をモデルとして示したものである。

食品検査は基準値以上の食品を流通前に除去することで食の安全を確保するものである。一方，生産段階での対策は，汚染実態に応じた栽培品目の選定や土壌改良などにより，たとえば何もしなければ10ベクレルの作物ができた圃場で2ベクレルの作物を作るというように，放射性物質の移行をあらかじめ可能な限り抑制するものである。図6-8のモデルで考えれば，生産段階での対策は，実線が示す分布から点線の分布へとシフトすることを意味する。食品検査が"事後的対応"だとすれば，生産段階からの対策は"予防的対応"だと言える。

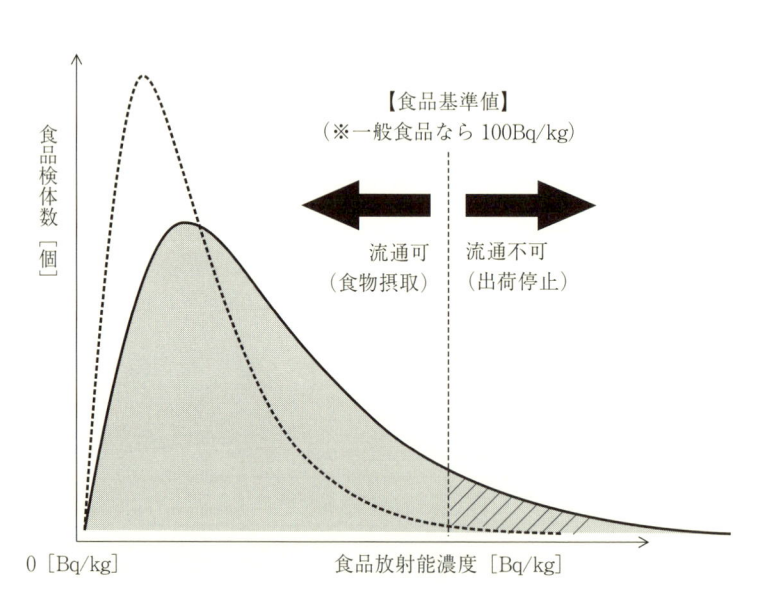

図6-9　食品中の放射性物質の濃度とその分布

（3）「狩るもの」と「育てるもの」での放射能対策の違い

　第一次産業には農業，畜産業，林業，漁業がある。これらは生産様式がそれぞれ異なるため，放射能対策のあり方も異なってくる。水産物や林産物（キノコや山菜，イノシシなどの野生動物）の採取は，"自然の恵み"そのものである。水産物や林産物では，放射性セシウムが移行するリスクのある場所からの採取は避けることはできるが，放射性物質の移行を抑制するために海や山林の生産環境を制御することなどできない。一方，農産物や畜産物の生産は自然や動植物の力に頼りつつも，生産者が何を栽培・飼育するのかを決め，生育環境や飼料や肥料などを整えながら"育てて"ゆくものであり，生産段階での人間の裁量は大きい。つまり「狩る」か「育てる」かの違いにより，放射能対策のあり方，特に生産段階での対策をする余地が大きく異なってくる。

　水産物や林産物は，それが天然物ならば採取地の選択以外に生産段階での対策は難しい。特に山菜やキノコなどでは基準値を超える品目が多いことを鑑みれば，基準値を超える食品をいかに制御するかが重要であり，食品検査が決定的な意味を持つ。

　一方，農産物や畜産物は生産段階での対策をする余地がある。農産物や畜産物では，基準値を超える品目は限られ，その多くが基準値を大幅に下回っている。そのため食品検査は，その食品が基準値以下であることの事後的確認，もしくは生産段階での対策が機能しているかを確認する意義はあるが，食品検査それ自体に消費者の無用な内部被曝を減らす機能は存在しない。基準値以下であれば私たちはこれを摂取することができるが，できる限り放射能の少ない農産物を生産したい，手にしたいと考える人々の存在を考えると，生産段階からの対策を導入し，農作物への移行を根本から減らしてゆくことが重要になってくる。

2　持続可能な「生産段階での対策」と「食品中の放射能検査」の構築にむけて

　安全・安心な食を確保において，チェルノブイリの経験は大いに参考になるが，ベラルーシやウクライナと福島とでは，自然環境（気候・地質・土壌・

植生），社会環境（政治・経済），営農環境（農業経営・流通）が大きく異なる。そのためチェルノブイリ事故後に採られた対策が日本で機能するとは限らない。放射能対策は"普遍の真理"として「科学」を追及するだけでなく，福島独自の自然・社会の実態に即した「対策」を考案しなければならない。

（1） 植物の放射性セシウム吸収メカニズム

放射性セシウムの作物への移行・吸収は，土壌の性質によって大きく変わる。土壌中の放射性物質が作物にどのぐらい移行するかは，「移行係数」＝作物中の放射性濃度（ベクレル/kg）／栽培土壌中の放射能濃度（ベクレル/kg）が一つの目安となる。日本の土壌は粘土鉱物や腐植質に富んでおり，土壌のセシウムの吸着能力が高く，ベラルーシやウクライナの土壌に比べて，作物への吸収が抑止される傾向にあり，移行係数は日本では低くなる。ベラルーシは汚染度の高いところでは移行係数の少ない作物を栽培し，できる限り作物への移行を減らす方法をとっており，移行係数の考え方は有用である。いずれにしろ，園芸作物や果樹への放射性セシウムの移行・吸収が今日かなり低下し，福島県内で生産される農産物の多くが不検出（Not Detected：不検出）となっているのは，土壌の性質によるところが大きい。

2011年に暫定基準値500Bq/kgを超える農作物が確認されたのは，セシウムが土壌に吸着される途中であったことに加えて，放射性セシウムが降下した際に作物に直接付着したケースや，樹皮や葉に付着していたセシウムが可食部に移動するという「表面吸収」が卓越したからである。2011年に静岡県産の一部の茶が500Bq/kgを超えたのも「表面吸収」による。現在，農作物が汚染される要因は，主に根から放射性セシウムが吸収される「経根吸収」によるものであり，今後，原子力発電所から大気を通じた放射性物質の拡散・降下が無ければ，事故直後のような農産物の汚染は生じないと考えられるが，大気降下物のモニタリングを強化しながら，これを確認してゆくことも重要である。

（2） イネの特殊性

イネの移行係数は1/2000程度と低く，5000ベクレル/kg以下の土壌であ

れば，暫定基準値500ベクレル/kgを超える玄米は生産されないと考えられ，避難指示の出なかった地域では稲作が認められた。ところが2011年秋になると，伊達市小国・月舘地区，福島市大波・渡利地区などで暫定基準値500ベクレル/kgを超える玄米が確認され，生産者と消費者は大きなショックを受けた。

　イネのセシウム吸収が顕著であった水田を調べると，土壌汚染と玄米のセシウム吸収には相関関係が見出せず，汚染米が確認された圃場は，周囲を山林に囲まれたような中山間地域にある事例が多かった。植物は，一般にセシウムを含んだ状態で水耕栽培をした場合，セシウム吸収が顕著に起こる。東京大学の根本教授（栽培学）の実験によれば，0.1ベクレルの水からは76ベクレル/kg，1ベクレルでは580ベクレル/kg，10ベクレルでは5600ベクレル/kgの稲ワラが栽培された。そのため土壌からの移行係数では説明がつかないほどのセシウム吸収には，稲が水田に水を張るという特徴により，水がセシウムの供給源となる可能性が推察された。

　また図6-10のように，玄米のセシウム吸収は土壌中の交換性カリウムに

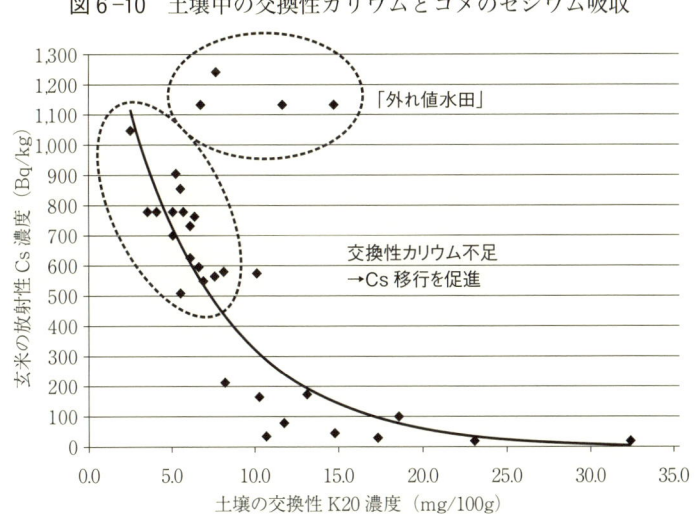

図6-10　土壌中の交換性カリウムとコメのセシウム吸収[1]

左右され，土壌の交換性カリウムが欠乏すると玄米はセシウムを顕著に吸収する一方，交換性カリウムが比較的保持されればセシウム吸収が抑制される傾向にあることも明らかとなった。そのため塩化カリウムや珪酸カリウムなどの肥料によって，土壌中の交換性カリウムが25mg/100gを超えるように施肥設計をすれば，玄米のセシウム吸収はかなり抑制できると結論づけられた。

その一方，交換性カリウムが15mg/100g前後と比較的保持されているにも関わらず，セシウム吸収が高くなる「外れ値水田」と呼ばれる事例も確認された。こうした「外れ値水田」がなぜ生じるのか2011年度には判らず，その解明は2012年度以降の試験栽培に引き継がれた。

(3) 水稲試験栽培

2012年度の稲の作付は，2011年度に500Bq/kgを超える玄米が確認された地域は「作付制限」となった。100Bq/kg以上の地域は(1)生産者毎に管理台帳をつけること，(2)深耕により空間線量を下げること，(3)各自治体が定めた分量のカリウム肥料やゼオライトを圃場に投入すること，(4)全量全袋検査を実施すること，を条件に作付が認められ「出荷制限」となった。

そうした中，2012年度は作付制限地域を中心に試験栽培が実施された。試験栽培には主に3つの意義があった。第一は，作付制限解除を判断するためのモニタリングであり，低減資材を投じた時に基準値100ベクレルを下回る玄米が生産できるかを見極めるものである。396ヶ所での試験栽培の結果，基準値100ベクレル超したのは一事例のみで，残り395ヶ所では100ベクレル以下の米が生産できることが確認された。平成25年度は，作付制限されていた二本松市渋川地区，福島市渡利・大波地区，伊達市小国・月舘地区などで作付制限が解除された。

第二は，土壌条件や施肥条件，つまり土壌の化学的・物理的な性質によりセシウム吸収がどのように変化するのかを検討する試験である。これらの詳細は福島県と農林水産省の報告書に譲る[2]。第三は，地形的要因などにより水を介したセシウムの吸収を見るものである。特に伊達市小国地区の試験栽培

では，福島大学，東京大学，東京農業大学が「伊達市小国地区試験栽培支援グループ」（代表：根本圭介教授／東京大学）を組織し，カリウム肥料やゼオライトなどの低減対策を施さず，"ありのままの水田生態系"の下で慣行的な栽培を行い，異なる水の取り入れ方（河川，用水，ため池，山からの小川）をした55ヶ所の多様な水田でイネのセシウム吸収を見極めた。

福島県と農林水産省は稲のセシウム吸収を以下のように論じている。[3]

---

① 土壌の放射性セシウム濃度と玄米中の放射性セシウム濃度の間には相関関係はみられない。

② 土壌中のカリウムは，作物が吸収する際に競合してセシウム吸収を抑える働きがある。土壌中の交換性カリウムの含有量が25mg/100gを目標としてカリウム肥料を施用した場合，玄米中の放射性セシウム濃度が大きく低減できる。

③ ゼオライトやバーミキュライトによる放射性セシウムの低減効果は，その吸着効果よりもむしろゼオライト等に含まれるカリウムの効果で説明がつく。またゼオライトはセシウムの吸着効果よりも，保肥力の向上を目的とした利用が適切である。

（同報告書から筆者が抜粋・要約）

また同報告書は水田の水源に含まれる放射性セシウムの影響について，「溶存態のセシウムは作物が直接吸収できるのに対して，懸濁態のセシウムは作物が直接吸収し難く，作物への移行は基本的に小さいと考えられる」と記され，「福島県下における水路やため池などの水質検査の実測結果を踏まえると，一般的に水からの影響は限定的である」と論じている。

一方，伊達市小国地区の試験栽培[4]では，土壌中の交換性カリウムが12〜15mg/100gと決して低い値ではないのに，玄米に高いセシウム吸収が見られた「外れ値水田」が2011年と同様に確認された。当該レポートでは，「外れ値水田」については以下の記述がなされ，「外れ値水田は通常とは異なる経路でセシウムを吸収している可能性」が指摘されており，特に水源のセシウム汚染との関係を考察している。

① 外れ値水田が引く水の中には，一部で4Bq/リットルもの放射性セシウム（大半が懸濁態）を含んだ水源が存在すること。
② 葉茎の放射性セシウム濃度を7月中旬と8月中旬で比較した時，一般的な水田では7月の値の方が高い傾向があるのに対して，"外れ値"水田の場合は8月に吸収が顕著に伸びるケースがあること。

(同レポートから筆者が抜粋・要約)

　放射性セシウムの稲の吸収メカニズムは未だ十分に解明されてはいないが，基本的に，5000ベクレル/kg程度の放射性セシウムを含む圃場であっても，十分にカリウム施肥をしていれば，基準値100ベクレルを超える稲は生産される可能性はきわめて低い。しかしながら土壌中の交換性カリウムが欠乏したり，水源の放射性セシウムに汚染された場合などは，稲にセシウム吸収が進む可能性がある。

(4)　放射性物質の分布マップの作成とそのマップ化
　放射性物質の分布実態の把握が無ければ，生活者の外部被曝の評価も，除染計画も立案することができない。農地に含まれる放射性セシウムの濃度が

写真6-1　AT6101DRコントロールパネル　　写真6-2　AT6101DR測定器

わかれば，農作物の移行係数を踏まえて，農作物へのセシウムの移行が評価できる。汚染実態の把握は，原子力災害からの食と農の再生に向けた取り組みの中でも最も根幹をなすものであり，全ての出発点となるものである。

JA新ふくしま（管区：福島市・川俣町）では，ベラルーシのATOMTEX社が開発したNaIスペクトロメーター（AT6101DR）を用いて，福島市内の水田や果樹園の農地一筆毎の放射性物質計測とそのマップ化を進めている。2013年11月末時点で，水田14751筆41635地点（達成度：54％），果樹園10058筆30174地点（達成度：100％）の測定が完了した。水田や果樹園を全て一枚ずつ計測する試みや，JA新ふくしまによる取組み以外に存在しない。本機は土壌が発するガンマ線を検知し，セシウム-134や137，カリウム-40等の濃度（Bq/kg）や沈着量（Bq/m^2）を定量評価できる。またGPSが搭載され，緯度・経度・標高を特定し，Google Earthの航空写真上に計測結果を可視化できる。本機の最大の特徴は，現地で土壌を採取することなく，計測を短期間（福島市なら約2分）で行い，移動しながら広大なエリアの放射性物質の分布が把握できる点にある。

本機は事故一年後から稼働できた貴重なシステムであったが，輸入当初のシステムのままでは膨大な測定データをGISやデータベースに移行することができなかった。そのため膨大な測定結果を一堂にコンパイルし，必要な情報を抽出・一覧化するソフトを福島大学で開発した。これにより本機はGoogle Earth上での可視化に止まらず，(1)圃場一筆毎のデータ（地権者情報，耕作履歴，土壌の化学組成etc）と放射能計測データとのデータベース上での統合，(2)GISによる多様な空間的解析，(3)測定結果の多様な地図表現，(4)地権者個人への情報還元，への道が開けた。今後は生産者に対する情報還元をしながら，営農指導や風評対策へと繋げてゆく予定である。

(5) コメの全量全袋検査

福島県は「ふくしまの恵み安全・安心推進事業」を独自に立上げ，2012年から福島県内で生産された米の全量全袋検査を開始した。これは30kgの米を袋に詰めて，ベルトコンベアーで移動させながら約15秒間（測定下限値

は25Bq/kg）で計測するものである。2012年度産のお米は，2013年3月5日現在，10,207,561袋が計測され，100ベクレルを超えたものが71袋（0.0007%），25ベクレルと超えたものも約22000袋（0.2%）とその割合は極めて少なく，99.78％は測定下限値未満（25Bq/kg以下）であった。平成25年度産のお米は2013年12月22日時点で，100ベクレルを超えたものは28袋（0.0003%），25ベクレルを超えたものは約6000袋（0.06%），検出限界値未満のものが99.93%であった。

　50Bq/kgを超えるようなコメは，福島市や二本松市，伊達市といった高い汚染（5000Bq/kg程度）が認められた地域だけでなく，2000Bq/kg程度の汚染エリアからも発見された。その理由はセシウム吸収を促進させる環境要因がありながら，然るべき低減対策が実施されなかったからであり，こうしたケースも少なくない。一方，2012年時点でもJA伊達みらいの管内（伊達市・国見町・桑折町）からは100Bq/kg超した米が全く確認されなかった。これは低減対策の一環としてJA伊達みらいがケイ酸カリウムを地元生産者と共同で農地一枚毎に200kg/1000㎡ずつ，確実に散布したことが功を奏したからである。このような事例から，低減対策を確実に実施してゆく"マネージメント"がいかに大切であるかが明らかだと言える。

3　各種対策の相互連動的な組織化

　「生産段階での対策」と「食品の放射能検査」は，"車の両輪"である。これまで水稲試験栽培，放射性物質の分布マップ，コメの全量全袋検査の動向を紹介してきたが，これらはそれぞれバラバラに進めるのではなく，"相互連動的"に実施してこそ，より大きな効果が発揮できる。

　たとえば全量全袋検査からセシウム吸収が高い圃場が判明すれば，その圃場を土壌分析することにより，交換性カリウムの欠乏によってセシウム吸収が生じたのか，あるいはそれ以外の吸収要因（たとえば水源のセシウム汚染）があるのかが判明し，生産環境に即した営農指導が生産者毎に個別にできる。また，こうした知見を積み重ねれば，森林と農地のセシウム循環をはじめ，稲のセシウム吸収メカニズムの解明に繋がるだろう。このように全量全

袋検査の結果が生産段階からの対策に極めて重要な知見を与えるのである。

　逆に放射性物質の分布マップの作成を行い，農作物への移行メカニズムの知見が蓄積すれば，全量全袋検査の妥当性が評価でき，食品検査の信頼性が高まる。そもそも全量全袋検査をする必要に迫られたのは，どこで基準値100ベクレル/kgを超えるコメが生産されるか誰も判らなかったからである。たとえばある圃場で今後数年間"不検出"が続き，かつ土壌の放射能濃度や化学組成から移行が想定されなければ，社会的コンセンサスを得た上で将来的に全量全袋検査の対象から外すことも視野に入るだろう。そうなれば全量全袋検査に伴う膨大な労力，費用，時間の削減に繋がる。またリスクの高い圃場の検査に時間をかければ，測定下限値を下げた分析もできるだろう。

　食品検査を際限なく繰り返すのではなく，放射性物質の分布マップ，作物のセシウム吸収メカニズムに関する知見（移行係数の情報を含む）を交えて，放射性物質の移行をあらかじめ評価する考え方も重要である。生産段階からの対策と連動することで，検査の信頼性を高めながら，その合理化を図ることがこれからの課題である。特に現行の低減対策や食品中の放射能検査は膨大な費用と時間が伴う。水田にカリウム肥料を投じる低減対策も，全量全袋検査も，多くは国費による補助金頼みであり，これらが将来的に削減される可能性も否めない。こうした対策が安易に打ち切られれば，風評被害が再燃する可能性もある。そうならないためにも「生産段階での対策」と「食品中の放射能検査」を連動させて，真に必要な対策と優先度の低い対策とを精査し，これに伴う労力と社会的費用を低減しつつ，持続可能で合理的な放射能対策を模索してゆくことが重要なのである。

4　生産段階での放射能対策こそが福島の農業再生に不可欠だ

　福島原発事故から3年が経ち，試行錯誤の中から，さまざまな知見と経験が蓄積されてきた。原子力災害からの復興を遂げるには，放射能汚染の状況と被害を多角的に記載し，放射性物質の挙動を科学的に解明しながら，これを具体的な対策として社会に普及をする必要がある。この時，決して「農学栄えて農業廃れる」ことがあってはならない。

また放射能汚染の実態把握には当事者は少なからず"痛み"を伴うことを忘れてはならない。風評被害の助長や不動産価格が低下する懸念から，放射性物質の分布マップの作成や試験栽培をすることに否定的な方々もおられる。水俣病などの公害問題でも"被害者は被害を隠したがる"，"隠さざるを得ない"状況があった。こうした状況下では当事者が「正直者が馬鹿を見る」状況にならぬよう，彼らの救済，より具体的には医療や福祉，補償や賠償に繋がるように，被害実態を記録し，これを社会化する必要があったという。

　福島の原子力災害も，その根底にはこれと同じ構造があると考えられる。食の安全・安心を担保に食品の放射能検査は重要だ。だが「検査」や「規制」によって基準値を超える食品を除去するアプローチだけでは，福島県の農業や農村の復興にはつながらない。「検査」や「規制」で消費者は守られても，生産者の救済にはつながらないからだ。筆者が「生産段階での対策」を重んじる理由は，それが食品中の放射性物質を根本から減らす意義があり，放射能汚染の中でも農業ができるエリアを押し広げ，福島の農業や農村の潜在性を高めるというポジティブな側面があるからである。「検査」や「規制」は，生産者は"受け身"となり試される存在となるが，生産段階での対策は農業者の力量や能動性が問われ，生産者自身が復興の主体となる一歩となる。

　農地を汚染された生産者は一定の補償や賠償を受ける権利がある。だが彼らはそれ以上に暮らしや生業の再開を望んでいる。この原子力災害は，地域の文化や暮らしとったお金には代えることのできない"かけがえのない"価値も奪ってしまった。こうした価値を取り戻すためには，やはり被災者自らが新しい暮らし方を主体的に創造してゆかねばならない。生産段階での放射能対策は，福島の新しい農業のあり方の探求でもあり，農業者が復興の担い手になる大いなる一歩だと考えられる。

（石井秀樹）

〔注〕
（1）　福島県，農林水産省（2011）暫定規制値を超過した放射性セシウムを含む米

が生産された要因の解析（中間報告）より引用
（2）　福島県，農林水産省（2013）「放射性セシウム濃度の高い米が発生する要因とその対策について〜要因解析調査と試験栽培等の結果の取りまとめ〜（概要）1.24」
（3）　脚注（1）を参照のこと
（4）　小国地区試験栽培支援グループ（2012）「小国地区における稲の試験栽培について（平成24年12月8日）」

〔参考文献〕
石井秀樹（2013）「食と農の再生にむけた相互連動的な放射能対策の必要性―放射性物質分布マップ・試験栽培・全袋検査から『営農指導データベース』の構築へ―Regeneration of Food and Agriculture from Radioactive Contamination in Fukushima」『農村計画学会誌』Vol.32, No.1, pp.57-61
小山良太・小松知未（2012）『食の再生と食の安全　原発事故と福島の2年』新日本出版社

IV 震災被害の実態と中小企業復興の課題

はじめに

東日本大震災と原発事故は福島県の商工業にも大きな影響を与えた。特に原発に近い浜通り地区では操業条件の悪化が続いており、その復興は急務の課題となっている。本節では福島第一原子力発電所から20～30km圏に位置する南相馬市原町区を事例に、商工業の現状と課題について検討を加える。

なお、本節の分析を進めるにあたっては、福島大学うつくしまふくしま未来支援センターと原町商工会議所が協力して行ったアンケート調査の結果を使用している。調査は2011年11～12月と2012年10～11月に実施、有効回答数は前者が524（有効回答率40.4％）、後者が378（同29.2％）だった。

1 南相馬市の震災被害

まず、震災によって受けた南相馬市の被害状況について概観することにしたい。死者数は1060人（うち関連死424名、死亡届111名、2013年7月現在）と、福島県全県（3253人）の約3分の1を占めている。これは福島県内の市町村で最大の被害である。これは沿岸部が大規模な津波に襲われたためであるが、ここで注目しなければならないのは関連死の多さである。原発事故にともなう避難の長期化により、体調を崩すなどして多くの人々が亡くなっている。この被害は現在も継続中であり、被害が拡大することが懸念される。

表6-4に南相馬市における避難指示状況の推移を示した。南相馬市は2011年3月12日に小高区を中心とする地域に避難指示が出され、3月15日には原町区を中心とする地域に屋内退避指示が出された。屋内退避は4月21日まで継続される。屋内退避指示が出されている間は原則として事業所の操業は停止となり、物流も止まる。このため、多くの市民が市外へと避難した。2013年7月現在、依然として市外避難者は1万5677人に及び、震災前に7万

第 6 章　福島県経済の復興　　191

表 6-4　南相馬市の避難指示区域の変化

2011年3月11日	福島第一原発の半径3km圏内に避難指示
3月12日	同　半径20km圏内に避難指示
3月15日	同　半径20km～30km圏内に屋内退避指示
4月22日	同　半径20km圏外の特定地域を緊急時避難準備区域と計画的避難区域に再編
7月21日～ 11月25日	特定避難勧奨地点を設定（計142地点，152世帯）
9月30日	緊急時避難準備区域を解除
2012年4月16日	計画的避難区域を避難指示解除準備区域，居住制限区域，帰還困難区域に再編

資料：福島県資料を基に筆者作成。

1561人だった人口は5万778人に減少している。

　それでは，商工業者はどの程度の被害を受けたのであろうか。図6-11は2011年に実施したアンケート調査により，原町地域の商工業者の被害額を集計したものである。これは施設・設備等を対象としたものであるが，全体の約3分の2の事業所が損害額500万円未満となっている。被害額が少なく「算出していない」という企業も24事業所あり，被害額が1億円を超える企業も6事業所ほどあるものの，全体としてみれば地震による被害はそれほど大きなものではなかったことがうかがわれる。死者数等に比較して財物的な被害が小さいのは，商工業が集積する中心市街地が津波の被害から免れたこと，地盤の良い地域に立地する事業所が比較的多かったことなどによるものと考えられる。

　にもかかわらず，事業所の再開は様々な困難に直面した。その最大の理由が原発事故にともなう屋内退避指示である。屋内退避はその名の通り屋内に退避していることが求められる。そのため，屋内退避指示が出ている間の事業活動は禁止されることになった。

　しかし，現実にはアンケートに回答した事業所の過半数は屋内退避期間中に操業を再開している。これは，取引をしている企業が早期に操業を再開しているためである。表6-5に被災地の主要事業所の生産再開状況を示した。震災後，わずか1, 2週間のうちに多くの企業が生産を再開している。これ

図6-11 震災による施設等の被害額

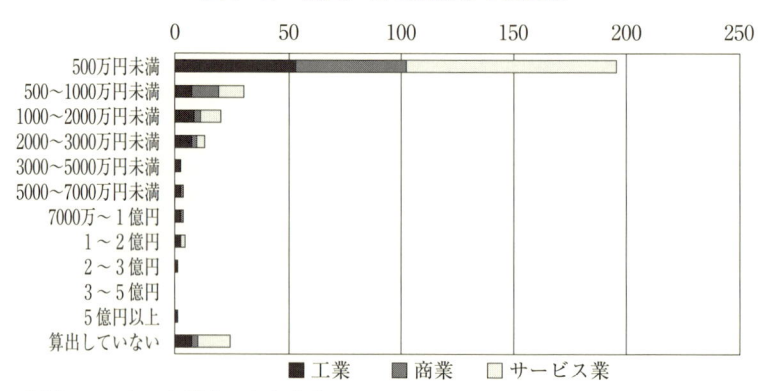

（棒グラフ：横軸 0～250、縦軸 被害額区分）
- 500万円未満
- 500～1000万円未満
- 1000～2000万円未満
- 2000～3000万円未満
- 3000～5000万円未満
- 5000～7000万円未満
- 7000万～1億円
- 1～2億円
- 2～3億円
- 3～5億円
- 5億円以上
- 算出していない

凡例：■工業　■商業　□サービス業

資料：アンケート調査により作成。

表6-5　主要企業の生産再開状況

再開日	企業名	主要製品	場所	備考
3月21日	セントラル自動車	自動車	宮城県大衡村	完成車再開は4月18日
3月21日	ケーヒン	自動車部品	宮城県角田市	量産開始は28日
3月28日	アルプス電気	電子部品		福島・宮城の6工場
3月28日	東京エレクトロン	半導体製造装置	岩手県奥州市	子会社
3月28日	YKK AP	建材	宮城県大衡村	
3月28日	ケーヒン	自動車部品	宮城県丸森町	子会社
3月28日	アイリスオーヤマ		宮城県角田市	全面稼働
3月28日	日本化学工業	液晶用回路材料	福島県郡山市	
3月30日	YKK AP	建材	宮城県大崎市	

資料：「河北新報」などにより作製。

は日本企業の生産管理の優秀さを示すものであるが，製造業の場合，部品の多くは下請企業によって生産されている。つまり，大手企業が生産を再開するためには，それを支える下請企業の復旧が前提となるのである。このような状況下では被災地の中小企業においても早期に操業再開しなければ，取引関係を維持することができなくなる。この結果，原町地域においても屋内退避期間中に事業を再開せざるを得なかったのである。

しかし，その後の操業は困難を極めた。操業を再開しても，必ずしも取引を維持することはできない。収束していない原発事故に対する不安や放射能

汚染に関する風評被害なども大きく、取引が中止されたケースも少なくない。また、運輸業者が原町地域への物資の輸送を拒否したため、貨物の発送や受け取りのために原町地域の事業者が自ら福島や仙台まで輸送しなければならない状況となり、事業者に大きな負担を強いることになった。加えて、避難者の増加は地域の労働力を不足させ、事業所の経営状況を大きく悪化させた。このような状況は原発事故から2年以上が経過した現在においても継続している。

2　事業所経営の状況

次に、事業所の経営状況を見ることにしたい。

表6-6に施設・設備の稼働状況を示した。施設・設備の稼働状況は震災前に比べて縮小している事業所が多い。建設・土木業のみ震災前とほぼ同じか拡大している事業所が多いが、他はすべて震災前を下回っている。特に卸売業と製造業では稼働状況が震災前を上回る事業所が少ない。

また、稼働率の平均をとるとサービス業以外では減少率が増加率を上回り、拡大している事業所でもその比率はあまり大きいものではないことを示している。これは好調を伝えられる建設・土木業でも同様であり、事業活動が震災前の状況を大きく下回っていることを示している。

操業・営業時間についてみると、全体では過半数の事業所が震災前の状況に戻ったものの、業種による差が大きなものになっている。特に小売業・サービス業では依然として多くの事業所で時間短縮となっている。一方、震災前に比べて稼働が拡大している建設・土木業においても操業時間を延長していない企業が多数を占める。短縮・延長時間を見ると、操業時間の短縮が最も大きいのは卸売業で、4.3時間に及んでいる。次いで建設・土木業の4.2時間となる。建設・土木業は稼働が増加している企業が多い一方、操業が大きく縮小している企業もあり、二極化が進んでいることが読み取れる。一方、小売業・サービス業では平均して1日あたり2～3時間の操業短縮となっている事業所が多くなっており、その影響は非常に大きい。製造業でも操業短縮している事業所が多く、経営状況が厳しくなっていることがうかがわれる。

表6-6　施設・設備の稼働状況

	製造業	建設・土木業	卸売業	小売業	サービス業	計
震災前に比べ縮小	40	26	9	30	67	172
震災前とほぼ同じ	28	31	7	24	47	137
震災前に比べ拡大	2	20	0	3	11	36
減少率平均	42%	39%	56%	44%	45%	
増加率平均	20%	31%	-	20%	54%	

資料：アンケート調査により作成。

表6-7　操業・営業時間の状況（1日あたり）

	製造業	建設・土木業	卸売業	小売業	サービス業	計
震災前に比べ短縮	26	11	4	39	65	145
震災前とほぼ同じ	40	56	11	15	48	170
震災前に比べ延長	2	7	1	1	6	17
短縮時間平均	2.7時間	4.2時間	4.3時間	2.3時間	2.8時間	
延長時間平均	1.5時間	1.6時間	2.0時間	2.0時間	1.8時間	

資料：アンケート調査により作成。

図6-12　業種別売上高の推移

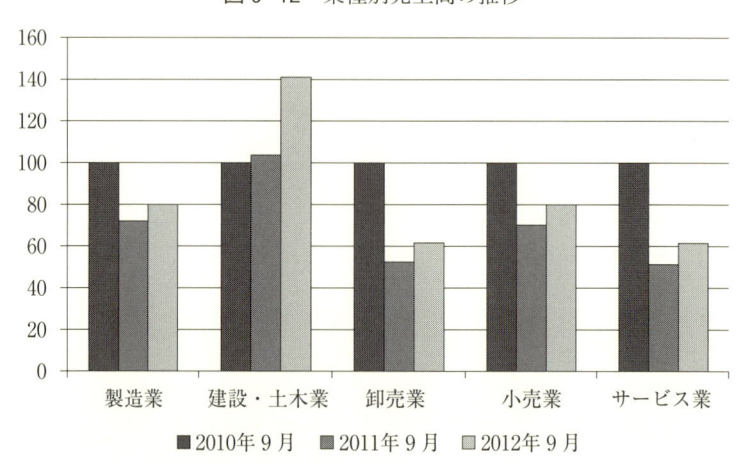

資料：アンケート調査により作成。

図6-12に売上高の推移を業種別に示した。2010年から12年までのいずれも9月の売上高を，2010年を100とした指数で示したものである。建設・土木業においては，売上高は震災前を大きく上回り成長している。特に2012年は141に達している。しかし，その他の業種では，復興の動きは鈍い。製造業と小売業で震災前の8割程度，卸売業とサービス業では震災前の6割程度の水準にとどまっている。ただし，小売業に関しては筆者のヒヤリング調査では震災前の5～6割の水準にとどまっている企業が多い。大型店などの回復が比較的早い一方で，一般小売店の売り上げは低い水準にとどまっているものと考えられる。

　また，この資料で特に注目されるのは，建設・土木業を除けば2011年9月から12年9月までの1年間の伸びが小さいことである。この期間は震災からの復旧が本格化した時期に当たるが，各業種とも数ポイントの回復しかみられない。これは，震災後に離れてしまった顧客が戻っていないことを示している。特に商業部門においては多数の市民が市外へ避難していることに加えて，震災前商圏に含んでいた小高町以南の地域が避難地域となってしまっているため，商圏人口が大幅に失われている。販路を外に求められる製造業とは異なり，商業の復興には人口の回復が前提となるため，社会政策など他の政策と結びつけながら振興策を検討することが必要である。

　図6-13は震災前後の従業員数の推移を示したものである。ただし，これは2012年の調査で有効回答が得られた事業所のみ示したものであり全体数を示したものではない。

　従業員数は震災後減少するが，比較的減少の幅が大きいのは製造業とサービス業で，その他の業種ではあまり大きな減少は示していない。従業員数の減少に関しては，特定の業種に特に大きく現れている。製造業に関してはこの1年間で回復する傾向にあるが，サービス業では変化は小さい。これは売上高の回復の度合いに差があるためと考えられる。サービス業の回復は雇用の場の確保という面でも重要であると言える。

　一方，労働力不足が産業復興の足かせになっている事例も見られる。表6-8は，大型店・チェーン店調査を対象とした原町商工会議所の調査

図6-13 業種別従業員数の推移

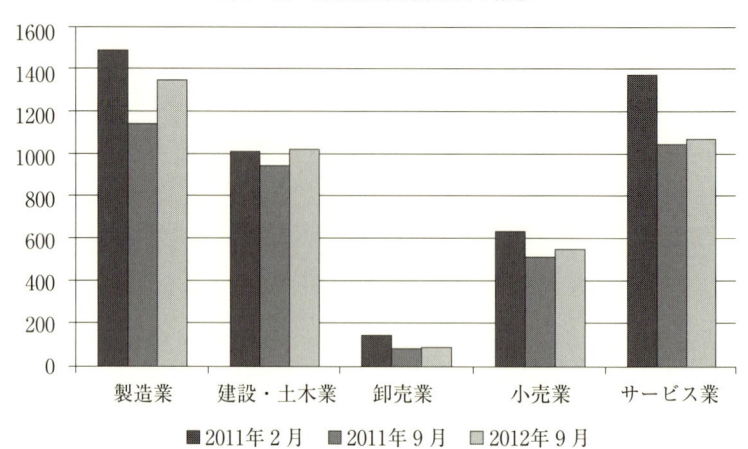

	2011年2月	2011年9月	2012年9月
製造業	1500	1150	1350
建設・土木業	1020	940	1030
卸売業	140	80	90
小売業	630	510	550
サービス業	1380	1050	1080

資料：アンケート調査により作成。

表6-8 大型店の操業状況

種別	休業中・撤退	短縮操業	平常操業	回答なし	計
スーパー	2	4	0	0	6
ホームセンター	0	1	2	1	4
家電量販	0	2	0	0	2
医薬品販売	1	3	0	0	4
衣類	2	0	3	0	5
飲食店	3	2	4	0	9
その他	5	3	1	0	9
計	13	15	10	1	39

資料：原町商工会議所資料により作成。

をまとめたものである。この調査によると，大型店・チェーン店のうち平常操業に戻っているのは約4分の1に過ぎず，残りの4分の3のうち，休業中・撤退と短縮操業がほぼ半々となっている。短縮操業の場合，短縮時間はスーパー，ホームセンター，家電量販，医薬品で平均約2時間，その他の種別では約4時間となっている。表中には示していないが，これらの店の売り上げを見るとスーパー，ホームセンターは，操業している店舗では震災前の

水準にほぼ戻っており，その回復には力強いものがある。一方，家電量販店は震災前の6割程度の水準にとどまっている。種別による差が大きなものになっている。ただし，売り上げの回復にはまだ操業していない大型店が存在することや，一般小売店の売り上げの減少という側面も考慮に入れる必要がある。

　休業や短縮操業の理由として最も多く指摘されているのが人手不足である。避難者，特に母子避難者の増大にともない，特にパート・アルバイトの確保が非常に難しい状態となっており，それらに頼っていた店舗では操業が困難になっている。学生アルバイトの比重が高かった店舗も同様である。特にスーパーにおいては，これが休業・短縮操業の主たる理由となっている。また，主婦パートに頼っている店では従業員が買い物をしてから帰らなければならないため，スーパーの操業時間短縮にともなって閉店時間を早めるなど，操業時間を短縮せざるを得ないような状況に追い込まれているところもある。加えて，パート・アルバイトも含めて人件費が高騰して経営を圧迫してきており，地域の操業条件は悪化している。

　人手不足を解消するためには人口の増加－避難者の帰還－が不可欠であり，産業政策だけでは産業振興を進めることはできない。また，これと合わせて避難地域の復興も進めていかなければならない。社会政策など，他の政策と連動した振興策の検討が必要となっている。

3　今後の課題

　このような状況の中で，各事業所はどのような課題に直面しているのだろうか。図6-14に現在直面している課題を示した。この中で最も大きなものは「顧客の減少」である。この指摘は特に小売業・サービス業で最も多く，人口の減少が地域経済に大きなダメージを与えていることがわかる。類似する「受注の減少」では製造業の回答が最も多く，受注減が商業部門にとどまっていないことが示されている。次いで大きなものが「今後の事業継続の見直し」で，事業継続への不安が大きい。ここでは好調である建設・土木業からの回答も多い。ヒヤリング調査によると，現在こそ復興需要で多くの受

図6-14　現在直面している課題

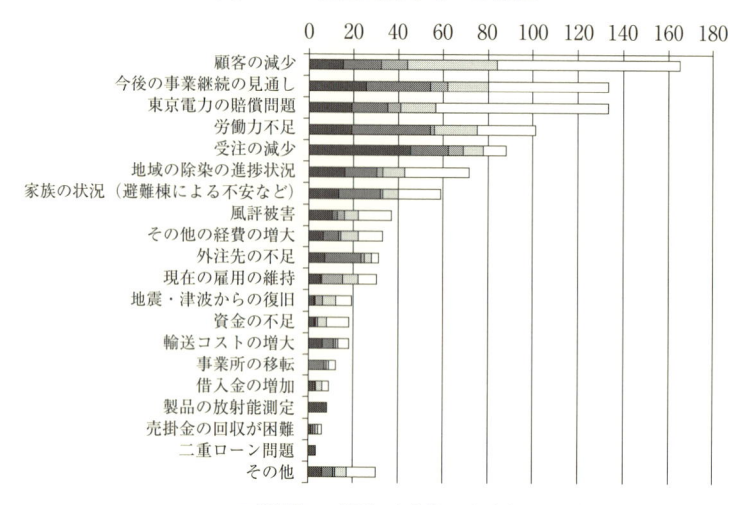

(グラフ：顧客の減少、今後の事業継続の見通し、東京電力の賠償問題、労働力不足、受注の減少、地域の除染の進捗状況、家族の状況（避難棟による不安など）、風評被害、その他の経費の増大、外注先の不足、現在の雇用の維持、地震・津波からの復旧、資金の不足、輸送コストの増大、事業所の移転、借入金の増加、製品の放射能測定、売掛金の回収が困難、二重ローン問題、その他　凡例：製造業、建設・土木業、卸売業、小売業、サービス業)

資料：アンケート調査により作成

表6-9　現在直面している課題

	製造業	建設・土木業	卸売業	小売業	サービス業	計
好転する	8	16	2	5	12	43
悪化する	35	31	9	34	72	181
変わらない	28	25	5	19	44	121

資料：アンケート調査により作成

注があるものの，この状況はあと2，3年で終わり，その後は深刻な不況に見舞われると考えている事業所が多い。現在最も好調の建設・土木業においても，先行き不透明感が強まっている。また，東京電力の賠償問題についても，依然として多くの課題があることが指摘されている。「労働力不足」も依然として深刻である。ただし，労働力不足の解消には人口の回復が不可欠であり，それが「地域の除染の進捗」状況への懸念となって現れている。また，家族の一部が避難してばらばらに住むような状況が長引いており，その

ような生活の不安定さが事業所の操業にも影響を与えつつある。

この結果,今後の事業見通しについても悪化するとの回答が最も多い。なお,ここでの「変わらない」は現状が続くことを意味しており,決して良い意味での回答とは言えない。

このように,原町区の商工業が直面している課題は多くの課題に直面している。しかもそれらの課題は決して簡単なものではない。しかし,これを一つ一つ解決していかなければ地域産業を復興させることはできない。このためには様々な行政の支援が不可欠であるが,大学にできる支援も決して少なくない。大学と地域の連携を深めていくことが必要である。

（初澤敏生）

〔参考文献〕

初澤敏生（2012）「東日本大震災被災地のものづくり復興の課題」『地域経済学研究』第24号

原町商工会議所・福島大学うつくしまふくしま未来支援センター（2012）『原町商工会議所会員実態調査　調査結果報告書』

原町商工会議所・福島大学うつくしまふくしま未来支援センター（2013）『平成24年度　原町商工会議所会員実態調査　調査結果報告書』

第7章　新しい地域づくりへ向けて

I　災害時のモビリティ確保に求められる視点

　大規模災害の被災地域では，鉄道や道路網といった交通インフラの寸断に加え，避難所や応急仮設住宅などで長期にわたる避難生活を余儀なくされる市民も少なくない。災害時におけるモビリティ（移動手段）の確保は，果たすべき役割や課題が時系列で変化すると考えられる。そのため，避難生活の変遷と照らして，モビリティが果たした役割と課題を整理することが災害時のモビリティ確保に求められる視点を示すために有効である。

　そこで，本節では，第一に，甚大な津波被害を受けた岩手県大船渡市と，原子力災害による直接的な被害を受けた福島県南相馬市を事例として，発災後から概ね2年間のバスを中心としたモビリティの提供状況について，避難生活の変遷と照らして整理し，その特徴や災害時における公共交通運用の課題を明らかにする。第二に，青森県八戸市で策定された「災害時公共交通行動指針」を例に，災害時の公共交通運用方策を平時に検討する有効性について述べる。

1　甚大な津波被害を受けた地域のモビリティ（大船渡市）

（1）　被害状況

　岩手県大船渡市は，東北地方太平洋沖地震で震度6弱が観測され，港湾空港技術研究所による調査では，同市綾里湾で高さ（遡上高）23.6mの津波に襲われたとされる。市内の人的被害（2012年3月15日時点）は，死者340人，行方不明者82人であり，家屋等の全半壊による罹災証明は3673戸（2011年5月23日時点）である。津波被害は，国の重要港湾である大船渡港の周辺で特に

甚大であり，JR大船渡駅は駅舎ごと流失した。また，市役所や商業施設などが立地する盛町では，高台に位置していた市役所は無事であったが，低地にあった公共施設や商店街などは浸水被害を受けた。

(2) 震災後のモビリティの変遷

　大船渡市内を営業エリアとする乗合バス事業者（岩手県交通）は，津波により大船渡営業所が全壊したほか，所有する31両の車両のうち9両が流失する被害を受けた。震災時に営業所で待機していた車両は，同市内の高台にある回転場などに避難させ，車両被害を可能な限り食い止めた。同営業所には，津波災害時のマニュアルは整備されていなかったものの，前年2月に発生したチリ地震においても，岩手県沿岸地域では大津波警報が発令され，その際も同様に車両を避難させた経験があったことが結果として役に立った（同営業所へのヒアリングより）。一方，同市を運行するJR大船渡線と三陸鉄道南リアス線は，いずれも甚大な被害を受けており，本稿の執筆段階（2012年8月）においても運休が続いている。

　大船渡市における震災後のモビリティは，発災直後からの①緊急対応期（震災後～2011年4月上旬），避難所での生活が継続する②応急期（同年4月～8月頃），応急仮設住宅等に入居が進んだ③復旧期（同年8月以降）の3区分に整理することができ，鉄道や路線バスの復旧・再開状況は，表7-1に示したとおりである。

　①緊急対応期　　路線バスとしての通常の運行が不可能となった岩手県交通大船渡営業所は，大船渡市からの依頼を受けて3月13日から営業を再開した。当初は，米軍などのレスキュー隊の輸送を行うとともに，自衛隊による入浴施設が開設された3月下旬には，避難所と入浴施設との間の送迎を行った。一方，都市間輸送に関しては，同市と盛岡市を結ぶ急行盛岡大船渡線が3月19日より運行を再開している。このように，大船渡市における緊急対応期のモビリティ確保は，交通事業者による都市間輸送の復旧が進められた一方で，域内交通については，行政からの依頼による救援従事者や入浴に関する送迎など，平時のモビリティ確保とは異なる目的に対応していた。

表7-1　大船渡市における鉄道・乗合バスの復旧・再開状況

緊急対応期	2011年3月11日	東日本大震災発生。岩手県交通大船渡営業所流失。車両も31台のうち9台が流失。市内を運行するJR大船渡線，三陸鉄道南リアス線は震災直後から運休に。
	2011年3月13日	岩手県交通大船渡営業所の営業再開（バス車両を営業所として活用）。当初は，米軍レスキュー隊などの輸送を担う。
	2011年3月19日	岩手県交通，急行盛岡大船渡線の運行を再開
	2011年3月下旬	自衛隊による入浴施設の開設にあわせ，送迎を開始
応急期	2011年4月4日	大船渡市の依頼により，市内で無料路線バスの運行を開始（岩手県交通に7路線，市内の貸切バス事業者に1路線を委託）
	2011年4月22日	岩手県交通，隣接する陸前高田市（鳴石団地＝仮の中心部）と大船渡市を結ぶ市外路線の運行を再開
	2011年4月28日	岩手県交通，仙台市までの高速バスの運行を再開
復旧期	2011年8月8日	市内の無料路線バスの運行経路を再編
	2011年9月5日	無料路線バスの有償化（一乗車100円）
	2011年10月17日	市内の路線バスの運賃を「対キロ区間制」に移行（以降，順次路線やダイヤの調整を図る）
	2013年3月2日	JR大船渡線（気仙沼〜盛間）がBRTで仮復旧
	2013年4月3日	三陸鉄道南リアス線の一部区間が再開（盛〜吉浜間）

注：吉田ほか（2012）に一部加筆。

②応急期　大船渡市では，市民の買物や通院，通学，通勤などの日常生活における移動手段を確保することを目的として，2011年4月4日より，岩手県交通と三光運輸に運行委託を行い，市内8路線で無料バスの運行を開始した。いずれの路線とも，震災前とは異なる運行経路をとっているが，岩手県交通が運行する7路線については，すべて県立大船渡病院と市役所前，市街地のショッピングセンター（サンリア）を経由しており，現在に至るまで，概ね一日に4往復程度の運行である。また，4月22日には，隣接する陸前高田市の鳴石団地（仮設市役所等が立地）と大船渡市を結ぶ路線が再開されるなど，近隣市町へのモビリティが確保されるようになった（一部路線では，鉄道の代行輸送として，JRや三陸鉄道の定期券でも乗車可能となっている）。さらに，4月28日には，仙台市と大船渡市を結ぶ高速バスの運行も再開されている。

一方，4月下旬には，大船渡高校，大船渡東高校，高田高校（隣接する陸

前高田市より移転中）がそれぞれ再開されることになり，高校生の通学輸送を確保する観点から，県教育委員会が通学バスの運行を開始した（陸前高田市に居住する高校生が対象）。また，壊滅的被害を受けた陸前高田市から大船渡市内の病院やスーパーに向けた移動手段をNGOが運行するなど，外部のボランティアによるインフォーマルな輸送が避難者のモビリティ確保に貢献した。

③復旧期　大船渡市内を運行していた無料バスは，応急仮設住宅への入居にあわせ，同年8月8日に一部路線の経路変更を行い，9月5日からは有償化（一乗車100円（中学生以下無料）），10月17日からは，岩手県交通が運行する路線バスとして，通常の対キロ区間運賃が設定されるようになった。市内37箇所（当時）の仮設住宅団地の周辺には，団地の出入り口から最大でも概ね600m以内にバス停留所が設置されている。また，市外を結ぶ路線バスの運行経路も市内路線の経路と可能な限り統一させ，ほぼすべての路線が県立大船渡病院と市役所前，市街地のショッピングセンター（サンリア）を経由している。そのため，運行が開始された2011年4月以降，利用者数は増加傾向にあり，有償化される直前の8月までの間に，2倍近くの利用者数となった。また，対キロ区間運賃に変更された後においても，無料運行時の7割程度の乗客が利用している状況にある。その背景として，①各路線の運行経路が日常の外出に適した分かりやすい形態であることに加え，②基本的な運行経路は，応急仮設住宅の入居募集前から提示されていたことから，仮設住宅を申し込む時点からモビリティの提供状況も判断材料にできたことなどを挙げることができる。このように，復旧期におけるモビリティ確保は，平時のモビリティ確保にも通じた発想が援用可能であると考えられる。

2　原子力災害を受けた地域のモビリティ（南相馬市）

(1)　被害状況

　福島県南相馬市は，平成18年1月1日に旧小高町，旧鹿島町，旧原町市の1市2町の合併により誕生した市であり，太平洋に沿って位置している（図7-1）。震災前の人口は7万1494人（平成23年2月末時点）であり，同市の公

第 7 章　新しい地域づくりへ向けて　205

図 7-1　南相馬市全体図

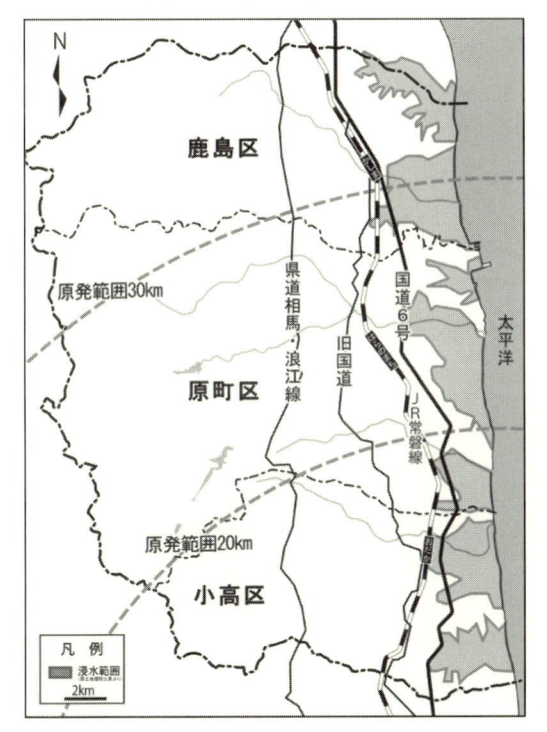

出所：吉田ほか（2012）

共交通は，JR常磐線（市内 5 駅），路線バス 3 社24系統，デマンド交通の「おだかe－まちタクシー」（小高区内）のほか，一部小学校を対象としたスクールバス，病院送迎バス「しあわせ号」（鹿島区内）がそれぞれ運行されていた。
　南相馬市では，東北地方太平洋沖地震で震度 6 弱（鹿島区，小高区）を観測し，大船渡市と同様に，市東部の沿岸部の集落，農地，漁港などに甚大な津波被害を受けた。死者は1032人（震災関連死を含む。2013年 3 月12日現在）と福島県内の市町村で最も多く，住家被害（全壊から一部損壊までを含む）は3665世帯にのぼった（2012年 3 月15日現在）。加えて，同市は，福島第一原子力発電所事故の影響を受けている。図 7-2 は，現在に至るまでの避難指示区域や原子力災害区域の変遷を示したものであるが，南相馬市では， 3 月12日に

は小高区の大部分を含む福島第一原子力発電所から半径20km圏内の住民に避難指示，3月15日には同半径20km以上30km圏内の住民に屋内退避指示が出された。

（2）震災後のモビリティの変遷

南相馬市におけるモビリティの変遷は，福島第一原子力発電所事故による避難指示区域や原子力災害区域の変化とともに捉える必要がある。そこで，本稿では，①震災後から原子力災害区域の設定以前を「緊急対応期」，②原

図7-2 避難指示区域および原子力災害区域の変遷

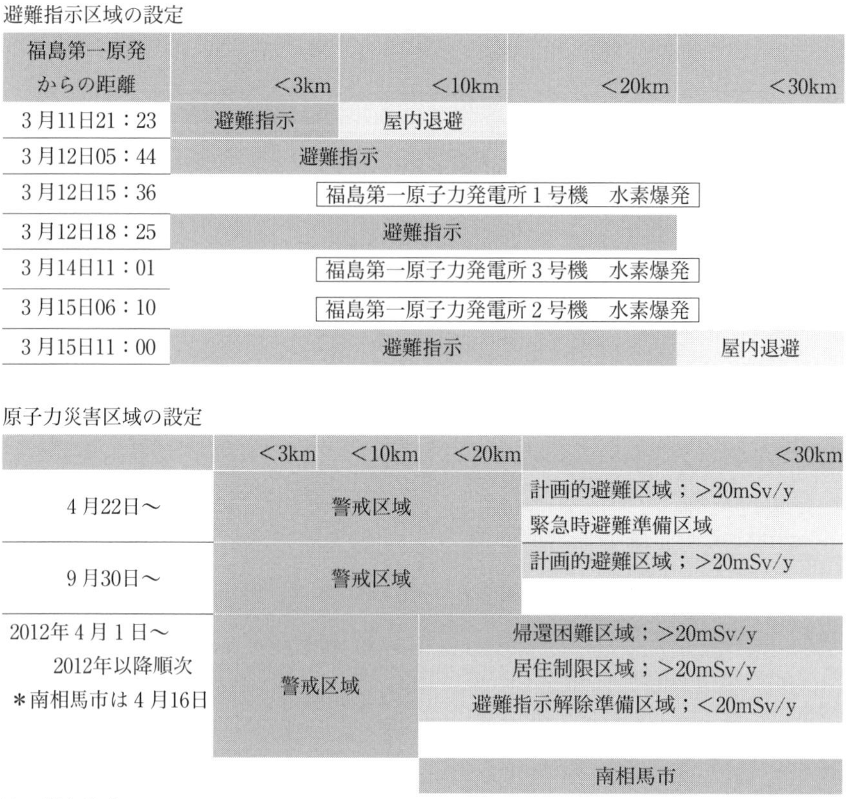

避難指示区域の設定

福島第一原発からの距離	<3km	<10km	<20km	<30km
3月11日21：23	避難指示	屋内退避		
3月12日05：44	避難指示			
3月12日15：36	福島第一原子力発電所1号機　水素爆発			
3月12日18：25	避難指示			
3月14日11：01	福島第一原子力発電所3号機　水素爆発			
3月15日06：10	福島第一原子力発電所2号機　水素爆発			
3月15日11：00	避難指示			屋内退避

原子力災害区域の設定

	<3km	<10km	<20km	<30km
4月22日～	警戒区域			計画的避難区域；>20mSv/y／緊急時避難準備区域
9月30日～	警戒区域			計画的避難区域；>20mSv/y
2012年4月1日～ 2012年以降順次 ＊南相馬市は4月16日	警戒区域			帰還困難区域；>20mSv/y／居住制限区域；>20mSv/y／避難指示解除準備区域；<20mSv/y
				南相馬市

注：筆者作成

子力災害区域の設定から緊急時避難準備区域の解除までの期間を「応急期」、③その後の期間を「復旧期」として整理する。

①緊急対応期　南相馬市では、3月11日発災後から市内の全ての公共交通機関が運休となったが、福島第一原子力発電所事故に伴う避難指示にあわせて、3月15日から約10日間をかけて、市外へ向けて市民の一時避難を実施した。自主避難者約5万5000人のほか、市が用意したバスを利用した避難者約5000人は、福島県内のほか群馬県や新潟県へ集団避難した。しかし、原子力災害に関する情報が交錯したことで、市外のバス事業者が市内まで入れない状況にあったことから、近隣の川俣町や二本松市等に中継地を設けて、市内と中継地との間を市内バス事業者や市の保有車両等で誘導し、中継地から各地へ市民を避難させる方式を採った。これにより、南相馬市では、震災前に約7万人いた居住者が、3月末時点で約1万人にまで減少したと推定される（同市ヒアリングより）。

また、市外に一時避難した市民は、各地の避難所・ホテル・旅館に滞在していたが、同市では、避難先で遠距離通学をする児童・生徒の登下校手段として、スクールバスの運行を支援した。

②応　急　期　2011年4月22日に原子力災害区域が設定されたことで、福島第一原発から半径20km以上30km圏内に指示されていた屋内退避が解除され、空間放射線量により計画的避難区域と緊急時避難準備区域に再編された。また、原発から半径30km圏外に位置する鹿島区内の小学校3校と中学校1校が自校再開、その他小中学校は鹿島区内に設けた仮設校舎において授業が再開された。こうした動きのなかで、市役所など市の中心部がある原町区を含めた居住者の帰還が進むようになったが、同市と仙台や東京方面を結ぶJR常磐線の復旧見込みが立たないことから、仙台や福島方面へ向けた広域バス路線の新設が見られるようになったことが特徴である。

表7-2は、応急期におけるバス路線等の新設・再開に関する状況を整理したものであるが、市内に本社を置くバス会社（有限会社はらまち旅行〈現・東北アクセス株式会社〉）が南相馬市と仙台を結ぶ路線を新設している。一方、県内最大の乗合バス事業者である福島交通も福島市と南相馬市を結ぶ路線

を新設しており，いずれもJR常磐線の代行バスの運行よりも早期に開始している。こうした地域間を結ぶバス路線が比較的早期に設定されたのは，国土交通省の対応によるところが大きいと考えられる。表7-3は，東日本大

表7-2　南相馬市におけるバス路線等の新設・再開（応急期）

開始日	路　線	事業者	区分
4月13日	しあわせ号（病院送迎バス）	鹿島厚生病院	再開
4月15日	原町・仙台線（1往復/日）	はらまち旅行	新設
4月18日	相馬・原町線（高校スクールバス目的として運行）	はらまち旅行	新設
4月22日	市内路線（5系統）	福島交通	再開
4月22日	鹿島区スクールバス	はらまち旅行	新設
4月27日	相馬・原町線	福島交通	再開
5月16日	福島・南相馬線（相馬市経由）	福島交通	新設
5月23日	亘理・南相馬線（JR常磐線代行バス）	JR東日本	代行
7月23日	東京・南相馬線（高速ツアーバス）	SDトラベル	新設

注：吉田ほか（2012）に一部加筆。表中の年代は全て2011年。

表7-3　地域間輸送における規制緩和措置

3月12日	東北地方太平洋沖地震の発生に対応したバス輸送の対応について ・乗合バスの迂回運行（道路運送法17条に基づき，事前届出不要） ・近隣他県の貸切バス事業者の輸送力投入 ・鉄道代替輸送の輸送力確保
3月16日	東北地方太平洋沖地震を踏まえた高速バスの輸送力確保について ・他社車両の活用が認められるとともに，貸切バス会社（営業区域外も可能）への委託も可能に ・高速道路の緊急車両指定にバスが追加され，長距離都市間輸送が充実。平時の3倍近くの輸送量が確保され，乗客も2倍に。東北新幹線全線再開（4月29日）まで実質的に機能。
3月18日	東北地方太平洋沖地震を踏まえた，通達「一般貸切旅客自動車運送事業における臨時の営業区域の設定について」（平成19年9月13日付国自旅第139号）の柔軟な運用について ・高速バスに限らず，被災地域からの避難や移動手段確保の要請に対応できるようにした。

注：国土交通省総合政策局（2012）[4]を参考に筆者作成。表中の年代は全て2011年。

震災を受けた都市間バスの規制緩和措置の概要を示したものである。不通となった東北新幹線を代替する輸送力の確保をはじめ，被災地域における移動手段として，新規の地域間輸送を一時的に分担する場合に，貸切バス事業者等の参入が可能になった（道路運送法21条許可）。また，震災により直接甚大な被害を受けた市町村（地方運輸局長が毎年度指定）においては，路線バスの国庫補助制度である地域公共交通確保維持事業の補助要件が2015年度予算分まで緩和されることになり，貸切バス事業者等が地域間輸送を担う場合についても，財政的な支援が受けられるようになった。こうした仕組みが災害時の地域間輸送確保に寄与した。

③復旧期　2011年9月30日に，原町区の大部分が含まれていた緊急時避難準備区域が解除されたことに伴い，原町区の小・中学校が順次，自校再開された。また，鹿島区を中心に応急仮設住宅が整備されたことで，仮設住宅から医療機関や商業施設等を結ぶモビリティの確保が進められるように

表7-4　南相馬市におけるバス路線等の新設・再開（復旧期）

開始日	路線	事業者	区分
2011年9月1日	仮設住宅巡回バス（2系統）	鹿島厚生病院	新設
2011年9月26日	仮設住宅巡回バス（2系統）	はらまち旅行	新設
2011年10月17日	原町区スクールバス	はらまち旅行	新設
2011年11月17日	南相馬・仙台線（2往復/日）	はらまち旅行	増便
2011年12月15日	福島・南相馬線（川俣経由＝経由変更）	福島交通	新設
2011年12月21日	JR常磐線の運転再開（相馬〜原ノ町間）	JR東日本	再開
2011年12月23日	南相馬・仙台線（6往復/日）	はらまち旅行	増便
2012年1月10日	太田小循環線	はらまち旅行	再開
2012年4月1日	南相馬・仙台線（8往復/日）	はらまち旅行	増便
	福島・南相馬線（川俣経由・4往復/日）	福島交通	増便
	福島・南相馬線（川俣経由・4往復/日）	はらまち旅行	新設
2012年10月30日	一時帰宅交通支援事業（ワゴン車による予約制の送迎）（週3日運行）	市・福島大・冨士タクシー・三和商会	新設
2012年11月1日	南相馬・仙台線（特急系統・2往復/日）	はらまち旅行	新設

注：吉田ほか（2012）[3]に一部加筆。

なった。

　表7-4は，復旧期におけるモビリティ確保の状況を示したものである。仮設住宅からの移動手段として，応急期に復旧した鹿島厚生病院の「しあわせ号」が新規系統を開設したほか，福島県地域支え合い体制づくり助成事業補助金を活用して，南相馬市が仮設巡回バス2系統の運行をはらまち旅行に委託している（各系統とも週3日運行）。また，12月21日には，高校生の通学手段確保に対する強い要望に応え，しばらく運休状態にあったJR常磐線の一部区間（相馬～原ノ町間）が再開した。地域間輸送に関しては，福島，仙台方面ともに増便が図られた。特に，福島市方面の便は，福島交通とはらまち旅行（現・東北アクセス）の2社が4往復／日ずつ運行している状況にあり（但し，共同運行は行われていない），運行経路も相馬市を経由せず，より短い経路で結ばれるようになった。(2) なお，本稿執筆時点では，2社が運行する福島方面，仙台方面の路線について，先述の地域公共交通確保維持事業に基づく運行費補助の対象となっており，(3) 通勤・通学定期券も発行され，利便性の向上が図られている。

　その一方で，2012年4月16日には，市内の警戒区域が再編され，小高区の大半が避難指示解除準備区域もしくは居住制限区域に指定された（図7-2）。これらの地区は，避難指示が継続されているため，宿泊することはできないが，スクリーニングや線量の管理を行わなくても，立ち入りが可能になった。そのため，帰還に向けた自宅の清掃や修繕などのほか，墓や仏壇の管理などの用務のために，一時帰宅をするニーズが生じている。しかし，区域再編当初は，小高区までのモビリティが提供されていなかったことに加え，頻繁に一時帰宅を行う層は高齢者が多く，自家用車を保有していない市民は，知人に依頼して送迎してもらうケースが少なくないことが分かった（同市と筆者のヒアリングによる）。そこで，2012年10月30日より，南相馬市では，運休中のデマンド交通「おだかe-まちタクシー」の乗務員（この運行を契機に，小高区内のタクシー事業者2社がそれぞれ本社営業所を移動して営業を再開）とオペレータ（福島大学うつくしまふくしま未来支援センターの事務補佐員として雇用）を活用した一時帰宅交通支援事業を開始しており，避難区域におけるコミュ

ニティづくりにも貢献している。

3 次の災害に備え「転ばぬ先の杖」をデザインする

これまでに述べたように，災害時のモビリティ確保は，とりわけ初期段階において平時とは異なる対応をしなければならない。東日本大震災では，多くの自治体や交通事業者が困難な対応を強いられることになったが，今回は「うまく対応できたこと」が次の災害でも有効に機能するとは限らない。そこで，震災の経験をアーカイブし，災害発生以前から備えておくべきことを明確に定めることが有効である。沿岸部で津波被害を受けた青森県八戸市は，同市が設置する八戸市地域公共交通会議に分科会（市，国土交通省，鉄道・バス・タクシー，道路管理者が主な構成員）を設置し，2012年度末に「災害時公共交通行動指針」を策定した。

災害時における自治体や関係主体の行動指針は，災害対策基本法に基づき策定される地域防災計画に定められている。表7-5は，八戸市地域防災計画（地震編）の抜粋である。同市を運行する路線バス事業者は，公営企業で

表7-5 八戸市地域防災計画（地震編）抜粋

第1章　総則	処理すべき事務または業務の大綱
東日本旅客鉄道㈱ （八戸駅）	1　応急資材の確保に関すること。 2　災害警備体制の確保に関すること。 3　列車運転の安全と輸送の確保に関すること。
県トラック協会三八支部 南部バス㈱ 十和田観光電鉄㈱ 日本通運㈱八戸支社	1　災害時における災害対策要員及び物資等の輸送の確保に関すること。

第2章　防災組織	分担事務
運輸班（八戸市交通部）	1～3　省略 4　バス緊急輸送の確保に関すること 5　バス運行路線の確保に関すること 6　バス運行の広報に関すること 7～8　省略

出所：八戸市資料より作成。

ある八戸市交通部のほか，南部バス，十和田観光電鉄の三者がある。このうち，八戸市交通部は，「バス緊急輸送の確保に関すること」など，運行に関する事項が分担事務に含まれているが，南部バスと十和田観光電鉄は，物流事業者とともに「災害対策要員及び物資の輸送の確保に関すること」が処理すべき事務に位置づけられている。同市内には，八戸市交通部が運行していない地域もある一方，乗合バス事業者自体は貨物輸送を行っていないことから，民間バス事業者であっても，八戸市交通部と同様の事務を担うことが適当である。また，鉄道事業者に関しては，JRから経営分離された第三セクターの青い森鉄道（目時～青森間の旧東北本線）が位置づけられていない。つまり，地域防災計画に位置付けられた内容が災害時のモビリティ確保に向けた実質的な指針になっていなかったという課題がある。このことは，八戸市に限ったことではなく，多くの自治体で共通した特徴である。

八戸市災害時公共交通行動指針は，地域防災計画に位置づけられた公共交通事業者の事務内容を確認した後，東日本大震災の経験に基づいて，災害発生により想定される公共交通運用の場面（図7-3）を設定し，公共交通事業者個々の対応可能性やリスクを整理した。そのうえで，表7-6に示したように，行政や事業者相互の連携が必要になるケースを定めているが，事前に「取り決め」をしておかないと，災害時に運用できない事項も多く，「転ばぬ先の杖」をデザインすることの重要性が見て取れる。

なお，本行動指針は，地域防災計画で想定されている災害が発生した場合には，災害対策本部を最高機関とし，市公共交通会議を所掌する都市政策課が適用の判断等を行うことを定めているが，災害対策本部が設置されない場合でも，公共交通の運行に大きな影響を及ぼすケースが想定され，市都市政策課が行動指針の必要性を判断した場合もしくは交通事業者等から要請があった場合は適用することを定めている。したがって，本指針は，地域防災計画を補完する役割を担っており，同計画の改定にも作用する。

図7－3　災害発生により想定される場面

			緊急対応期			応用期	復旧期
			当日	3日間	1週間	1ヶ月間	1ヶ月以降
			避難・救援・安否確認			避難所生活	仮説住宅生活
運行	安全確保		運行中に乗客と乗務員が被災				
運行	安全確保		事務所内の職員が被災				
運行	サービス提供	インフラ被害対応	道路が被災して定期路線バスを運行できない				
運行	サービス提供	インフラ被害対応	鉄軌道，駅舎，電力供給施設等が被災したため，代替バス運行の必要性が発生				
運行	サービス提供	需要への対応	被災者の避難所までの移動などの緊急的な輸送の需要が発生			通院や入浴などの最低限交通確保のための臨時的な輸送の需要が発生	仮説住宅への以降に伴い，通勤通学，買物などに関わる公共交通需要が変化
運行	サービス提供	需要への対応	遠隔地への移動のため，高速バスや新幹線との接続の需要が発生				
運行	交通資源の確保	施設	社屋等が被災				
運行	交通資源の確保	車両	バス車両が被災して，路線バスを運行できない				
運行	交通資源の確保	燃料		燃料不足により，路線バスを運行できない			
運行	交通資源の確保	人	乗務員が被災またはマイカー通勤者の燃料不足により通勤できず，乗務員が不足				
運行	交通資源の確保	人	職員が災害対応しており，運行にあたる職員が不足				
情報	情報収集及び発信	伝達	停電や基地局の被災により，平常時の通勤・連絡手段が使用できず，情報を伝達できない				
情報	情報収集及び発信	収集	各関係機関で情報収集しなければいけないので，その労力がかかる上，情報も不足				
情報	情報収集及び発信	発信	日々変化する公共交通の運行状況を地域住民に情報発信しきれない				

出所：八戸市資料。

表7-6　公共交通の主な連携対応場面

サービス提供（インフラ）	・道路が被災して定期路線が運行できない場面において，バス事業者間だけでは対応できず，行政の調整が必要となった場合，バス事業者，交通事業者，道路管理者，交通管理者で協議し，代替運行路線及び運行条件を決定する。
サービス提供（需要の対応）	・通院や入浴施設などの最低限な交通確保のために臨時的な輸送の需要が発生した場面において，現行の運行路線では対応できない場合，八戸市都市政策課（市地域公共交通会議事務局）からバス事業者に運行依頼と運行条件を提示して，東北運輸局と協議し，臨時的な輸送を実施する。
交通資源の確保（車両）	・バス車両が被災して，路線バスを運行できない場面において，数台程度が必要な場合，バス事業者同士で融通する。
情報収集	・行動指針を適用する災害や被害が発生した場合，各関係機関（交通事業者，道路管理者，交通管理者）は60分以内に情報連絡網に沿って八戸市都市政策課に状況連絡を行い，都市政策課が一元的に管理する。
情報発信	・一元的に管理した交通事業者の運行情報を八戸市役所，中心市街地，八戸駅の3拠点，ラジオ，「ほっとスルメール（市が運営する防災メーリングリスト）」等を活用して発信する。

注：城平ほか（2013）をもとに筆者加筆。

さいごに

　本節では，東日本大震災発生後から概ね2年間の大船渡，南相馬両市のモビリティの変遷を示した。緊急対応期のモビリティは，平時の公共交通とは異なるニーズ（米軍など支援者の輸送や入浴施設への送迎）に対応していた半面，復旧期には，応急仮設住宅からの通学や買物，通院といった平時のモビリティ確保策と共通した考え方が求められていたのが，両市に共通した特徴であった。なかでも，応急仮設住宅の入居募集以前から基本的なバス路線網を示していた大船渡市の手法は，無料運行が終了した後も無料運行当初と比較して多くの乗客が利用しており，路線網の設計方法も含めて，平時の公共交通計画においても示唆に富んだ事例である。一方で，原子力災害による直接的な被害を受けた南相馬市では，市外・県外を含め，従前地から離れた場所に分散して避難していることが特徴である。そのため，広域的な移動手段を提供することが地域復興の観点からも，平時以上に重要である。鉄道の復

旧が見通せないなかで，既存の乗合バス事業者と市内の新規事業者がそれぞれ都市間バスの運行に踏み切った点が特徴的であった。しかし，原発事故直後の避難に関しては，公共交通事業者にも放射性物質の飛散予測やリスクに関する情報が適切に提供されず，車両の調達が円滑ではなかった等の課題があった。

また，東日本大震災の経験を踏まえ，災害時の公共交通運用指針を検討した青森県八戸市の事例では，災害時に行政や交通事業者間の連携が必要になる場面を事前に想定し，「取り決め」をしておくことの重要性が確認された。

（吉田　樹）

〔注〕
（1）　デマンド交通；利用希望者からの事前予約に応じて，経路やスケジュールを設定して運行する乗合公共交通。
（2）　南相馬市と福島市とを結ぶ最短経路では飯舘村を通過するが，同村は計画的避難区域に指定されていたことから，バス事業者は当初，相馬市まわりの経路を設定した。
（3）　但し，黒字の通行が見込まれる路線（系統）には財政支援はない。

〔参考文献〕
吉田樹（2012）「東日本大震災被災地におけるモビリティと避難者のアクセシビリティに関する考察」『交通科学』34-1，11-18頁
独立行政法人港湾空港技術研究所（2011）「2011年東日本大震災による港湾・海岸・空港の地震・津波被害に関する調査速報」『港湾空港技術研究所資料』1231，68頁
吉田樹・松浦克之・川崎謙次・長谷川潤（2012）「東日本大震災後の地域モビリティ確保に関する考察」『土木計画学研究・講演集』45，CD-ROM
国土交通省総合政策局（2012）「地域モビリティ確保の知恵袋2012」
城平徹・吉田樹・室谷亮・畠山智・井上幸光（2013）「災害時における地域公共交通の提供方策―八戸市地域公共交通会議による検討を事例として―」『土木計画学研究・講演集』46，CD-ROM

II　住民帰村のための川内村での取り組み

はじめに

　東日本大震災とそれにともなう東京電力福島第一原子力発電所事故による原子力災害は、双葉郡8町村を中心に広い地域で全住民の長期避難を強いる結果となった。全住民が長期避難するという状況は、各地域が有していた文化や生活、社会経済的諸機能をすべて喪失することを意味する。加えて原子力災害被災地では、空間放射線量等の問題もあり、生活インフラ復旧が進みにくい状況にある。こうした状況は、帰還が可能となった際に、復旧・復興への歩みをさらに遅らせることにつながる。
　本稿では、発災から約9ヶ月間の全村避難を余儀なくされた川内村を事例に、帰還後の機能回復プロセスに注目し、機能回復の重要性、取り組むべき課題、問題点を明らかにすることを目的とする。対象として、商業機能の回復プロセスを中心に考察する。
　日本国内に限ると、市町村単位での長期避難の事例に、2000年三宅島雄山噴火による火山ガスの大量放出にともなう東京都三宅村の長期避難がある。三宅村は、火山活動の活発化と火山泥流の発生による生活インフラの寸断により2000年9月に全村避難となった。その後、火山ガス（二酸化硫黄）の大量噴出により帰島が困難となり、2005年2月に避難解除に至るまで、4年5ヶ月にわたる長期避難を強いられた。自然災害と原子力災害と異なる点が多いとはいえ、長期避難を経験した後の復興状況は参考になるものが多い。
　表7-7は、2000年三宅島雄山噴火災害と、2011年東日本大震災の川内村の状況とを簡単に比較したものである。川内村の状況は、再度詳述するので省略する。三宅村の場合、2005年に帰村（帰島）した時の世帯数はほぼ横ばいであるにもかかわらず、人口は避難前の3分の2程度にまで減っている。帰村に際して、世帯の数は戻ったが、家族構成に大きな変化が生じているこ

表7-7 三宅村・川内村被災状況の比較

	三宅村（東京都三宅支庁）	川内村（福島県双葉郡）
土地条件	離島 （伊豆諸島 三宅島）	中山間地域 （過疎地指定・阿武隈山地）
災害発生	2000年6月～	2011年3月11日
災害の種類	火山災害 （噴火・降灰・泥流・火山ガス等）	地震災害 （地震災害：とくに大きな被害は無し） 原子力災害（東京電力福島第一原子力発電所事故：空間線量増・土壌汚染等）
避難期間	2000年9月～2005年2月（4年5ヶ月）	2011年3月～2012年2月（11ヶ月）
人口変化 人口 世帯数 人数／世帯 資料	被災前 06年 ※ 　 12年 ※ 3,828→2,832 74%→2,711 71% 1,722→1,697 99%→1,682 98% 2.22→ 1.67 － → 1.61 － 95国調 '06住基台帳 '12住基台帳	被災前 12年 ※ 　 13年 ※ 2,820→2,811 100%→2,805 99% 950→1,113 117%→1,132 119% 2.97→ 2.53 － → 2.48 － 10国調 '12住基台帳 '13住基台帳
避難先	主に東京都内（都営住宅等に入居）	県内（郡山・いわきなど）～ 全国（仮設住宅・借り上げ住宅など）
賠償等	特になし	原子力災害による賠償
物流	定期船と貨物船による輸送 （輸送能力に限界がある）	相双地域・いわき市・郡山市との広域輸送ルート（トラック）

注：被災前を100%とした割合
資料：三宅村・川内村資料，国勢調査等により作成。

とが読みとれる。避難期間が4年5ヶ月と長期にわたったものの，この程度の人口減少で済んだという見方もあるが，全村避難後の厳しい状況が見て取れる。川内村の場合も同様な状況が今後予想される。こうした先行事例を踏まえたうえで，復興のための対応策を検討することが重要である。

1 川内村の被災とその後の状況

　表7-8は2011年3月11日の東日本大震災以降の川内村の対応をまとめたものである。地震の震度は6弱と強いものであったが，揺れによる被害は少なかった。川内村はほぼ全域が東京電力福島第一原子力発電所から30km圏内に入る位置にある。しかし，地震直後に原子力発電所事故が村に大きな影

表7－8　川内村被災直後から帰村までの主な動き（2011年3月～12年3月）

日付	主な動き	東京電力福島第一原子力発電所直後の経過
2011.3.11	川内村・震度6弱 災害対策本部設置	3.11　全電源喪失・原子力緊急事態宣言
2011.3.12	富岡町・川内村への避難呼びかけ（8,000人受け入れ）双葉警察署，本部を川内村へ移管	3.12　半径10km圏内住民避難指示（20km圏内に拡大），1号機ベント作業開始，1号機水素爆発，海水注入
		3.13　3号機海水注入
		3.14　3号機水素爆発，2号機冷却機能喪失
2011.3.15	住民へ自主避難指示	3.15　2号機ベント，4号機水素爆発，2号機で爆発音，20～30km圏内屋内退避（各地で放射線量急上昇）
2011.3.16	川内・富岡合同対策本部で自主避難決定，避難指示→ビックパレットふくしま（郡山市）マイクロバス8台で避難開始	3.16　3・4号機使用済み核燃料プール冷却水沸騰
		3.17　ヘリコプターによる放水・地上からの放水開始
		3.18　原子力保安院（当時）「レベル5」発表
2011.4.1	二次避難開始（ビックパレットから旅館・ホテルへ）	
2011.5.10	一時帰宅開始（原発半径20km圏内警戒区域で初めて）	
2011.6.8	郡山市内3箇所（321戸）に設置した仮設住宅への入居開始	
2011.9.6	復旧計画を国に提示　緊急時避難指示準備区域解除に向けて	
2011.9.12	復旧計画を公表（2～3月の帰還方針を示す）	
2011.9.16	災害復興ビジョン策定	
2011.9.30	緊急時避難指示準備区域解除	
2012.1.31	帰村宣言「戻れる人は戻る。心配な人はもう少し様子を見てから戻る」	
2012.2.1	村民の帰村開始	
2012.3.26	行政機能村内で再開	
2012.4.1	診療所・学校機能等再開	

資料：川内村資料・国土技術研究センターHP・サンデー毎日緊急増刊3『メルトダウン福島第一原発詳細ドキュメント』より作成。

第7章 新しい地域づくりへ向けて

響を与えると考えた人は少なかった。しかし、震災発生以降、東京電力福島第一原子力発電所の状況は日々悪化していった。地震の翌日には富岡町の約8000人の住民が川内村へ避難、その対応に追われた。さらに、4号機が水素爆発を引き起こした15日には、村内で毎時20.5μGy（≒μSv）を記録した。村は16日になって、富岡町とともに郡山市のビックパレットふくしまへ全村避難を決断した。

　その後、比較的村内の線量は低かったこともあり、同年9月には復興計画を公表、9月30日には避難区域の再編（一部地域を除く30km圏内の大半を占めた「緊急時避難準備区域」が解除）となった。村は区域再編を受け、帰村に向けての取り組みをはじめる。そして、12年2月には「帰村宣言」を発表、原子力災害の影響に対して様々な考え方がある中で、「戻れる人から戻ろう」と呼びかけた。3月末には村役場の機能を避難先の郡山市内から村内の庁舎に戻し、4月には学校・診療所を再開、新たなバス路線を開設するなど徐々に村の諸機能を再開させていった。

　川内村は全町村避難となった町村のうち、約9ヶ月と比較的短い避難期間であった。にもかかわらず、住民の帰村が進まないという状況がみえてきた。表7-7の川内村の人口をみると、被災前とほぼ変わっていない。一見、「住民は村にもどっているのではないか」と思われるが、全村避難中も仮設住宅等へ移った後も、原子力災害の賠償や投票権のことがあり、住民の多くは住民票を村外に移していない。このため統計上（住民基本台帳上）人口は、被災前と大きく変わっていないことになっている。一方世帯数は、被災前よりも増加している。被災前、川内村をはじめとする山間部では、複数世代で構成される大家族世帯が多かった。原子力災害による避難、その後の仮設住宅等では、これまでの大家族で生活できるような住居が確保できない場合が多い。応急仮設住宅の広さは災害救助法で29.7m^2（約9坪）が標準とされている。間取りにすると2DK程度である。民間借り上げ仮設ではファミリータイプの物件が多く利用されているが、3世代が同居できる物件は少ない。また、原子力災害の影響を考え、子どもを避難させている場合もある。そのため、世代毎、または、親世代と父親世帯、母親・子ども世帯というような家

族を分ける形で世帯数が増えていることを裏付けている。川内村の避難者は，郡山市，いわき市，田村市に約8割が避難している。そのうち約6割が郡山市に居住している（2012年7月：図7-4）。

このような状況から，実際に帰村している人口・世帯を把握するのは難しい。そのため，村では週4日以上村内に滞在している人を帰村者として，おおよその数で把握している。当初4月の段階で500名程度であったが，13年10月には約500名程度と被災前人口の約1/2が村内に帰村している[2]。

村民の帰村が進まない理由はいくつかある。原子力発電所に近い，事故が安定収束していない，放射能汚染が心配といった原発事故に伴う心配，就労の問題，学校・病院の問題，そして買い物等の利便性の問題があがっている[3]。村はこのような課題に対応し，住民帰村を進めるための条件整備を進めている。次項では，その中で，生活インフラの一つ商業機能の復活への取り組みをみていく。

2　崩れた地域の枠組み

震災前，川内村の生活は，同じ双葉郡の沿岸部，とくに富岡町との関係性が深かった（図7-4）。双葉町や大熊町の病院，富岡町のショッピングセンター，JR常磐線富岡駅を経由して双葉町やいわき市方面への通学，職場としての電力関係など，富岡町に生活インフラの一部を依存しており，また富岡町が川内村の玄関口としての役割を担っていた。帰宅途中での買い物などついでの用を済ませるのも富岡町であった。また，川内村への物流も，郡山方面から川内村を抜けていわき方面へ，またはその逆ルートというような，広域圏の物流ルートの1地点として組み込まれていた。村内にある商店も，主な仕入れは富岡町を経由し沿岸部やいわき市の卸売市場であった。また，行政関係も川内村は双葉地域の広域市町村圏に属しており，警察・消防・屎尿ゴミ処理など双葉郡と一体となったシステムの中に入っていた。

しかし，震災により双葉郡の町村は川内村を含め全町村避難，沿岸部の町村は警戒区域となってしまった。このため各町村が有していたすべての機能が停止，川内村を取り巻く広域の関係性が破壊されてしまった。川内村の帰

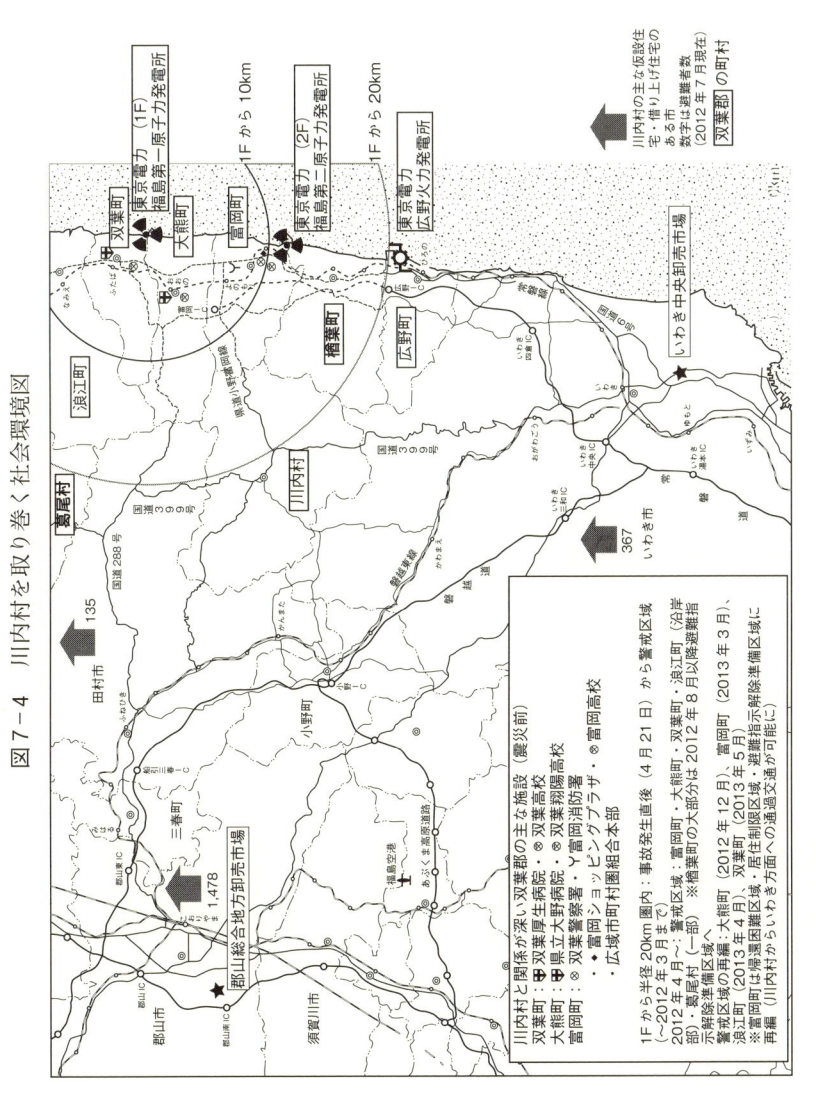

第 7 章　新しい地域づくりへ向けて　221

図 7-4　川内村を取り巻く社会環境図

1F から 10km／1F から 20km
東京電力福島第一原子力発電所（1F）
東京電力福島第二原子力発電所（2F）
東京電力広野火力発電所

双葉町／大熊町／富岡町／楢葉町／広野町／浪江町／葛尾村／川内村／田村市／三春町／小野町／いわき市／郡山市／須賀川市

川内村の主な仮設住宅・借り上げ住宅のある町で、数字は避難者数（2012年7月現在）双葉郡の町村

いわき中央卸売市場
郡山総合地方卸売市場

川内村と関係が深い双葉郡の主な施設
双葉町：⊕双葉厚生病院・⊗双葉高校
大熊町：⊕県立大野病院・⊗双葉翔陽高校
富岡町：⊗双葉警察署・⊗富岡消防署・⊗富岡高校・⊕富岡ショッピングプラザ・⊕双葉町町村圏組合本部
広域市町村圏組合本部

1F から半径 20km 圏内：事故発生直後（4月21日）から警戒区域（～2012年3月まで）
双葉町・大熊町・双葉町（2012年12月）、富岡町（2013年3月）、葛尾村（2012年4月～）、葛尾村（一部）・双葉町（2013年4月）、浪江町（2013年4月）、双葉町の大部分は2012年8月以降警戒区域、浪江町（2013年5月）
※富岡町は帰還困難区域・居住制限区域・避難指示解除準備区域に再編（川内村からいわき方面への通過交通が可能に）

資料：川内村資料、聞き取り調査により作成。

表7-9 川内村再開食料品取扱商店の状況（2012年8月現在）

商店名		(有) A	(有) B	C商店	Dコンビニ	E	F商店	G商店
取扱品目	震災前	荒物・資材・日用雑貨・食品・酒・ガス	食品・酒・荒物・燃料（ガソリンスタンドを経営）	よろず屋 生鮮品	生鮮食料品全般・日用雑貨	精肉・鮮魚・食品・仕出し	生鮮食品他食料品全般	食料品全般を店舗と移動販売
	震災後	変化なし	変化なし	生鮮品の取扱中止	生鮮食品販売中止雑誌販売中止	生鮮3品の取扱中止	生鮮食品販売継続	
再開状況		11年8月ごろ ※震災直後からガス供給	11年7月ごろ	11年6月ごろ ※避難しなかった	11年5月ごろ再開 12年8月休業 12年11月末大手コンビニエンスストアで再開	11年12月ごろ帰村 12年3月ごろ再開	12年4月ごろ再開	11年10月ごろ帰村 営業を再開せず（廃業）
								再開せず
主な商品・仕入先	震災前	食品関係は富岡の問屋、荒物は新潟、ガスは南相馬といわき	酒：郡山・いわき、パン：郡山・いわき、ガソリン：シェル	肉・卵・鮮魚は富岡	本部へ発注 ※POSシステム	鮮魚・野菜：富岡の業者、浪江の漁港、いわきの卸売市場	いわきの卸売市場	いわきの卸売市場
	震災後	食品関係は郡山の問屋、あとは変化なし	酒：浪江がなくなる、荒物：いわきのみ、ガソリン：東京	菓子類は小野町からの御用聞き	変化なし 流通ルートの関係で雑穀の入荷なし	郡山の卸売市場への配送がなくなり、市場で購入するようになった		
仕入れの不便さ		一部運送会社が川内村まで来ない	問屋が来なくなった。新たな問屋との取引条件が厳しい	パンの配送がなくなった。富岡の卸業者が廃業してしまった	息子が仕入れ（直売所勤務）、取引支払は現金決済			
その他		震災前は、郡山の問屋が富岡への配送途中に立ち寄ってくれた	震災前の村民が避難により大型店での買い物の楽しさを覚えた	震災前は都路村にもお客がいった、卸売業者も数社来てくれた	場所柄、在庫が必要。配送のトラックが来たがらない場所。電気代がかかる	震災後、「人が集まる場所にしたい」と思い、商品棚があった場所に机を置く。その後アルバイトの数が限られる。	震災前に息子に店を任せたが、震災後に村の直売所（郡山）で息子が働くことになり、再登板した。	75歳になるので、店舗・移動販売をやめた。後継者はいない。

資料：遠藤明子・福島県と共同の聞き取り調査による。

村は，一度壊れてしまった地域の枠組みを復旧させ再構築していく取り組みでもあった。

　商業機能も例外ではなく，仕入れ・配送などに影響が出ていた。表7-9は川内村の主に食品関係を取り扱う商店への聞き取り調査をまとめたものである。これをみると，C・Eでは生鮮食品の販売を見合わせ，G商店では商売そのものをやめてしまっている。また，すべての店舗で仕入れ先等の変化や商品が入りにくいなどの影響が出ている。また，仕入れの不便さでは，運送会社が届けてくれない（A），問屋が来なくなった（B），パンの配送がなくなった（F・C）など物流が滞ることをあげている。また，B・Eでは，従来の問屋が廃業してしまったため，新たな問屋と取引をはじめる際の資金的なハードルの高さをあげている。各店舗とも，震災前に比べると客数を減らしており，経営的にも厳しい状況が伺える。また，懸念として「村民が避難により大型店での買い物の楽しさを覚えてしまった」というような声も聞かれた。

　この段階での商業機能の課題としては，「村民の帰村が先か，商業機能の拡充が先か」という点があげられる。商業者としては，ある程度需要が見込めない段階では，先行投資的に商品の充実を図りにくい。一方，帰村して生活をしていこうと考える村民（消費者）は，ある程度充実した商業機能を要望（帰村条件）としてあげていく。前述したように，震災前までは富岡町にあるショッピングセンターが村の商業機能の不足分を補っていた。現在では，代替機能が主な避難先のある郡山市や田村市船引となっている。

　また，震災前は，浜通りと中通りを結ぶ物流ルートの中に組み込まれていた川内村が，震災によりそのルートが分断され，「行き止まり」の場所になってしまったことも大きな課題である。震災後1/3程度まで落ち込んでしまった人口の村への物流ルートの確保は非常に厳しいものがある。これとあわせて，各商店の仕入れにかかる労力の増加も課題である。従来は沿岸部に出て取引先をまわりながら「ついでに」仕入れができたのが，現在は「わざわざ」いわきや郡山の市場へ仕入れに行く，そのような状況も見受けられる。

おわりに——商業機能回復の取り組みと課題

　村民のニーズへの対応と商業者の負担軽減の対応がせまられる中，村内ではいくつかの動きが見られる。一つは，生活協同組合による共同購入の開始である。郡山市の仮設住宅等で生活協同組合の共同購入を利用していた住民が帰村するにあたり，共同購入先の組合に働きかけたことがきっかけとなり，村内での共同購入・宅配事業が2012年10月から始まった。当初33世帯でスタートしたが，40ヶ所68人の利用にまで増えている（2013年2月）。

　また，8月末で営業を休止したDコンビニエンスストア（表7-9）の跡に，大手コンビニエンスストア川内村店が2012年12月に開店している。通常の店舗と同等かそれ以上の2,700アイテムを扱う破格の店舗といえる。川内村が店舗を借り上げ大手コンビニエンスストアに3年間無償貸与という形で出店。地元住民や除染関係者で賑わっていた。生協・大手コンビニエンスストアとも，震災前には川内村へは進出しておらず，全村避難後の村民帰村に向けた支援の出店となっている。

　一方，地元商業者たちは，川内村商工会を核とした共同店舗の開設にむけて取り組んでいる。その前段階として国や県の支援を受け，共同受発注システムを構築，運営をはじめている（2013年4月）。県内ボランタリーチェーンと協力してその配送ネットワークを利用し，各店舗の仕入れ負担を軽減するとともに，商品点数の拡大を目指すものである。あわせて，買い物弱者へのタブレット端末を配付，テレビ電話機能を活用した購入・配送システムを試験的に導入した。地元商業者ならではのサービス提供だといえる。加えて，共同店舗開設までの間，生活協同組合は支援活動として川内村村内での移動店舗販売を2013年4月から開始している。

　このように，徐々にではあるが，村内の買い物環境，とくに生鮮食品の買い物環境は整いつつある。加えて，警戒区域に指定されていた富岡町の区域見直しが2013年3月25日にあり，「帰還困難区域」「居住制限区域」「避難指示解除準備区域」の3区域に再編された。川内村からいわき市方面へ向かうための道路（県道小野富岡線や国道6号のいわき方面など）は全域が「居住制限

区域」「避難指示解除準備区域」に含まれたため，富岡町を経由していわき方面への通行が可能となった。震災以降，「行き止まり」であった川内村の状況がすこし改善された。しかし，富岡町の機能は失われたままであり，どの程度効果が表れるかは，今後の動きに注視していくしかない。

　全村民が一度村を離れ避難し，長期避難の後に帰村するという異例の状況の中，商業機能に絞り川内村の対応をみてきた。川内村は周辺市町村との関係性が震災と原子力災害により奪われてしまった。帰村にあたり，まずは村内である程度の機能確保に向けた取り組みがはじめられた。とくに商業機能は，住民生活と密接にかかわるため，早期の機能回復が必要である。川内村の商業機能回復のプロセスは，従来からある商店の活用，大手コンビニエンスストアの支援，生活協同組合の支援と協力という取り組みがなされた。これにより，村内の商業機能は震災前と同等程度には回復しつつある。しかし，震災前の富岡町との関係性を含めた広域での商業機能が戻ったのかというと，道半ばといえる。警戒区域が再編されたとはいえ，沿岸部の双葉郡の各町で様々な機能が回復するには，まだ時間がかかる。内陸側の田村市や三春町，郡山市との連携も視野に入れつつ，より広域的な取り組みの中で，川内村の商業機能をはじめとした諸機能の回復を目指していくことが重要である。

（髙木　亨）

〔注〕
（1）　福島県災害対策本部資料による
（2）　川内村資料による
（3）　川内村アンケート調査による
（4）　「つながろうCO-OPアクション情報」第26号　2013年2月27日発行
（5）　ファミリーマートホームページ
　　　http://www.family.co.jp/company/news_releases/2012/121130_3.html（2013年7月7日閲覧）
（6）　福島県・川内村・川内村商工会資料ほか。筆者は2012年度，福島県「ICTを活用した買い物支援事業」に委員として参加している。
（7）　つながろうCO-OPアクションブログ　2013年5月16日　http://shinsai.jccu.coop/shien/2013/05/post-141.html（2013年7月7日閲覧）

III　福島県が主役の地域エネルギー政策

はじめに

　東日本大震災および東京電力福島第一原子力発電所事故（原発事故）といった複合災害を契機に，ライフラインであるエネルギー（電力）の重要性が認識されるとともに，これまで電気事業において議論されていた電力自由化や発送電分離といった課題が広く認知されることとなった。今日の生活の中で電力は身近な存在となっているが，家庭であれば当該地域の一般電気事業者（東北地方や新潟県であれば東北電力）の電力しか選べない。その一方で福島県は水力発電，火力発電，原子力発電から作られた電力を関東へ供給してきた経緯がある。改めて福島県からエネルギー問題を問いかけることの意味は大きい。

　原発事故以降，再生可能エネルギー（再エネ）に対する期待も大きくなっている。2012年7月からは固定価格買取制度（FIT（Feed-in Tariffs）制度）が開始され，家の屋根に太陽光パネルが設置されたり，大規模なメガソーラー計画が全国的に計画されたりしている。しかし，福島県においては単に再エネを導入すればよいというわけではない。福島県では再エネを災害復興に向けた重要施策の一つに掲げ，再エネが電力を生み出すという役割だけでなく，雇用を生み出し経済を活性化させ，原子力発電に替わるようなあらゆる役割が期待されている。再エネはFIT制度のような保護政策が必要な未成熟な産業である一方，環境の面でも重要な役割を果たすことから，長期的な展望から福島県の災害復興に向けて再エネを活用する意味は大きい。福島県が再エネの「先駆けの地」として複合災害を克服し，より魅力的な福島県にしていくことが求められる。

　本節では，はじめに電気事業について福島県が果たしてきた役割を含めて概観し，併せて日本の再エネ政策について取り上げる。電気事業について理

解しておくことで，電力がどのように供給され，そのような中で再エネがどのように活用できるのか検討の幅を広げることができる。次に福島県の災害復興に向けた取り組みのうち，再エネに関して取り上げ，併せてその課題と政策提言を行う。最後に，政策としての再エネの位置づけについて説明を行う。再エネはエネルギーとしての電力生産，雇用創出・経済活性化，環境配慮の3つの側面から議論されることが多く，そこからエネルギー政策，経済政策，環境政策の3つの政策が密接に関係している。福島県で再エネ政策を進める際，何に重点を置くのかで取りうる政策も異なってくることから，最後にその分類を行う。

1　電気事業と再生可能エネルギー

（1）　電気事業の経緯

　日本では1886年に東京電灯が電気事業を始め，それ以降，日本各地で民間による電気事業が開始された。この時期は水力発電が主流で，水力発電に適した地域では電源開発が進められていた。そのような中で福島県では猪苗代湖や阿武隈川などを中心に電気事業が盛んに行われ，小さな企業でも水利権を持って電気事業を行い，県内の経済活動に大きく寄与していた。一方で，1899年に猪苗代湖の安積疎水を利用した沼上発電所（発電規模300kW，郡山絹糸紡績）で作られた電力が郡山市内に送られ，電力の長距離送電が行われるようになった。さらに1914年には猪苗代第一発電所（発電規模37,500kW，猪苗代水力電気，のちに東京電灯に合併）が完成し，東京市田端の変電所に長距離送電が行われるようになった。これを契機に電力の生産地と消費地の分離が進み，効率的に電力生産のできる大規模な電源開発が行われ，そこで作られた電力を消費地である都市部へ送電するという仕組みが形成されるようになっていった。小規模な電源であれば規模の経済があまり働かず，多くの電気事業者が存在できる。一方，電源の大規模化が進むことで，規模の経済が働くようになり，電気事業の効率化が図られることになる。日本では電気事業（小売）の競争が激化する中で，5大電力会社（東京電灯，東邦電力，大同電力，宇治川電気，日本電力）が台頭し，日本の電気事業の中心を担うことと

なった。その後，戦時中は一時国の管理下に置かれ，戦後は1951年に9電力体制（のちに沖縄電力が加わり10電力体制となる）が発足し，以後，長年に渡って地域独占体制のもとで，日本の電気事業が行われてきた。

　9電力体制発足後の大きな変化は1995年の電気事業法改正である。世界的な規制緩和，電気料金の内外格差などを背景に，電気事業の規制緩和が行われるようになった。中でも2003年の改正では，一般電気事業者と同様に発電と小売りができる特定規模電気事業者（PPS（Power Producer and Supplier），新電力とも呼ばれる）の参入が可能となり，一部の電力消費者は自由に電気事業者を選択できるようになった。いわゆる電力自由化である。ただし，電灯（家庭）と低圧（コンビニや小規模工場など）は規制されたまま一時的に議論が中断され，原発事故後に電力自由化の議論が再燃することとなった。なお，発送電分離は，垂直統合された電気事業のうち，発電部門，送電部門，小売り部門を分離し，発電部門や小売り部門で公平な競争関係を促すものである。

（2）　再生可能エネルギー政策

　日本では2012年7月からFIT制度（電気事業者による再生可能エネルギー電気の調達に関する特別措置法）が導入され，電気事業者に対して再エネで作られた電力を固定された価格（固定買取価格）で買い取ることを義務づけた制度となっている[1]。10kW未満の太陽光発電を除く太陽光発電，風力発電，小水力発電，地熱発電，バイオマス発電で作られた電力は基本的に全て電気事業者に売電することになっており（全量買取），住宅の屋根に設置されるケースが多い10kW未満の太陽光発電については，発電した電力を自家消費し，それでも余った電力を電気事業者に売電することになっている（余剰買取）。再エネの買取にかかった費用は電気料金に再エネ賦課金（サーチャージ）として上乗せされ，電力消費者が最終負担することになる。サーチャージは全国一律になるように調整されるものの，再エネが導入され電力消費量が増加しない限り，買取期間に応じて上昇し続けることになる。例えば買取期間が20年間の再エネを導入した場合，再エネ事業者に対して20年間の売電が保証される一方で，電力消費者は20年間サーチャージを負担し続けることになる。

さらに2年目以降に導入された再エネの分が新たに上乗せされる。このように基本的にサーチャージが低下することはなく，この間上昇し続けることになる。21年目になって1年目に導入された再エネがFIT制度の対象から外れ，1年目の分だけサーチャージが低下する。FIT制度はドイツが先進事例となっているものの，ドイツでも制度をたびたび修正しており，柔軟に制度設計を修正していく必要がある。

2　福島県の再生可能エネルギー政策と課題

(1)　福島県の再生可能エネルギー政策と現状

福島県では2011年3月に「福島県再生可能エネルギー推進ビジョン」を策定していたが，東日本大震災が発生し，福島県の復興計画と整合性を図るために見直しが行われ，2012年3月に「福島県再生可能エネルギー推進ビジョン（改訂版）」（以下，再エネビジョン）が発表された。再エネビジョンでは，2040年頃を目途に福島県のエネルギー需要の100％以上に相当する量のエネルギーを再エネで生み出す県を目指すという目標を掲げている。また，「県民が主役となり，県内で資金が循環し，地域に利益が還元される仕組み」の構築を図り，「エネルギーの地産地消を推進すること」が明記されている。さらに浮体式洋上風力発電の実証研究などの世界に先駆けるプロジェクトを契機に関連産業の集積を図り，雇用の創出につなげることを目指している。これらを踏まえ，再エネビジョンでは「再エネ導入推進のための基盤づくり」と「再エネ関連産業集積のための基盤づくり」の2つの政策が計画されている。さらに再エネビジョンの行動計画として，2013年2月に「再生可能エネルギー先駆けの地アクションプラン」（以下，アクションプラン）を発表している。アクションプランでは「地域主導」「産業集積」「復興を牽引」の3つの政策を掲げている。これらの一連の政策を行うことで，原発事故で失われた雇用を創出し，地域経済の活性化につなげるとしている。「地域主導」「産業集積」は再エネビジョンの2つの政策に対応するものであり，「復興を牽引」では被災農地の規制緩和，FIT制度や発電施設導入補助の特例措置を国に求めることなどを盛り込んでいる。具体的に説明を

加えると,「地域主導」では再エネの導入・拡大の支援に重きが置かれ,そのための組織(ふくしま再生可能エネルギー事業ネット)を立ち上げ,再エネ事業への支援や情報交換・情報提供を行っている。また,県出資の発電会社や県民参加型ファンドの創設,公共施設への導入支援も進められている。「産業集積」では,福島県沖で検討されている浮体式洋上風力発電の実証研究や郡山市への産業技術総合研究所の誘致により,福島県を再エネに関する研究開発の拠点とするとともに,関連産業の誘致や新規参入を図ることで,再エネの一大産業集積地とすることを目指している。「復興を牽引」では再エネの普及の足かせとなっている諸制度の規制緩和や優遇措置を国に求めるものである。これまで再エネ事業を念頭に置いて法規制が設けられていたわけではないが,それらの法規制が結果的に弊害となるケースがある。2012年3月,政府によって103項目にわたる再エネの規制緩和に関する報告書がまとめられているが,より福島県の実情に合わせた措置を求める必要があることから,3つ目の政策として新たに追加されたと言える。

　次に福島県の再エネの現状を見てみると,福島県は再エネに関する潜在的な資源量が豊富であり,上述したように水力発電であれば戦前から会津・南会津地域を中心に開発が進められていた。原発事故以降は,FIT制度の導入や復興に関連した補助金もあり,県内各地で再エネ開発が進められている。その多くが太陽光発電事業であり,本社を東京などに置く大手企業が担っているケースも少なくない。大手企業の場合,資金力や再エネ事業に対するノウハウを有しており,事業展開の判断が早い。すぐに大手企業が再エネ事業の展開する理由としては,土地の制約が挙げられる[2]。再エネに適した自然条件を有する土地は再エネの生産性が高く,再エネ事業の安定化や投資機会が得やすい一方,面積は限られている。そういった土地をいち早く確保しておくことで,収益性の高い再エネ事業を実施することができる。

　しかし,大手企業による開発型の再エネ事業の展開は必ずしも福島県にとって有益であるとは限らない。FIT制度の売電による利益は事業者である大手企業に入ることになり,県内企業でなければその利益が福島県に入ることはない。市町村にとっては一定の固定資産税収入が期待されるが,地方財

政に与える影響もわずかである。FIT制度は10kW未満の太陽光発電を除いて15〜20年の事業であり，その土地でより生産性の高い（あるいは公益性の高い）事業を行おうとしたくとも，基本的にその間は他の用途に使えない。また，バイオマス発電を除き，再エネ事業による雇用創出効果は薄い[3]。設置工事やメンテナンスなどの一時的な雇用はあるものの，再エネ事業による継続的な雇用にはつながらない。よって福島県にとって有益な再エネ事業を，福島県民で展開していかなければならない。

（2）エネルギーの地産地消を目指した政策展開

再エネビジョンでは，県内で資金が循環し，地域に利益が還元される仕組みの構築を謳っており，開発型の再エネ事業ではなく，福島県民が主役となって再エネ事業に取り組む必要がある。福島県にメリットのある再エネ事業としては，県内で電力の循環を図り，資金の循環が生じることで，地域に利益が還元することが挙げられる。これを踏まえ，自家消費と電力自由化の2つの観点からエネルギーの地産地消を検討する。FIT制度では基本的に全量買取を基本としているため，再エネを導入したからといってその電力が自由に使用できるわけではない。再エネの電力はFIT制度によって電気料金よりも高い固定買取価格で買い取ってくれるため，再エネで自家消費を行い，電気事業者からの電力購入を抑制することは経済的に合理的でなく，自家消費する経済的インセンティブがない。これは自家消費に対する再エネの付加価値が付与されておらず，FIT制度の全量買取のみに焦点を当てた政策の弊害と言え，開発型の再エネ事業の急増につながる要因でもある。自家消費は直接エネルギーの地産地消を行っており，送電への負担軽減，サーチャージの上昇抑制などにも寄与することから，自家消費への選択肢の幅を広げることは，検討の余地があると考える。

次に電力自由化とエネルギーの地産地消について見てみると，供給サイドは再エネを用いた新電力の参入が現時点で可能であり，実際に再エネを主力とした新電力も存在する。FIT制度は固定買取価格を通じて電力消費者に負担を転嫁する枠組みであり，送配電にかかる費用は発生するものの，新電力

にとっては電源獲得機会につながる。とりわけベース電源となる水力発電やバイオマス発電は新電力にとって貴重な電源である。一方，需要サイドを見てみると，現状として部分的な電力自由化によって家庭などは電気事業者を自由に選べるわけではない。現在，電力自由化に関する議論が進められており，家庭も電気事業者を自由に選べるようになる見込みである。そこで，ここでは段階的なエネルギーの地産地消を検討する（図7-5）。福島県は文化的，気候的，産業的に大きく7つの地域に分けられる。この地域特性や福島県の広さを踏まえ，第1段階として地域内でエネルギーの需給調整を図ることが挙げられる。この地域の中に市町村が位置づけられるが，市町村の果たす役割は大きい。市町村は当該地域の気候や産業などを把握し，さらに再エネ事業を計画・実行に移せる主体でもある。市町村単位での再エネの取り組みが重要な基盤となる。ただし，地域ごとに人口が多い，産業が活発，山林が豊かなどの地域性があり，地域によって電力の超過需要，超過供給となる

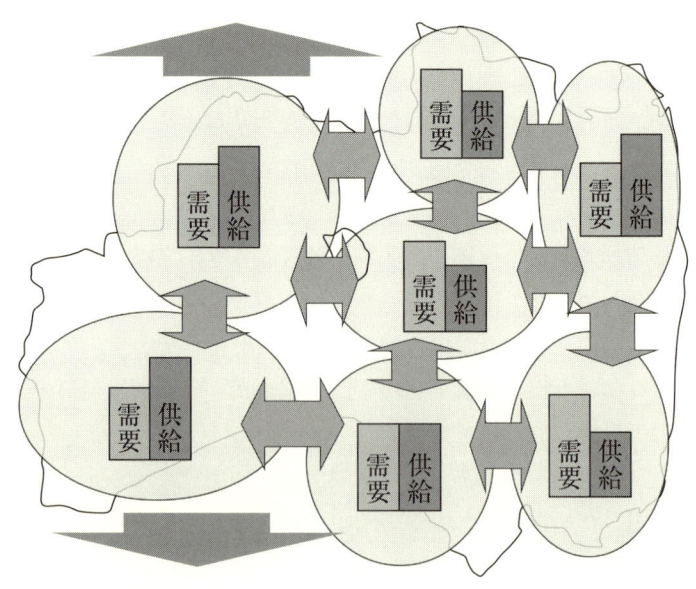

図7-5　段階的なエネルギーの地産地消

出所：筆者作成

ことが想定される。そこで第2段階として，地域間連携・競争が挙げられる。地域間で連携し，電力の超過需要，超過供給を相互に補完することである。さらに地域間で電気事業者が競争関係にあれば，電力の超過供給地域から超過需要地域へ電力供給を行い，利益獲得機会にもつながる。地域間で競争関係が生じることで，効率的な電気事業も期待される。そして第3段階として広域連携が挙げられる。県内のエネルギーの地産地消だけでは，福島県の電力需要が上限となり，電力市場もそれ以上成長しなくなる。福島県は原子力発電に替わる産業として再エネの活用を考えており，地方財政の側面からも再エネは大きな役割を果たさなければならない。そこで，電力需要の豊富な首都圏などの大都市圏への電力供給を行うことで，県外からの利益獲得機会になる。これにより県内の電源も強化され，安定供給につながり，さらにこれらは電気事業を伴うため，電気事業としての雇用も期待できる。

3　問題解決に向けた政策展開

　福島県は再エネを復興に向けた重要施策のひとつに掲げている。復興の取り組みは東日本大震災や原発事故によって失われた雇用や停滞した経済活動を改善するものであり，再エネをどのように活用するかで，得られる成果も異なってくる。そこで，最後に再エネに関する取り組みをエネルギー政策，環境政策，経済政策の3つの政策に分け，それぞれの政策に対して，再エネがどのような役割を果たせるのかを整理する。

　エネルギー政策はライフラインのひとつである電力の安定供給の観点から，再エネは電源としての役割を果たすことが期待される。[5] 不安定な再エネでも複数の種類の再エネを数多く設置することで安定した電源となる。例えば太陽光発電だけに偏った再エネの普及では，夜間や雨天時には全く機能せず，エネルギー政策としては不十分である。福島県の「地域主導」は再エネの導入を支援し再エネの増加に寄与することから，エネルギー政策に対応すると言え，地域の自然環境を把握している地域の人々が，その自然環境を活かし，安定した再エネ事業の展開が望まれる。

　環境政策は健康で文化的な生活を確保するための政策であり，再エネとの

関係では火力発電や原子力発電の代替技術（バックストップ技術）であることが挙げられる。これらの電源は枯渇性資源を燃料とし，火力発電は温室効果ガスや大気汚染物質が排出され，原子力発電からは放射性廃棄物が排出されるが，健康で文化的な生活を営み，持続可能な社会を目指す上では，再エネに代替していく必要がある。福島県では原発事故を契機に原子力に依存しない社会づくりを目指しており，同時に再エネによるエネルギーの地産地消は枯渇性資源の依存からの脱却につながる政策でもある。

　最後に経済政策は，財政政策・金融政策のようなものから，課税・補助金政策，公共事業など多岐に渡り，福島県では東日本大震災および原発事故によって失われた雇用を創出する（雇用政策），経済の活性化を図る（景気対策）などが求められている。再エネに関する経済政策としては，再エネ政策の制度設計や公共事業としての再エネ事業などが挙げられる。福島県の「産業集積」は雇用政策や産業政策に，「復興を牽引」は再エネ政策の制度設計に係わり，また，「地域主導」における公共施設への再エネ導入は公共事業の一環とも言える。これらの政策はいずれも得られる効果が異なっており，経済政策としてはあらゆる視点から検討する必要がある。

　このように政策を実施する際には，直面している問題が何なのか，効率的に問題を解決するためにはどの政策を行えばよいのかを検討する必要がある。これらの政策は解決すべき問題に対する処方箋であり，福島県の災害復興を教訓に，他の地域でも今後災害が起きたときのことを想定し，事前に取りえる政策を検討しておくことが重要である。

　おわりに

　原発事故をきっかけに世界規模で再エネに対する期待が拡大している。その中で福島県は復興の重要施策のひとつに再エネを掲げている。このような背景から，再エネの普及・拡大は福島県にとって至上命題と言えるが，FIT制度が導入されていても再エネの普及・拡大には更なる試行錯誤が求められる。風力発電だけ，太陽光発電だけといった単独の再エネ事業では事業リスクが高く，事業計画を綿密に立てる必要がある。一方でこれまで自分たちが

行ってきたあらゆる産業，事業の中で，再エネをどう活用していくのかを検討することも非常に重要である。

福島県で行われている再エネ事業や再エネ政策は災害復興の一環として進められている一方で，内容そのものに特殊性はなく，一般化につなげることができる。つまり，福島県の復興の取り組みが福島県にとどまらず，他の地域で応用されることが望まれる。

（大平佳男）

〔注〕
（1）これまで日本では固定枠（RPS）制度が導入されており，電気事業者に対して一定量の再エネの利用を義務づけられていた。RPS制度とFIT制度とで再エネの普及効果は，理論上同じであるが，いずれも詳細な制度設計が再エネの普及に大きな影響を与える。日本のRPS制度のもとで再エネの普及が不十分であった大きな理由は，固定枠自体が少なかったことである。また，2009年からは主に住宅用の太陽光発電のみFIT制度の対象となり，RPS制度とFIT制度が併用されていた。
（2）この他，被災地を対象とした復興予算を利用するケースや，FIT制度のプレミアム期間（制度開始3年間は固定買取価格を配慮）であることも挙げられる。
（3）例えば木質バイオマス発電であれば，燃料となるチップなどを調達するために林業や製材業との連携が必要となり，他産業への派生的な影響が期待される。
（4）送配電は発送電分離に関連しており，奈良編著（2008），矢島（2012）を参照されたい。
（5）日本ではエネルギー政策基本法に基づき，エネルギー・セキュリティ，環境への適合，市場原理の活用を基本方針に掲げており，環境政策や経済政策との関係が盛り込まれている。これらは原発事故以前に策定されており，本稿とは異なる意味を持つと言えるが，ここではエネルギー・セキュリティに特化して議論する。

〔参考文献〕
大平佳男（2008）「電力自由化における再生可能エネルギー促進政策の比較分析」『公益事業研究』第60巻第2号
─── （2011）「FIT制度の制度設計とRPS制度の再検討に関する一考察」『環境経済・政策研究』『環境論壇』vol.4 No.1
─── （2013a）「福島県の再生可能エネルギー推進ビジョンと取り組みについて」

『文化連情報』2013.3, No.420
―――（2013b）「地域再生に向けた福島県の再生可能エネルギー政策に関する考察」『公益事業研究』（現況論文）第65巻第2号
橘川武郎（2004）『日本電力業発展のダイナミズム』名古屋大学出版会
奈良宏一編著（2008）『電力自由化と系統技術』電気学会
舩橋晴俊・長谷部俊治編（2012）『持続可能性の危機』御茶の水書房
矢島正之（2012）『電力政策再考』産経新聞出版
渡辺四郎（1973）「東北地方における電気事業の展開と工業の発達」『福島大学教育学部論集』第25号
Menanteau P., D. Finon and M. L. Lamy（2003）"Prices versus quantities: choosing policies for promoting the development of renewable energy" *Energy Policy* 31 pp.799-812

IV　地方におけるスマートシティ構想

はじめに

　福島県では，東日本大震災およびそれに伴う津波被災，そしてその後に発生した東京電力福島第一原子力発電所の事故（以後原発事故を略記）等の被害・災厄から，いかに復興・再生を果たしていくかといった未曾有の難題に直面している。本稿では，この難題解決に向け当センターに属して支援活動を展開している「ふくしまスマートシティ・プロジェクト」の考え方や具体的な取り組みにつれて言及するものとする。続いてそれを受けて地方におけるスマートシティの進め方，とりわけスマートシティの考え方に基づく被災地「ふくしま」の復興・再生の進め方について，実学としての観点から論考していくものとする。

　まずは，その序論として「スマートシティ」に関する一般論に関する理解から始めることとしたい。

1　そもそもスマートシティとは

（1）　欧州における温室効果ガス対策が原点

　地球温暖化の主たる要因として注目されていたCO_2の排出削減に向け，化石燃料への依存度低下や，再生可能エネルギーの利活用，効率的な電力利用などの取り組みが，世界に先駆けて欧州でスタートしたことが原点とみられている。

◆風力・太陽光発電事業の活発化。スマートメーターの導入。etc
　➡「環境ビジネス」への関心が，その後米国など世界へ波及していった。

（2） きっかけとなった2008年に出された二つの提唱
【グリーンニューディール政策】‥‥電力網のスマート化
　米国オバマ政権より発表された「環境ビジネス」から雇用・所得を生み出そうと打ち出されたリーマンショック後の景気対策である。具体的には，整備が遅れていた米国の電力網を，需給双方向でスマート化し，電力の安定供給や効率的利用，CO_2の排出量削減，省エネなどを志向する政策である。

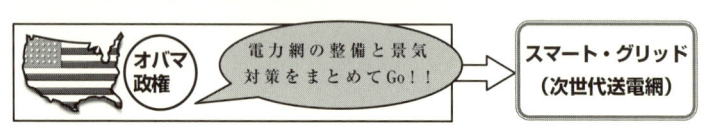

注：筆者作成

※地方を中心に，しばしば停電が起き，効率の悪い電力ネットワークを新しい設備に置き換え，二酸化炭素の発生を抑制し，地球温暖化問題の解決に貢献しよう。それと同時に，新しい産業を興すことで雇用や所得を創出して行こう。

【スマータープラネット構想】
　環境，エネルギー，食の安全など，地球規模の課題をICT（情報通信処理技術）によって解決し，地球をより賢く，よりスマートにしていくというIBM社が提唱したビジョンである。

（3） 上記提唱を受けてふくしまスマートシティ・プロジェクトの認識
　スマートシティとは，現代社会が抱える様々な課題，問題を解決する21世紀的手法（ICTの積極的活用を中軸とする手法）の一つである。
　また，それぞれの立場や考え方によって捉え方が異なるといった特徴がある。結果として，絶対的な定義なしという状況に陥っている。

第7章　新しい地域づくりへ向けて　239

図7-6　スマートシティが求められる主なる要因（例示）

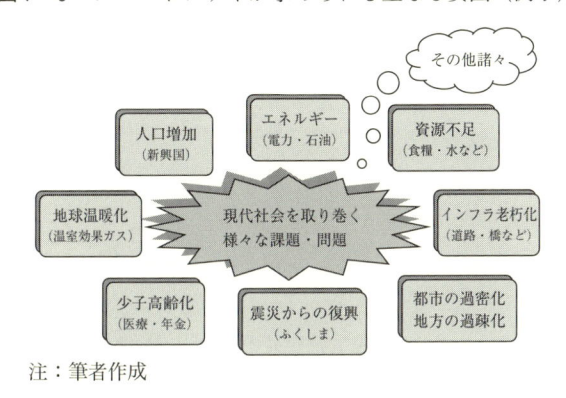

- 人口増加（新興国）
- エネルギー（電力・石油）
- 資源不足（食糧・水など）
- 地球温暖化（温室効果ガス）
- 現代社会を取り巻く様々な課題・問題
- インフラ老朽化（道路・橋など）
- 少子高齢化（医療・年金）
- 震災からの復興（ふくしま）
- 都市の過密化 地方の過疎化
- その他諸々

注：筆者作成

2　事例にみる日本におけるスマートシティの展開方向

（1）経済産業省が進めるスマートシティ・プロジェクト

スマートシティとは，「スマートグリッドの主要な技術（分散型発電システム，再生可能エネルギー，電気自動車による交通，高効率なビル・家庭の電気使用など）を使って，都市全体のエネルギー構造を高度に効率化した都市づくりの構想です。」（文・図7-7：経済産業省HPより引用掲載）。

図7-7　経済産業省の次世代エネルギー・社会システム実証実験の概念

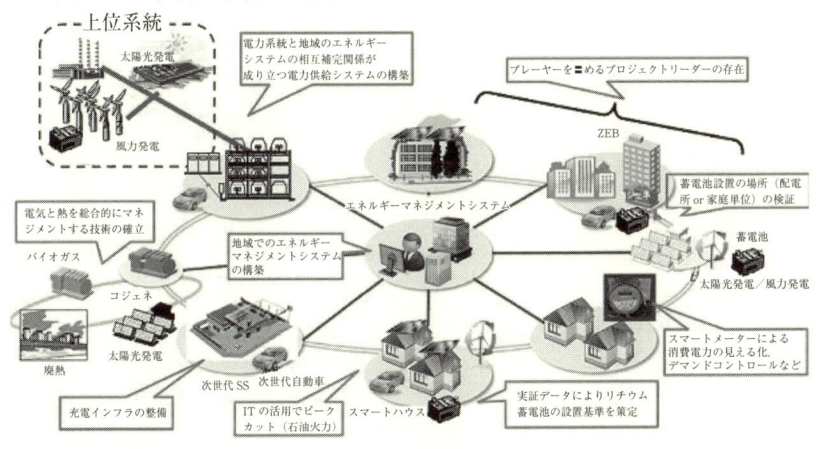

出所：経済産業省

(2) 内閣官房地域活性化統合本部：環境未来都市構想

「環境未来都市」構想とは，『限られた数の特定の都市を環境未来都市として選定し，21世紀の人類共通の課題である環境や超高齢化対応などに関して，技術・社会経済システム・サービス・ビジネスモデル・まちづくりにおいて，世界に類のない成功事例を創出するとともに，それを国内外に普及展開することで，需要拡大，雇用創出等を実現し，究極的には，我が国全体の持続可能な経済社会の発展の実現を目指すものです。』(文，図7-8：内閣官房地域活性化統合本部HPより引用掲載)。

そして2011年12月には，具体的な実証実験の選定都市として，被災地以外より5都市(北海道下川市，千葉県柏市，横浜市，富山市，北九州市)，被災地域より6都市(岩手県大船渡市・陸前高田市・住田町，岩手県釜石市，宮城県岩沼市，宮城県東松島市，南相馬市，福島県新地町)の合計11都市が抽出され，現在実験が進められている。

(3) 政府主導の取り組み事例から見えてくるスマートシティのイメージ

絶対的に定義がない中で，政府主導の事例から窺えるスマートシティのイメージは，一つには社会生活を支える様々なインフラ，つまり電力(エネルギー)，交通，通信，水道，建物，行政サービスなどを，ICT(情報通信処理技術)を活用・統合することにより構築される，高効率の都市づくりと見ることができる。

もう一つは，電力(エネルギー)を中心とした社会インフラのスマート化を通して，エネルギー利用の効率化を進め，二酸化炭素(CO_2)や産業廃棄物などの排出量を削減し，地球環境に優しい街(都市)づくりを目指すというものである。

集約して考えれば，都市の集中化・過密化により起こる問題や資源・エネルギーの有効活用の問題，さらに温暖化を始めとする地球環境問題に対応して行こうという姿が浮かび上がってくる。

第7章 新しい地域づくりへ向けて　241

図7-8 「環境未来都市」の概要イメージ（3都市）

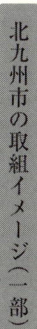

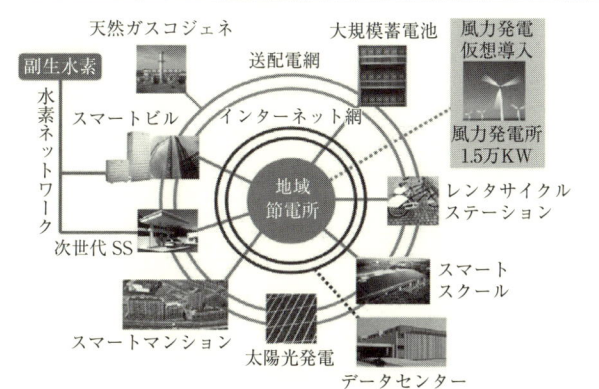

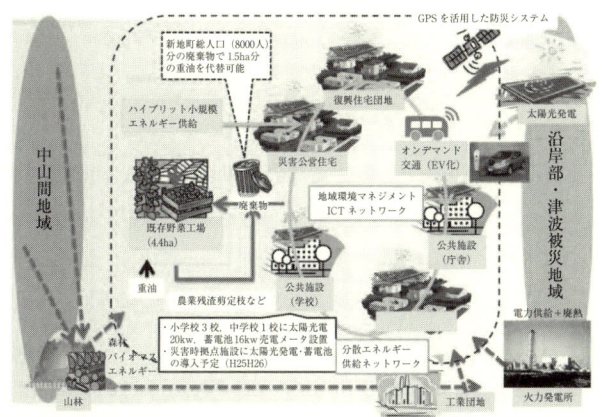

出所：内閣官房地域活性化統合本部

3 地方とりわけ被災地"福島"におけるスマートシティ構想の展開

(1) 地方におけるスマートシティの定義

冒頭で述べた通り,スマートシティとは,現代社会が抱える様々な課題,問題を解決する21世紀的手法(ICTの積極的活用を中軸とする手法)の一つである。定義を行うに当たって前提となるのは,地方あるいは被災地において解決すべき課題・問題は何かという問いへの回答が起点になると考えられる。さらに,如何なる手法を活用するかという点も重要な焦点となってくる。

基本的に,ふくしまスマートシティ・プロジェクトでは,次の4項目をできる限り充足していることが,地方におけるスマートシティ成立の要件と考え取り組んでいる。

①スマートそしてシティとは　スマートシティにおいて意識されている「スマート」とは,通常のニュアンスとは若干異なり,「賢明な」・「知性的な」・「洗練された」・「高性能な」などといった意味合いである。例えば,ICTを活用した電力網を需給双方向での最適化による,電力の安定供給や効率的利用,再生可能エネルギー導入によるCO_2排出量の削減,省エネルギー化実現等が目的となれば,「スマートグリッド(洗練された電力網)」となる。

また「シティ」とは,一般的に自治体の「市」をイメージしがちである。しかし,スマートシティにおいては,行政区画というよりは人々が集合するところといったイメージが近く,複数の市町村の場合もあれば,自治体の一部もあり,場合によっては産業や社会インフラといったケースもあり得る。したがって,自治体単位よりはむしろ人々の集まり,つまり「同じ利益や同じ目的を追求する人々の集合体」という位置付けになるものと捉えている。

②スマートシティが目指すべき方向性　第一は,福島を始めとする大震災・原発事故等からの復興・再生に最大限寄与するということである。

第二は,何よりもバブル経済崩壊以降疲弊が続く地域経済・社会の持続である。そして,そのための人口の維持・確保や雇用・所得の創出,産業の創出・再生などの実現に,現実的に寄与することである。

そして第三は,急速に進む地球温暖化に対しその抑制策として,環境負荷

の低減により積極的に取り組むことである。

③スマートシティがカバーする領域（課題・問題点）　上記のスマートシティが目指すべき方向に到達するルートは，当然ながら幾通りも想定される。ふくしまスマートシティ・プロジェクトでは，現状大きく三つの領域をフォーカスするものである。

一つ目は，最も一般的な「社会インフラ」領域であり，「エネルギー（電力）」，「交通」，「医療」，「教育」，「行政」などの分野である。

二つ目は，「一定のエリア」を対象とする領域であり，例えば「会津若松市」，「南相馬市」，「あだたら高原」，「土湯温泉」など基礎自治体や一定の地域（エリア）が想定される。

三つ目は，「産業や政策」という領域であり，「農業」，「観光」，「企業誘致」などといったことがテーマとなる。

こうしたそれぞれの領域からのアプローチにより，雇用・所得の創出，地域再生・産業再生ならびに新産業創出，環境負荷の低減などを導き出し，震災被害や原発事故等により毀損した地域産業経済の復興・再生に資することを目指すものである。

④スマートシティ推進のための手法ならびに考え方　まず21世紀的な手法の導入という視点から，ICT（情報通信技術）を積極的に活用するということである。ICTの活用が重要な意義を有するのは，それがもたらすメリットにある。つまり，「ネットワーク化」による情報のセンター化と双方向化が図られる。これにより情報の分析を通じ，様々な対策の検討・実行や「情報の見える化」や「全体最適」を可能とし，結果「節約化・効率化・省力化」といった成果がもたらされることとなる。

次に，取り組まれる活動が，民（金融）主導による産学官連携という形をとることが望ましいということである。元来，スマートシティは総力戦で取り組まれる活動であり，産学官連携はその最適なスタイルであると考えられる。さらに重要なことは，取り組まれる活動が，「ビジネス的に採算が取れるのか（＝事業として継続できるのか）」，「雇用・所得の創出に寄与できるか（＝地域や関わる人々がメシを食えるのか）」という点が，強く意識されなければ

ならない点にある。その意味で，ビジネス的視点，金融的視点（＝採算性）が求められ，金融を含めた民主導の方式が，活動の成功可能性や実現性を占ううえで重要性を帯びてくる。

さらに，活動の持続性を考える上で重要となってくるのが，「地域資源」の活用である。一般に産業振興の形態として，外発的振興と内発的振興の二つのパターンがあり，企業誘致は外発的振興に該当する。実際「均衡ある国土発展」政策推進のもとで，企業誘致は全国各地域の産業・経済の振興や発展に大きく寄与してきており，今後においてもその重要性は十二分に認められるところである。ただ企業誘致の問題点は，経済のグローバル化が進行する中で，国内事業所の縮小・撤退の動きが広がってきており，その影響を受け地元の意向とは関係なく地域経済の衰退に繋がっていくところにある。その点，地域資源をベースとした内発的振興は，当該地域資源が健在な限り廃れることはなく，持続性において企業誘致に優るところが特長であり強みである。

以上の視点を踏まえ，以下に地方におけるスマートシティ構想の具体的な事例（考え方含む）を見てみることとしたい。

（2） 地方におけるスマートシティ構想の具体的事例

既にみた通り，スマートシティが取り組む領域は多岐に亘っているが，紙面の制約もあり本稿では，「観光産業」や「（再生可能）エネルギー」に関わる事例を紹介することとしたい。

①広域観光エリアでの面的復興再生事業（図7-9参照）　本事例は，福島県内随一の恵まれた観光資源をベースとして，ICT（エリア放送）の活用を中軸に据えた取り組みである。具体的には，温泉街や飲食店街，スキー場，高原牧場，野生動物園，オートキャンプ場，登山基地などが一体となり広域連携し，高原エリアの面的復興・再生を目指すものである。

また，地域資源の活用という点では，豊富な観光資源を活用した「観光事業連携」と，再生可能エネルギー活用による「発電事業連携」が特長となっている。

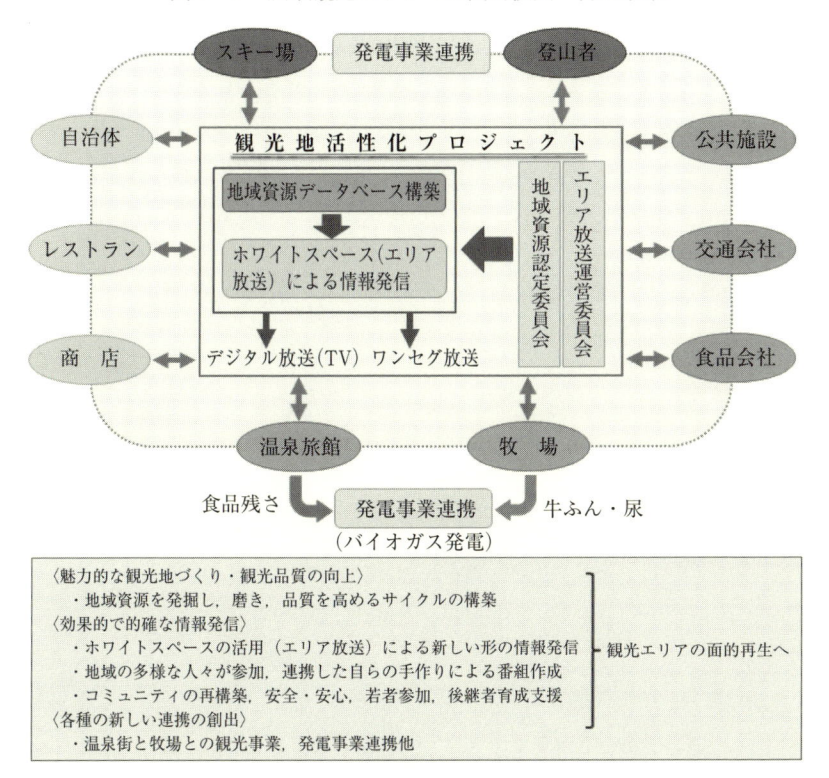

第7章　新しい地域づくりへ向けて　　245

図7-9　広域観光エリアでの面的復興・再生事業

```
                        ┌─発電事業連携─┐
         スキー場                        登山者
            ↕                              ↕
  自治体 ↔  観 光 地 活 性 化 プ ロ ジ ェ ク ト  ↔ 公共施設
            ┌─────────────┬──┬──┐
            │地域資源データベース構築│エ│地│
            │           ↓         │リ│域│
  レストラン↔│ホワイトスペース(エリア│ア│資│↔ 交通会社
            │ 放送)による情報発信  │放│源│
            │   ↓        ↓       │送│認│
   商 店  ↔│デジタル放送(TV) ワンセグ放送│運│定│↔ 食品会社
            └─────────────┴営┴委┘
                                      委 員
                                      員 会
                                      会
           温泉旅館            牧場
              ↓                  ↓
       食品残さ ↘          ↙ 牛ふん・尿
              発電事業連携
             (バイオガス発電)
```

〈魅力的な観光地づくり・観光品質の向上〉
　・地域資源を発掘し，磨き，品質を高めるサイクルの構築
〈効果的で的確な情報発信〉
　・ホワイトスペースの活用（エリア放送）による新しい形の情報発信　　観光エリアの面的再生へ
　・地域の多様な人々が参加，連携した自らの手作りによる番組作成
　・コミュニティの再構築，安全・安心，若者参加，後継者育成支援
〈各種の新しい連携の創出〉
　・温泉街と牧場との観光事業，発電事業連携他

注：ふくしまスマートシティ・プロジェクト作成

②「温泉水」の多面的利用による温泉街復興・再生事業（図7-10参照）　本事例は，温泉水という地域資源が持つ価値を最大限に引出し，中核である温泉事業に加え，熱供給事業（給湯・空調）や発電事業（バイナリー発電），農産物生産事業などを新たに興す取り組みである。その結果として，新たな収入源の確保や雇用・所得の創出，温泉旅館のコスト削減や温泉旅館の入込増などにつなげ，温泉街の復興・再生に結びつけるというものである。

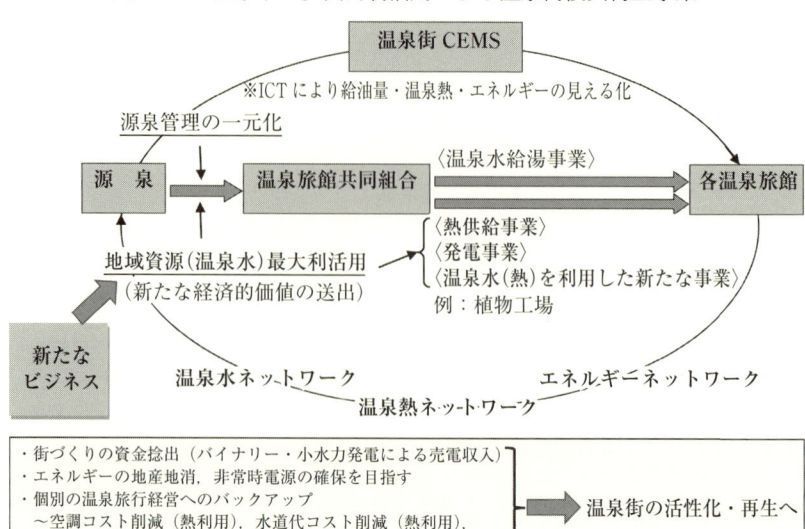

図7-10 温泉水の多面的利活用による温泉街復興再生事業

```
                         温泉街CEMS
              ※ICTにより給油量・温泉熱・エネルギーの見える化
      源泉管理の一元化
   源泉  →  温泉旅館共同組合  〈温泉水給湯事業〉 →  各温泉旅館
         ←
                           〈熱供給事業〉
      地域資源(温泉水)最大利活用  〈発電事業〉
        (新たな経済的価値の送出)  〈温泉水(熱)を利用した新たな事業〉
                           例：植物工場
  新たな
  ビジネス
           温泉水ネットワーク      エネルギーネットワーク
                温泉熱ネットワーク
```

・街づくりの資金捻出（バイナリー・小水力発電による売電収入）
・エネルギーの地産地消，非常時電源の確保を目指す
・個別の温泉旅行経営へのバックアップ
　～空調コスト削減（熱利用），水道代コスト削減（熱利用），
　電力コスト削減（熱利用）～
・廃業旅館，空き旅館の高齢者等居住施設への転用

→ 温泉街の活性化・再生へ

注：ふくしまスマートシティ・プロジェクト作成

③「森林資源」の多面的利用による林業再生事業（図7-11参照） 本事例は，森林資源という地域資源を活かし，林業だけでは従来一つのサイクルしか回せなかったものを，間伐材などの未利用資源を活用し，発電事業（バイオマス発電）や熱供給事業などの新たなサイクルを立ち上げ，二つのサイクルの相乗効果により林業の復興・再生を目指す取り組みである。本事業では，カーボンニュートラルによる温室効果ガスの削減に寄与することも念頭に置いている。

図7-11 森林資源の多面的利活用による林業再生事業

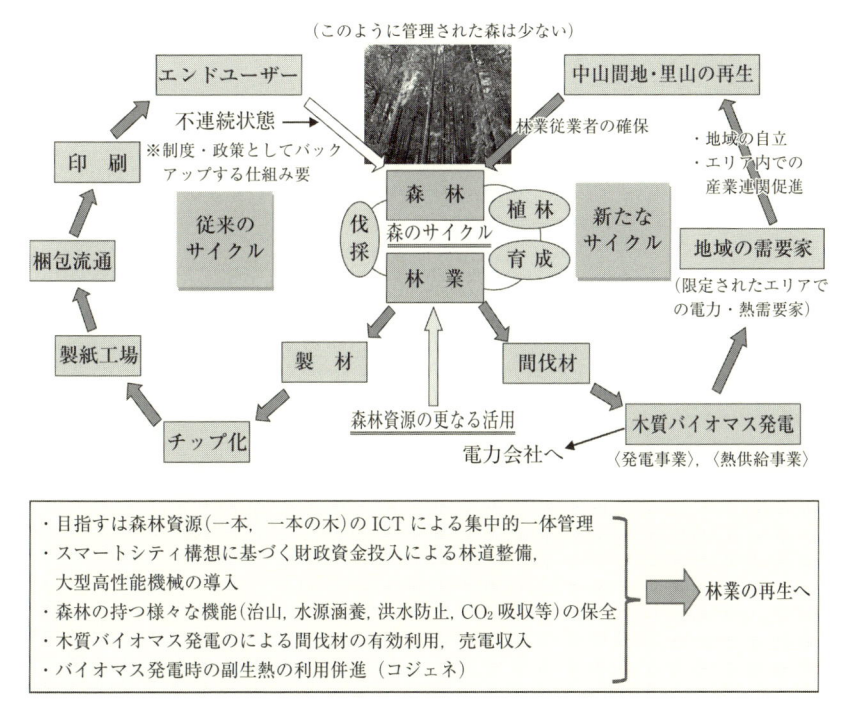

注：ふくしまスマートシティ・プロジェクト作成

むすび

　現在地方が抱えている課題・問題点は，大震災被災，原発事故も重なり，余りにも多岐に亘りそして複雑化しているといえよう。こうした中にあって，21世紀的な問題解決手法の一つである"スマートシティ"という取り組みを通じて，現実的な成果を上げていくことが"今こそ"そして未来に向かって大いに求められている。

　"ふくしまスマートシティ・プロジェクト"では，地域資源の活用に重点をおき，地域に根差した地域経済・社会の持続性の実現に向け取り組んでおり，具体的な成果を一例でも多く実装化していきたい。

(星　効)

執筆者紹介 (執筆順)

山川充夫（やまかわ・みつお，序章 担当）
　1947年愛知県生まれ。東京大学大学院理学系研究科博士課程中退（博士（学術・東京大学））。現在，帝京大学経済学部地域経済学科教授。日本学術会議会員。著書に『原災復興地の経済地理学』（桜井書店，2013年），『大型店立地と商店街再構築』（八朔社，2004年），『北東日本の地域経済』（共著，八朔社，2012年）等。

中井勝己（なかい・かつみ，第1章I 担当）
　1951年兵庫県生まれ。立命館大学大学院法学研究科博士課程単位取得修了。現在，福島大学うつくしまふくしま未来支援センター長（学長特別補佐），行政政策学類教授，著書に，『21世紀日本憲法学の課題』（共著，法律文化社，2002年），『新・環境法入門──公害から地球環境問題まで』（共著，法律文化社，2007年），『レクチャー環境法（第2版）』（共著，法律文化社，2010年

塩谷弘康（しおや・ひろやす，第1章II 担当）
　1960年青森県生まれ。早稲田大学大学院法学研究科博士課程中退。現在，福島大学行政政策学類教授。著書に『小さな自治体の大きな挑戦──飯舘村における地域づくり』（共著，八朔社，2011年），『地域力再生──人が人らしく生きられる地域に』（共著，北土社，2009年），『あすの地域論──「自治と人権の地域づくり」のために』（共著，八朔社，2008年）等。

開沼 博（かいぬま・ひろし，第2章I 担当）
　1984年福島県生まれ。現在，東京大学大学院学際情報学府博士課程在籍，福島大学うつくしまふくしま未来支援センター特任研究員。著書に『「フクシマ」論』（単著，青土社，2011年），『フクシマの正義』（単著，幻冬舎，2012年），『漂白される社会』（単著，ダイヤモンド社，2013年）など。

三村 悟（みむら・さとる，第2章II 担当）
　1964年神奈川県生まれ。東京理科大学工学部経営工学科卒業。現在，福島大学うつくしまふくしま未来支援センター特命教授，独立行政法人国際協力機構経済基盤開発部参事役。著書に『LEARNING FROM MEGADISASTERS Knowledge Note』（共著，The World Bank，2014年）。

中村洋介（なかむら・ようすけ，第2章III 担当）
　1976年山形県生まれ。京都大学大学院理学研究科博士課程修了。博士（理学）。現在，福島大学人間発達文化学類准教授。著書に『東北発災害復興学入門』（共著，山形大学出版会，2013），『海陸シームレス地質情報集「福岡沿岸域」』（共著，産業技術総合研究所，2013），『流域環境を科学する』（共著，古今書院，2011），『家族を守る斜面の知識』（共著，土木学会，2009）等。

天野和彦（あまの・かずひこ，第3章III 担当）
　1959年福島県生まれ。東北福祉大学社会福祉学部社会教育学科卒業。現在，福島大学うつくしまふくしま未来支援センター特任准教授。著書に『生きている　生きてゆく──ビッグパレットふくしま避難所記』（監修，アムプロモーション，2011年），『震災からの教育復興 過去，現在から未来へ』（共著，悠光堂，2012年）『生涯学習政策研究──生涯学習をとらえなおす 市民協働による教育行政』（共著，悠光堂，2013年）等。

菊地芳朗（きくち・よしお，第3章II 担当）
　1965年宮城県生まれ。大阪大学大学院文学研究科博士課程後期修了。現在，福島大学行政

政策学類教授。著書に『古墳時代史の展開と東北社会』（大阪大学出版会，2010年），「東北」『古墳時代研究の現状と課題』上（同成社，2012年），『ふくしま再生と歴史・文化遺産』（共著，山川出版社，2013年），等。

河津賢澄（かわつ・けんちょう，第4章Ⅰ 担当）
1949年神奈川県生まれ。弘前大学理学部卒業。福島県職員（主として環境政策）経て，現在，福島大学共生システム理工学研究科特任教授。福島県環境審議会委員（第2部会長），JST先端計測分析技術・機器開発推進委員会（放射線計測領域分科会）委員，放射線取扱主任者（第1種）

大瀬健嗣（おおせ・けんじ，第4章Ⅱ 担当）
1969年宮崎県生まれ。筑波大学大学院博士課程農学研究科修了。博士（農学）。現在，福島大学うつくしまふくしま未来支援センター特任准教授。著書に『Radiation dose rates now and in the future for residents neighboring restricted areas in a 20-50-km radius of Fukushima nuclear plant』（共著，PNAS，2014年），『Concentration of radiocesium in rice, vegetables, and fruits cultivated in the evacuation area in Okuma Town, Fukushima』（共著，JRNC，2014）等。

北山　響（きたやま・きょう，第4章Ⅲ 担当）
1983年東京都生まれ。東京農工大学連合農学研究科博士課程修了。現在，福島大学うつくしまふくしま未来支援センター特任研究員。原著論文に『Increases of wet deposition at remote sites in Japan from 1991 to 2009』（Journal of Atmospheric Chemistry，2012年），『PMF analysis of impacts of SO2 from Miyakejima and Asian Continent on precipitation sulfate in Japan』（Atmospheric Environment，2010年），『Impacts of sulfur dioxide from Miyakejima on precipitation chemistry in Japan』（Atmospheric Environment，2008年）等。

佐藤彰彦（さとう・あきひこ，第5章Ⅰ 担当）
1964年神奈川県生まれ。一橋大学大学院社会学研究科博士課程在籍。現在，福島大学うつくしまふくしま未来支援センター特任准教授。著書に『「原発避難」論』（共著，明石書店，2012年），『辺境からはじまる　東京／東北論』（共著，明石書店，2012年），『東日本大震災クロニクル2011.3.11-5.11』（共著，「社会と基盤」研究会，2012年），『人間なき復興』（共著，明石書店，2013年）等。

本多　環（ほんだ・たまき，第5章Ⅱ 担当）
1962年大阪府生まれ。福島大学大学院教育学研究科修了。現在，福島大学うつくしまふくしま未来支援センター特任准教授。論文に「アスペルガー症候群に対する教職員の意識」（共著，日本小児精神神経学会機関誌『小児の精神と神経』，2012年），「二次的援助サービスの実践的研究」（単著，『日本学校心理士会年報』，2012年），「『困り感』に寄り添うきめ細やかな支援（2）」（共著，『福島大学総合教育研究センター紀要』，2010）等。

五十嵐敦（いがらし・あつし，第5章Ⅲ 担当）
1957年福島県生まれ。福島大学大学院教育学研究科修了。現在，福島大学総合教育研究センター教授。著書に『児童心理学の進歩2011年版』（共著，金子書房，2011年），論文に「自治体職員のメンタルヘルスに関する研究」（共著，『福島大学研究年報第』，2011年），「対人サービス業務でのメンタルヘルス」（単著，『日本農村医学会雑誌』2013年）。

今泉理絵（いまいずみ・りえ，第5章Ⅲ 担当）
1969年福島県生まれ。慶應義塾大学文学部卒業。現在，福島大学うつくしまふくしま未来支援センター特任助教。株式会社ベネッセコーポレーションを経て，2006年より福島大学キャリアカウンセラー。日本キャリア開発協会認定CDA（キャリア・ディベロップメント・アドバイザー）。論文に「被災地の高校におけるキャリア教育の実践と支援活動」（共著，

『日本キャリア教育学会第34回研究大会発表論文集』，2012年）等。

渡辺正彦（わたなべ・まさひこ，第6章Ⅰ 担当）
　1955年福島県生まれ。1977年東邦銀行入行，2012年同行常務取締役退任。現在，福島大学客員教授，東邦信用保証㈱代表取締役会長。

小松知未（こまつ・ともみ，第6章Ⅱ 担当）
　1983年岩手県生まれ。2009年北海道大学大学院農学院博士後期課程修了。博士（農学）。現在，福島大学うつくしまふくしま未来支援センター特任准教授。著書に『組織法人の経営展開——大規模水田の論理』（農林統計出版，2012年），『農の再生と食の安全——原発事故と福島の2年』（共編著，新日本出版，2013年），『放射能汚染から食と農の再生を』（共著，社団法人家の光協会，2012年）等。

石井秀樹（いしい・ひでき，第6章Ⅲ 担当）
　1978年埼玉県生まれ。現在，福島大学うつくしまふくしま未来支援センター特任准教授。著書に『食の再生と食の安全——原発事故と福島の2年』（共著，新日本出版，2013年），『持続可能性の危機』（共著，御茶の水書房，2012年），『「環境と福祉」の統合』（共著，有斐閣，2008年）

初澤敏生（はつざわ・としお，第6章Ⅳ 担当）
　1962年埼玉県生まれ。立正大学大学院文学研究科博士課程中退。現在福島大学人間発達文化学類教授。著書に『北東日本の地域経済』（共著，八朔社，2012年），『地域の諸相』（共著，古今書院，2010年），『伝統産業地域の行方』（共著，東京学芸大学出版会，2008年），『中小工業の地理学』（共著，三恵社，2008年）等。

吉田　樹（よしだ・いつき，第7章Ⅰ 担当）
　1979年千葉県生まれ。東京都立大学大学院都市科学研究科博士課程修了。博士（都市科学）。現在，福島大学経済経営学類准教授。著書に『生活支援の地域公共交通』（共著，学芸出版社，2009年）等。主な論文に「東日本大震災被災地におけるモビリティと避難者のアクセシビリティに関する考察」（単著，『交通科学』，2013年）等。

髙木　亨（たかぎ・あきら，第7章Ⅱ 担当）
　1970年東京都生まれ。立正大学大学院文学研究科博士後期課程退学。博士（地理学）。現在，福島大学うつくしまふくしま未来支援センター特任准教授。著書に『地域資源とまちづくり』（共著，古今書院，2013年），『地域の諸相』（共著，古今書院，2010年），『安全・安心を創出するための15の視点』（共著，東京法令出版，2009年），『地域魅力を高める「地域ブランド」戦略』（共著，東京法令出版，2008年）等。

大平佳男（おおひら・よしお，第7章Ⅲ 担当）
　1980年福島県生まれ。法政大学大学院経済学研究科博士後期課程退学。現在，福島大学うつくしまふくしま未来支援センター特任研究員。著書に『持続可能性の危機——地震・津波・原発事故災害に向き合って』（共著，御茶の水書房，2012年），論文に「RPS（固定枠）制度と太陽光FIT（固定価格）制度に関する比較分析」（単著，『公益事業研究』，2010年），「地域再生に向けた福島県の再生可能エネルギー政策に関する考察」（単著，『公益事業研究』，2013年）等。

星　　効（ほし・いさお，第7章Ⅳ 担当）
　1957年福島県生まれ。1981年東邦銀行入行。2012年福島大学へ出向，現在，福島大学うつくしまふくしま未来支援センター連携研究員。

福島大学の支援知をもとにした
テキスト災害復興支援学

2014年3月28日　第1刷発行

編　者　福 島 大 学
　　　　うつくしまふくしま
　　　　未来支援センター

発行者　片 倉　和 夫

発行所　株式会社　八　朔　社
　　　　　　　　　はっ　さく　しゃ
東京都新宿区神楽坂 2-19　銀鈴会館内
　　Tel 03-3235-1553　Fax 03-3235-5910

ⒸFURE, 2014　　　　組版・アベル社／印刷製本・藤原印刷
ISBN978-4-86014-068-7

―― 八朔社 ――

あすの地域論
「自治と人権の地域づくり」のために
清水修二・小山良太・下平尾勲・編著
二八〇〇円

食品の安全と企業倫理
消費者の権利を求めて
神山美智子・著
一五〇〇円

大型店立地と商店街再構築
地方都市中心市街地の再生に向けて
山川充夫・著
四二〇〇円

グローバリゼーションと地域
21世紀・福島からの発信
福島大学地域研究センター・編
三五〇〇円

共生と連携の地域創造
企業は地域で何ができるか
下平尾勲・編著
三三九八円

地域計画の射程
鈴木浩・編著
三四〇〇円

定価は本体価格です

――――― 福島大学叢書学術研究書シリーズ ―――――

田添京二著	サー・ジェイムズ・ステュアートの経済学	五八〇〇円
小暮厚之著	OPTIMAL CELLS FOR A HISTOGRAM	六〇〇〇円
珠玖拓治著	現代世界経済論序説	二八〇〇円
相澤與一著	社会保障「改革」と現代社会政策論	三〇〇〇円
安富邦雄著	昭和恐慌期救農政策史論	六〇〇〇円
境野健兒／清水修二著	地域社会と学校統廃合	五〇〇〇円
富田 哲著	夫婦別姓の法的変遷――ドイツにおける立法化	四八〇〇円

定価は本体価格です